Lektorat Burghard König

Unsere technisierte und automatisierte Arbeitswelt steht dem Bedürfnis nach ausreichender Bewegung und ungezwungener Kommunikation oft entgegen. Um so wichtiger ist für unser Leben der Sport geworden: als gezieltes Fitnessprogramm, als Freizeitgestaltung oder als gemeinschaftsförderndes Spiel.

Die *rororo Sportbücher* zeigen Wege auf, wie man allein oder in der Gruppe zu einer sinnvollen körperlichen Betätigung kommt. Sie informieren den Anfänger und geben Anleitungen für den Freizeitsportler, enthalten Lehr- und Übungsprogramme für den Fortgeschrittenen und stellen dem Lehrer methodisch wie didaktisch erprobte Unterrichtsmaterialien bereit.

Die in regelmäßiger Folge erscheinenden Bände runden sich zu einer in sich geschlossenen Sportbibliothek ab.

Leichtathletik 1

Laufen und Springen

Training
Technik
Taktik

Ulrich Jonath / Eduard Haag / Rolf Krempel

Rowohlt

Originalausgabe

Umschlagentwurf Werner Rebhuhn (Foto: Pressefoto Horst Müller)
Typographie Werner Rebhuhn/Layout Angelika Weinert
Bildquellennachweis siehe Seite 316
Veröffentlicht im Rowohlt Taschenbuch Verlag GmbH,
Reinbek bei Hamburg, Juni 1977
© Text und Abbildungen Rowohlt Taschenbuch Verlag GmbH,
Reinbek bei Hamburg, 1977
Alle Rechte vorbehalten
Satz Times (Linotron 505 C)
Gesamtherstellung Clausen & Bosse, Leck/Schleswig
Printed in Germany
980-ISBN 3 499 17008 6

Inhalt

Einführung

Was ist Leichtathletik?

Zur Leichtathletik gehören die Wettbewerbe Gehen, Lauf, Sprung und Wurf sowie Mehrkampf. Laufen, Springen und Werfen sind die ältesten und natürlichsten Körperübungen, die schon in der Antike Hauptbestandteil der körperlichen Ausbildung und der Olympischen Spiele waren. Leichtathletik – auch in der Neuzeit Kernstück der Olympischen Spiele – ist die Grundsportart, auf die sich die meisten übrigen Sportarten zurückführen lassen. Leichtathletische Übungen sind ein ausgezeichnetes Mittel, die allgemeine körperliche Leistungsfähigkeit zu steigern. Mit ihnen lassen sich der Kreislauf und das Nervensystem sowie die physischen Grundeigenschaften Kraft, Schnelligkeit, Ausdauer, Beweglichkeit und Gewandtheit am besten entwickeln und vervollkommnen.

Die ersten Leichtathletikabteilungen in Deutschland, die sich um 1900 in bürgerlichen Turn- und Spielvereinen gebildet hatten, schlossen sich 1898 zur Deutschen Sportbehörde für Leichtathletik zusammen. Der 1949 gegründete Deutsche Leichtathletik-Verband (DLV) pflegt die Tradition der bürgerlichen Leichtathletik; in ihm treiben über 670 000 Mitglieder Leichtathletik als Leistungs- oder Freizeitsport.

Motivation zur Leichtathletik

Die Argumente *gegen* den Sport und somit auch gegen die Leichtathletik sind bekannt und sollen nicht bestritten werden: die oftmals furchterregenden Schlachtenbummler, der Mißbrauch durch die Politik, der Chauvinismus, die Kommerzialisierung und die Reklame.

Und dennoch: Die Argumente *dafür* überwiegen bei weitem. «Je

schwächer der Körper, desto mehr befiehlt er; je stärker er ist, desto
mehr gehorcht er.» Die Worte des französischen Aufklärers Jean-
Jacques Rousseau haben noch heute ihre Bedeutung. Wer so in der
Betätigung des Körpers Freude empfindet, wird sich auch bald in freier
Willensentscheidung der Anstrengung eines gesunden Leistungsstre-
bens unterwerfen. Jeder, der sich anstrengt, möchte Erfolg haben. Das
Erfolgserlebnis wird so zur wichtigen psychologischen Schaltstelle für
den sportlichen Vergleich, den Wettkampf.
Die meisten sportlich tätigen Menschen erhalten ihre Antriebe zur
sportlichen Leistung aus Freude an der Leistung. Das Erfolgserlebnis
aktiviert den Athleten, sich selbständig neue höhere Leistungsziele zu
stecken. Wer Freude an der Leistung zu empfinden vermag, wird feststellen: Leichtathletik macht Spaß!

Zum Inhalt und zur Gliederung des Buches
Mit dem Vorlegen dieses Buches verfolgen die Autoren anspruchsvolle
Ziele: Der Leser soll sich über den *Lauf* und *Sprung* in der Leichtathletik grundlegend informieren können. Er erhält darüber hinaus zahlreiche Anleitungen und Anregungen über Training, Technik und Taktik in
den Lauf- und Sprungdisziplinen der Leichtathletik. Die überschaubare
Gliederung ermöglicht eine schnelle und doch vielseitige Information.

● Das Grundlagenwissen vermittelt die für die Trainingsgestaltung
  notwendigen Kenntnisse der Trainingslehre. Reize und Anpassungserscheinungen des Organismus durch Training werden beschrieben.
  Die motorischen Grundeigenschaften Kraft, Schnelligkeit, Ausdauer und Flexibilität sowie ihre Leistungsparameter sind aus sportme-
  dizinischer Sicht dargestellt. Die zuständigen Trainingsformen bilden Anregungen für die Gestaltung des Trainings, die Planung des
  Trainings wird durch die Darstellung wichtiger Trainingsprinzipien
  erleichtert. Anregungen zur Trainingskontrolle geben Beschreibun-
  gen zum Führen von Trainingsbüchern.

● Jede einzelne Leichtathletikdisziplin wird nach einem Tableau be-
  züglich folgender Inhalte dargestellt:
Kurzchronik der Disziplin – Technikmerkmale – Lehrbildreihe mit
Technikbeschreibung – Fehler und Korrekturhilfen – Trainingsformen
der Disziplin – Trainingsrahmenpläne für die Vorbereitungs- und
Wettkampfperiode – Lernkontrollen – Wettkampfbestimmungen.

An wen richtet sich das Buch?

Dem vielschichtigen Inhalt entsprechend bestimmt sich die Zielgruppe der Leser, an welche sich das Buch richtet:

- Schüler und Jugendliche erhalten Entscheidungshilfen und konkrete Anleitungen.
- Athleten (Fortgeschrittene und Anfänger) im Breiten- und Leistungssport nehmen an einem Grund- und Aufbaukurs über Training, Technik und Taktik teil.
- Sportlehrer, Trainer, Übungsleiter erhalten Anregungen über Technik und Taktikschulung, Trainingsplanung und -kontrolle ihrer Trainings- und Übungsgruppen.
- Sportstudenten werden mit notwendigen Unterrichtsmaterialien über die didaktischen und methodischen Probleme der Leichtathletik versorgt.
- Laien sollen durch zahlreiche Anregungen zum Training und Üben zur Eigenrealisation angeregt werden.

Grundlagen
einer allgemeinen Trainingslehre

Was ist Training?

Jeder Organismus muß ein bestimmtes fließendes Gleichgewicht der Stoffe und Funktionen in Beziehung zu den Anforderungen der Umwelt erhalten, um gesund und leistungsfähig zu bleiben. Der Erhaltung dieses fließenden Gleichgewichts (Homöostase) dienen zahlreiche Regelsysteme des Organismus, vornehmlich das vegetative (unwillkürliche) Nervensystem und das System der Hormondrüsen. Auch im Training strebt der Organismus an, sein fließendes Gleichgewicht der Stoffe und Funktionen im Verhältnis zu den Leistungsanforderungen zu erhalten. Alle Trainingswirkungen stellen das Gleichgewicht der Leistungsfähigkeit und der Leistungsanforderungen bis an die biologischen Grenzen wieder her.

Eine Steigerung der körperlichen Leistungsfähigkeit ist somit nur durch eine Vermehrung der Reservekräfte im menschlichen Organismus möglich. Das Ausmaß der Leistungssteigerung ist dabei weitgehend von der *Intensität* und dem *Rhythmus* sich regelmäßig wiederholender Reize im Training abhängig. Die Reize können sehr verschiedenartig und von unterschiedlicher Intensität sein und lösen am Organismus Anpassungserscheinungen aus. So verstehen wir unter sportlichem Training (lat. traere = ziehen, leiten) ganz allgemein den auf ein bestimmtes Leistungsziel ausgerichteten Bewegungsreiz (Roux); denn die Bewegung formt von allen Reizen das Organ am besten.

Die Funktion hat bildenden, verändernden Einfluß auf die Form, oder, anders ausgedrückt: die Funktion formt das Organ.

Training ist somit die Summe aller in bestimmten Zeitabständen zum

Zweck der Leistungssteigerung durchgeführten Beanspruchungen (Reize), die zu funktionellen und morphologischen Veränderungen (Anpassungen) des Organismus führen.

Hierbei stellt Training nicht nur ein mechanisches Wiederholen, sondern ein gezieltes, willensmäßig bewußtes Üben dar. Die Anpassungserscheinungen, welche durch die im Training vermittelten Reize am Organismus ausgelöst werden, erstrecken sich vor allem auf die Funktionen des Herz-/Kreislauf-/Lungensystems, auf das Blut, die Muskeln, das Nervensystem und besonders auch auf die Funktion des Stoffwechsels und der Drüsen.

Ein Reiz löst allerdings nur dann die gewünschten Anpassungserscheinungen im Organismus aus, wenn eine bestimmte Reizhöhe erreicht wird. So bleibt jeder Reiz unwirksam, wenn eine gewisse Reizschwelle nicht erreicht wird.

Schwache Reize im Training – gekennzeichnet etwa durch ein nur geringes Ansteigen des Pulses – wirken zwar auf die allgemeine Lebenstätigkeit anregend, das heißt: sie sind durchaus positiv; aber sie erzielen noch keinen Trainingseffekt im Sinne des Aufbaus (z. B. der Ausdauer, Kraft oder Schnelligkeit). Erst starke Reize lösen Anpassungserscheinungen aus, und es kommt zum echten Trainingsgewinn. Ein starker Trainingsreiz ist in der Regel gekennzeichnet durch ein Ansteigen des Pulses auf circa 130 bis 150 Pulsschläge pro Minute. Allzu starke Reize dagegen wirken sich schädigend auf den Organismus aus; ein Trainingseffekt wird ebensowenig erreicht wie beim unterschwelligen Reiz. Daher spielt die Dosierung im Training eine große Rolle. Hierbei ist eine *stufenweise Steigerung* der Leistungsbeanspruchung dringend erforderlich. Mit zunehmendem Trainingszustand muß eine Verstärkung der Trainingsdosierung erfolgen, damit die Anpassungserscheinungen weiterhin ausgelöst und erhalten bleiben. Deshalb muß das Trainingspensum ständig neu bemessen werden. Auch nach Erreichen eines optimalen Trainingszustands muß stets eine geringe Dosierung beibehalten werden. Bei guter Trainingsform wird ein ‹Formerhaltungstraining› mit ziemlich reduzierten Belastungen weitergeführt.

Durch stetig steigende Anforderungen sollte nach etwa 20 Wochen regelmäßigen Trainings eine Leistungssteigerung um etwa 100 Prozent möglich sein. Dabei fehlt es aber noch an Festigkeit der Leistung. Nach Untersuchungen von Nöcker ist nach einer Trainingszeit von 40 Wochen die Festigkeit des Trainingseffekts so weit erreicht, daß selbst 70 Wochen nach Einstellung des Trainings Dreiviertel der Leistung vorhanden bleibt. Als Grundlage für jegliches Training können wir daher folgende Regel aufstellen und durch drei Phasen kennzeichnen:

Erster Abschnitt: Grundlagentraining

Aufnahme eines systematischen sportlichen Trainings. Erwerb einer allgemeinen breiten Grundlage der Haupteigenschaften Kraft – Ausdauer – Schnelligkeit.

Zweiter Abschnitt: Aufbautraining
Jetzt wird eine spezifische sportliche Leistungsfähigkeit angestrebt, wobei auf den allgemeinen Fähigkeiten und Fertigkeiten des Grundlagentrainings aufgebaut wird.

Dritter Abschnitt: Leistungstraining
Hier soll erreicht werden, in einer speziellen Sportart die persönliche (Höchst-)Leistung zu erreichen.

Die Pause und die Gesetze der Superkompensation

Die *Pause* zwischen den einzelnen Trainingsreizen spielt eine entscheidende Rolle, da sie der Wiederherstellung des Organismus von der vorausgegangenen Trainingsbelastung dient. Zu lange oder zu kurze Pausen können die Effektivität eines Trainings völlig verhindern. Jeder Bewegungsreiz bewirkt einen Abbau von Substanz (Energiereserven), birgt jedoch den Reiz zum Neuaufbau in sich. Dabei macht der Neuaufbau nicht vor dem ursprünglichen Gewebezustand halt; vielmehr entwickelt sich dieser über den bisherigen Zustand hinaus. Es ist deshalb ein charakteristisches Merkmal der lebenden Substanz, sich an erhöhte Leistungsanforderungen durch erhöhte Leistungsfähigkeit anzupassen.

Die erhöhte Bereitschaft des Organismus, Anpassungserscheinungen zu zeigen, erweist sich nach einer Belastung in der darauffolgenden Pause – allerdings nicht in einem unbeschränkten Zeitraum, sondern in einem kurzen Moment der völligen Wiederherstellung des Organismus. Dieser so wichtige, kurze Zeitabschnitt der Pause muß gut angepaßt werden, da hier der neue Trainingsreiz gesetzt wird. Die Pause darf also weder zu kurz bemessen sein, weil sonst der günstigste Zeitpunkt noch nicht erreicht ist, noch darf sie zu lange hinausgezögert werden, weil sonst der wichtige Moment ungenutzt verstreicht. Der neue Reiz muß ziemlich genau in die Phase der ‹Superkompensation› des Mehrausgleichs gesetzt werden.

Abbildung 1 zeigt richtiges und falsches Verhältnis zwischen Arbeit und Erholung im Training nach den Gesetzmäßigkeiten der Superkompensation.

Abbildung 2 zeigt das Serienprinzip, eine der möglichen Varianten für die richtige Aufeinanderfolge von Arbeit und Erholung. Nach drei Belastungsreizen mit unvollständigen Pausen folgt eine vollständige Erholungspause, welche in die Phase der Superkompensation führt.

Wie läßt sich die Phase der *Superkompensation* nun genau treffen? –

Abb. 1: Verhältnis zwischen Arbeit und Erholung im Training unter Berücksichtigung der Gesetze der Superkompensation (nach Jakowlew, UdSSR).
Schematische Darstellung der Ausschöpfung der Energiereserven und der Wiederherstellung in der Pause.

Die drei Arten der Gestaltung einer Erholungspause:
1. *Richtig festgesetzte Erholungspause:* Das Verhältnis zwischen Arbeit und Pause hat eine positive Trainingswirkung zur Folge (ansteigender Pfeil). Der jeweils auf die Pause folgende Trainingsreiz erfolgt exakt in der Phase der Superkompensation.
2. *Zu weit ausgedehnte Erholungspause:* Durch eine zeitlich zu weit ausgedehnte Pause wird der folgende Trainingsreiz zu spät gesetzt. Er erfolgte nicht in der Phase der Superkompensation. Die Trainingswirkung bleibt aus (waagerechter Pfeil).
3. *Zu kurze Erholungspause:* Die Wiederherstellung der energetischen Kraftreserven ist noch nicht abgeschlossen. Der Trainingsreiz hat jetzt einen negativen, abbauenden Trainingseffekt (abfallender Pfeil).

a = Ausschöpfung der Energiereserven durch den Trainingsreiz
b = Wiederherstellung in der Erholungspause (Kompensation)
c = Phase der erhöhten Bereitschaft zur Wiederherstellung (Superkompensation)

Abb. 2: Das Serienprinzip als eine Variante für die richtige Aufeinanderfolge von Trainingsreiz und Erholung.
Nach drei Trainingsreizen (Serie) mit unvollständigen Pausen erfolgt eine erhöhte Ausschöpfung der Energiereserven. Die vollständige Pause führt in die Phase der Superkompensation, welcher erneut eine Reizserie folgt. Der aufsteigende Pfeil deutet den positiven Trainingseffekt an.

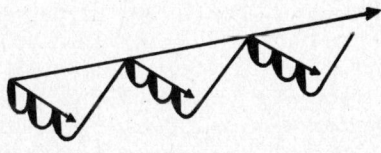

Die Trainingspraxis kennt nur ungenaue Methoden, um diese festzustellen. Dennoch sind sie wirkungsvoll und decken sich etwa mit jenen, die Wissenschaftler benutzen, um diesen so wichtigen Zeitraum zu bestimmen.

In der Trainingspraxis verfahren wir wie folgt:
- Pulsmessung. Beruhigung soll weitgehend wieder eingetreten sein.
- Das subjektive Lustgefühl des Übenden ist mitbestimmend bei der zeitlichen Bemessung der Pause. Bei wiederkehrender Trainingsbereitschaft kann der neue Reiz abermals gesetzt werden.

Dabei unterscheiden wir zwei Arten von Pausen, nämlich die *vollständige* und die *unvollständige*.

Die Wahl der jeweiligen Pausenart zwischen den Trainingsreizen hängt von der Höhe der Reizintensität oder Belastung ab. Dabei gilt die Regel:

hohe Belastung   = vollständige Pause
niedrige Belastung = unvollständige Pause

Die vollständige Pause ist gekennzeichnet durch ein Absinken des Pulses bis nahe dem Ruhewert, während bei der unvollständigen Pause das Training bereits nach Erreichen einer Pulsfrequenz von 120 Schlägen pro Minute fortgesetzt wird.

Klingt bei wiederholten Trainingsreizen nach längerer Pause der Puls nicht mehr auf 120 Schläge pro Minute ab, muß das Training beendet werden. Der Organismus ist nun genügend belastet worden. Eine erneute Belastung bringt keinen zusätzlichen Trainingseffekt, sondern kann sich schädigend auf die Form des Athleten auswirken.

Trainingswirkungen auf den Organismus

Die nachweisbaren Wirkungen, die das körperliche Training auf den Organismus hat, werden im folgenden kurz dargestellt.
- Wirkungen auf Muskel- und Skelettsystem

Trainierte Muskeln werden im allgemeinen dicker und kräftiger als untrainierte; ihr Umfang, Querschnitt und Volumen werden größer. In etwa gleichem Maße nimmt auch die Muskelkraft zu. Der trainierte Muskel wird durch Wachstum (Hypertrophie) der einzelnen Muskelfasern infolge von Zunahme von Muskeleiweiß dicker. Bei lokaler Belastung der Muskulatur im Ausdauertraining werden zahlreiche kleinste Blutgefäße (Kapillaren), die der O_2-Versorgung und dem Abtransport von Stoffwechselprodukten dienen, neu gebildet (Erschließung von Ruhekapillaren). Je mehr Kapillaren vorhanden sind, desto größer wird die Blutmenge, die pro Zeiteinheit der arbeitenden Muskulatur zur

Verfügung gestellt werden kann. Somit erhöht sich die (lokale) Muskelausdauer, indem eine größere Blutmenge dem Muskel für seine biologischen Verbrennungsprozesse mehr Sauerstoff zuführen kann.

Auch die Knochen des Skelettsystems passen sich im Training den erhöhten Leistungsanforderungen an; sie werden dicker und schwerer durch die Bildung neuer Knochensubstanz. Ihre Beanspruchungsfähigkeit bei Bewegungsleistungen nimmt dadurch zu.

● Wirkungen auf innere Organe und das Blut
Dauertraining hat nachweisbare Wirkungen auf die Entwicklung der inneren Organe, vor allem des Herzens, des Blutes, der Lungen sowie bestimmter Hormondrüsen. Das ‹hypertrophe Leistungsherz› des Ausdauersportlers kann gegenüber dem Normalherzen sowohl in bezug auf das Herzgewicht als auch bezüglich des Rauminhalts (Volumen) eine Verdoppelung erreichen. Diese großen, gesunden Sportlerherzen können bei Höchstleistungen wesentlich mehr Blut (bis zu 35 Liter in der Minute) durch den Kreislauf pumpen. Ebenso vermehren sich das Blutvolumen und die Zahl der roten Blutkörperchen unter dem Einfluß eines gezielten Dauertrainings, wodurch wiederum die O_2-Transportfähigkeit des Blutes günstig beeinflußt wird.

Eine größere Lunge bei einer erhöhten inneren Oberfläche bewirkt eine Zunahme des Fassungsvermögens für Luft bis auf Werte von 7000 ccm. Die so verbesserte maximale O_2-Aufnahmefähigkeit – in Relation zum Körpergewicht – ist das entscheidende Kriterium für die Beurteilung der Dauerleistungsfähigkeit eines Sportlers.

● Wirkungen auf den Stoffwechsel
Unter dem Begriff Stoffwechsel haben wir alle Vorgänge zu verstehen, welche zum Aufbau, Umbau und Abbau von Körpersubstanzen führen. Jede Lebensfunktion kann nur unter Substanzabbau stattfinden. Bei diesem Abbau, welcher sich nach komplizierten biochemischen Vorgängen vollzieht, wird Energie frei, welche als Wärme oder als mechanische Energie wirksam wird. Die chemischen Umwandlungsprozesse können entweder unter Hinzufügung von Sauerstoff (*aerob*) oder sauerstofflos (*anaerob*) verlaufen. Ausschlaggebend hierfür sind die Zeitdauer und Intensität der zu leistenden Arbeit. Zu Beginn jeder Arbeitsleistung ist der Stoffwechselvorgang anaerob, während gleichzeitig eine Sauerstoffschuld eingegangen wird. Die Sauerstoffschuld löst jetzt eine erhöhte Sauerstoffaufnahme aus. «Je größer die Sauerstoffschuld, um so größer ist der Reiz für die erhöhte Sauerstoffaufnahme» (Nöcker).

Bei sportlichem Training von relativ kurzer Zeitdauer und hoher Intensität – etwa beim 100-Meter-Lauf – spielt die Sauerstoffaufnahme so gut wie keine Rolle. Es entstehen saure Stoffwechselzwischenprodukte wie Milchsäure, Brenztraubensäure u. a., welche zu einer Übersäuerung und Lähmung des Muskels führen. Der Alkalireserve des Blutes fällt die Aufgabe zu, die beim Muskelstoffwechsel anfallenden Säuren zu neutralisieren.

Wenn auch das häufige Eingehen einer hohen Sauerstoffschuld Ursache für ein erhöhtes Sauerstoffaufnahmevermögen und eine bessere Ausnutzung des peripheren Sauerstoffs ist, so scheint noch nicht restlos bewiesen zu sein, daß eine Erhöhung der Alkalireserve ebenfalls erreicht wird. Dies ist allerdings mit großer Wahrscheinlichkeit anzunehmen.

Die Stoffwechselvorgänge unter Verbrauch von Sauerstoff sind wesentlich ökonomischer, da der Organismus schon nach kurzer Zeit ein Gleichgewicht zwischen Energieverbrauch und Energiefreisetzung (*steady state*) herstellt. Die im *steady state* geleistete Arbeit kann daher von relativ langer Dauer sein, weil die Ermüdung erst sehr spät auftritt. Über die Abhängigkeit der Zeitdauer der Belastung von der Art der Stoffwechselvorgänge gibt uns Nöcker folgende Erklärung:

«Bei Leistungen von kurzer Zeitdauer, das heißt bis etwa zu einer Minute, wird der erhöhte Energiebedarf fast ausschließlich durch anaerobe Prozesse gedeckt. Bei Leistungen mit einer Zeitdauer von 1 bis 15 Minuten wird zwar am Anfang die Arbeit anaerob geleistet, hier spielt aber bereits die Sauerstoffaufnahme während der Leistung eine mit der Dauer der Arbeit zunehmende Rolle. Bei Leistungen, die länger als 15 Minuten dauern, ist der Organismus praktisch ganz auf die aerobe Energielieferung angewiesen. Es ist daher verständlich, daß dann die Leistungsfähigkeit weitgehend von der maximalen Sauerstoffaufnahmefähigkeit abhängt. Je größer die Menge Sauerstoff, die der Organismus pro Zeiteinheit aufnehmen kann, um so größer ist seine Leistungsfähigkeit. Es nimmt daher nicht wunder, daß die ganzen Anpassungen bei Dauerleistungssportlern unter dem Gesichtswinkel der Tendenz zur Erhöhung des Sauerstoffaufnahmevermögens zu verstehen sind.»

Es wurde bereits erwähnt, daß die anaerobe Energieumwandlung, welche am Anfang aller Arbeitsleistung steht, unökonomisch ist. Im Verlauf regelmäßigen Trainings stellt sich als Ausdruck günstiger Anpassung beim trainierten Athleten schon bald ein schnelleres Überbrücken der unökonomischen anaeroben Phase ein. Ebenso wird die größtmögliche Sauerstoffschuld, welche die Muskeln eingehen können, unter dem Einfluß des Trainings größer.

Zusammenfassung
- Training ist eine systematische Anwendung funktioneller Reize mit dem Ziel der Leistungssteigerung.
- Training bewirkt anpassende Veränderungen der Organe an erhöhte Leistungsanforderungen.
- Trainingsreize müssen mindestens 30 bis 50 Prozent des Leistungsmaximums erreichen, um eine Leistungszunahme zu bewirken.

- Die Muskeln werden im allgemeinen dicker und kräftiger. Die Kapillaren nehmen zu. Der Muskelstoffwechsel wird günstig beeinflußt. Die Muskelsäurebindefähigkeit verbessert sich.
- Durch Dauertraining wird das Herz größer. Der Ruhepuls wird niedriger, die Atmung ökonomischer. Eine größere O_2-Menge kann aufgenommen und eine größere Kohlendioxydmenge ausgeschieden werden. Das maximale Sauerstoffaufnahmevermögen wird größer; dadurch steigert sich die Dauerleistungsfähigkeit. Die Blutmenge und die Zahl der roten Blutkörperchen nehmen zu.
- Die Utilisation (Ausnutzung) der zugeführten Nährstoffe erhöht sich.

Die motorischen Grundeigenschaften und ihre Trainingsformen

Unter motorischen Grundeigenschaften sind die komplexen Eigenschaften zu verstehen, welche die Realisierung der vielfältigen Bewegungen bei der Arbeit und im Sport ermöglichen. Dazu gehören: *Ausdauer, Schnelligkeit, Kraft* und *Flexibilität*.

Ausdauer

Ausdauer – auch Ermüdungswiderstandsfähigkeit – ist die Fähigkeit, eine statische oder dynamische Belastung möglichst lange ausführen zu können, ohne dabei die Qualität der Arbeit zu veringern. Je nach Qualität oder Quantität der Arbeit pro Zeiteinheit sowie nach dem Größenumfang der beanspruchten Muskulatur werden verschiedene Arten von Ausdauer unterschieden (siehe *Schema 1*, Seite 18).

Allgemeine Ausdauer
Ermüdungswiderstandsfähigkeit bei Gesamtkörperbewegungen, das heißt beim Einsatz großer Muskelgruppen, zum Beispiel beim Dauerlauf

Lokale Ausdauer
Ausdauer einer sehr kleinen Muskelgruppe von ein Sechstel bis ein Siebtel der gesamten Skelettmuskulatur, wie sie zum Beispiel bei der Armarbeit beim Boxen benötigt wird

Allgemeine aerobe dynamische Ausdauer
Ermüdungswiderstandsfähigkeit bei dynamischer Arbeit unter Einsatz von mehr als ein Sechstel bis ein Siebtel der gesamten Skelettmuskula-

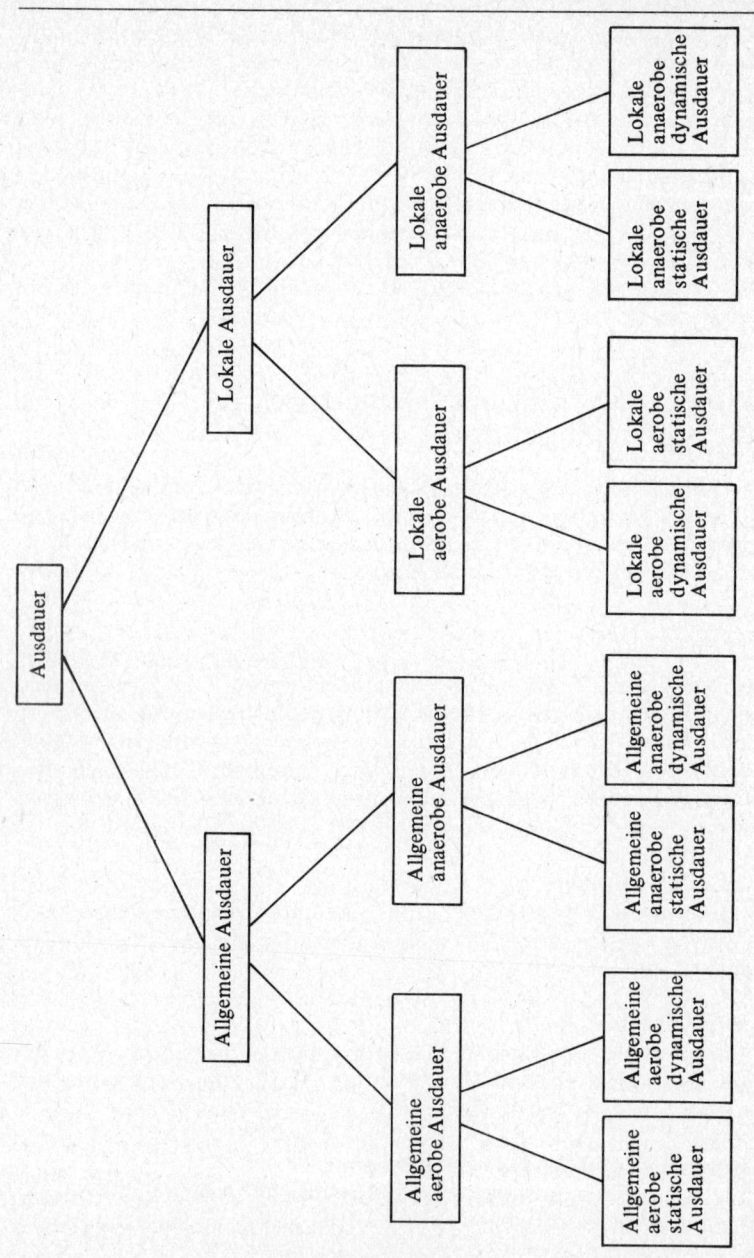

Schema 1

tur während einer Bewegungsintensität von mehr als 50 Prozent der maximalen Kreislaufbelastungsfähigkeit und einer Belastungsdauer von mindestens drei bis fünf Minuten. Die kardiopulmonale Kapazität, das heißt die Leistungsfähigkeit von Herz, Kreislauf, Atmung und Stoffwechsel, stellt den leistungslimitierenden Faktor dar. Ein Trainingsreiz ist gegeben, wenn der Puls bei einer Belastungsdauer von mehr als drei bis fünf Minuten über 130 Schläge pro Minute aufweist. Bei Belastungen von mehr als 90 Minuten Dauer spielt die Größe der vorhandenen Stoffwechseldepots und die Nahrungsaufnahme während der Belastung eine zusätzliche Rolle.

Leistungslimitierender Faktor: maximales O_2-Aufnahmevermögen
Haupttrainingsformen: Dauerlauf, Fahrtspiel, Minutenläufe, Intervall-Dauerlauf, Hügellauf, Laufspiele, Circuittraining; sportartspezifische Dauerbelastungen aller Art, wenn die Pulsfrequenz 130 Schläge pro Minute übersteigt

Allgemeine aerobe statische Ausdauer

Beanspruchung liegt vor, wenn statische Arbeit verrichtet wird unter Einsatz einer großen Muskelgruppe und einer Belastung von unter 15 Prozent der maximalen Kraft und bei einer längeren Belastungsdauer. Diese Art der Ausdauer wird in der Leichtathletik nicht benötigt.
Leistungslimitierender Faktor: maximales O_2-Aufnahmevermögen (nur gering), Muskelkraft (nur gering), peripheres O_2-Angebot (Kapillarisierung)
Hauptsportarten: Schießen, Bogenschießen, Beinarbeit beim Reiten etc.
Haupttrainingsformen: nicht klar zu definieren; sportartspezifische Belastungsformen, wenn große Muskelgruppen dauerhaft statisch beansprucht werden

Allgemeine anaerobe dynamische Ausdauer

Auch Schnelligkeitsausdauer, Tempoausdauer oder Stehvermögen. Die Beanspruchung tritt bei anaerober Arbeit mit dynamischen Belastungen von maximaler oder submaximaler Schnelligkeitsintensität auf, demzufolge nur bei zyklischen (sich wiederholenden) Bewegungen; denn die Arbeit bei azyklischen (einmalig ausgeführten) Bewegungen ist zu gering, um eine entsprechende Ermüdung hervorzurufen. Diese Ausdauer wird bereits beim 200-Meter-Lauf wirksam und erreicht ihre größte Bedeutung in den Mittelstreckenläufen (400 bis 1500 Meter). Bei diesen wird die größte O_2-Schuld eingegangen, wobei die höchsten Milchsäure- und niedrigsten pH-Werte im Blut von Läufern zu registrieren sind. Sobald die Belastungsdauer drei Minuten überschreitet, gewinnt die aerobe Energiebereitstellung zunehmende Bedeutung.

Leistungslimitierende Faktoren: Qualität und Quantität der anaeroben Energiegewinnung, pH-Wert, Säurebindungsvermögen (vor allem Alkalireserve); in geringem Maße auch die zentrale (nervale) Ermüdung
Hauptsportarten: 400- und 800-Meter-Lauf, Eisschnellauf, Ballspiele, Wasserball, Schwimmen, Rudern, Boxen, Ringen
Haupttrainingsformen: Tempo- und Temposerienläufe, Hügelläufe, *wind sprints, Ins and outs*-Läufe, Tempowechselläufe, Überholläufe, Endlose Staffel, ‹Fliegende› Läufe in der Leichtathletik; Kurzhantel-Serienarbeit, Circuittraining mit hoher Belastungsintensität; alle sportartspezifischen Belastungsformen, welche bei maximaler bis submaximaler Belastungsintensität durchgeführt werden und zu einer Sauerstoffschuld führen

Lokale aerobe dynamische Ausdauer

Fähigkeit, eine dynamische Arbeit unter Einsatz einer möglichst kleinen Muskelgruppe bei geringer Belastungsintensität möglichst lange durchhalten zu können
Leistungslimitierende Faktoren: Quantität und Qualität der muskulären Stoffwechseldepots in Verbindung mit der lokalen Durchblutungsgröße (Kapillarisierung); geringfügig zentrale Ermüdung
Hauptsportarten: Paddeln, Armzug beim Schwimmen, Armarbeit beim Boxen, wenig intensive Drehkurbelarbeit, Armarbeit beim Fechten, Stockeinsatz beim Skilanglauf
Haupttrainingsformen: zigfache Wiederholungsarbeit mit Gummizügen bei geringer Arbeitsintensität, Boxen an der Maisbirne, Plattformballarbeit, Dauergymnastikformen; alle sportartspezifischen Belastungsformen, welche bei geringer Belastungsintensität dauerhaft und dynamisch eine kleine Muskelgruppe beanspruchen

Lokale anaerobe dynamische Ausdauer

Fähigkeit, eine dynamische Arbeit einer möglichst kleinen Muskelgruppe bei hoher Belastungsintensität möglichst lange durchzuhalten
Leistungslimitierende Faktoren: Quantität und Qualität der anaeroben metabolischen Kapazität sowie des intrazellulären O_2-Angebots
Hauptsportarten: wie bei der aeroben dynamischen Ausdauer, wenn intensive Belastungen von kurzer Zeitdauer vorherrschen
Haupttrainingsformen: zigfache Wiederholungsarbeit bei lokaler Belastung von hoher Belastungsintensität; Trainingsformen im allgemeinen wie bei der lokalen aeroben dynamischen Ausdauer

Lokale aerobe statische Ausdauer

Ausdauer bei einer genügend kleinen Muskelgruppe, etwa bei einer statischen Arbeit, wenn die aufgewendete Kontraktionskraft unterhalb einem Fünftel der Maximalkraft liegt

Leistungslimitierende Faktoren: individuelle maximale Kraft sowie die lokale Durchblutungsgröße der beanspruchten Muskulatur
Hauptsportarten: lange Halteübungen beim Schießen, Bogenschießen etc.; Haltearbeit der Arme beim Langstreckenläufer
Haupttrainingsformen: sportartspezifische Belastungsformen, welche dauerhaft und statisch eine geringe Muskelgruppe mit geringem Kraftaufwand belasten, zum Beispiel dauerhafter Anschlag des Schützen, eventuell mit überschwerer Waffe

Lokale anaerobe statische Ausdauer
Ausdauer bei einer genügend kleinen Muskelgruppe, etwa bei einer statischen Arbeit, wenn die aufgewendete Kontraktionskraft etwas größer als ein Fünftel der Maximalkraft ist und es somit zur Abschnürung der Kapillaren kommt
Leistungslimitierende Faktoren: lokale anaerobe Energiebereitstellung
Hauptsportarten: Haltegriffe beim Ringen und Judo, eventuell Haltearbeit beim Radball oder die Haltearbeit der Arme beim Radfahren; Halteübung beim Klimmzug, Partnerwiderstandsübung mit dem Arm (zum Beispiel Fingerhakeln)
Haupttrainingsformen: sportartspezifische Belastungsformen, welche dauerhaft und statisch eine geringe Muskelgruppe mit hohem Kraftaufwand belasten
Anmerkung
Die Komplexität der hier beschriebenen Ausdauerarten sowie die Vielfalt der Bewegungsformen in den verschiedenen Sportarten macht es unmöglich, eine einzelne Ausdauerart selektiv zu trainieren. Die aufgeführten Trainingsformen setzen daher nur Trainingsschwerpunkte, welche vornehmlich die beschriebene Ausdauerart verbessern. Da in den meisten Sportarten nicht nur die eine oder andere Ausdauerart gefordert wird, sondern nicht selten ein gesamter Komplex verschiedener Ausdauerarten, empfiehlt sich ohnedies die Anwendung eines ‹komplexen Trainings›, bei welchem das Miteinander der unterschiedlichen motorischen Grundeigenschaften trainiert wird.

Schnelligkeit

Physikalisch wird Schnelligkeit definiert: S = Weg pro Zeiteinheit (V = S/t).
Physiologisch kann man Schnelligkeit als Fähigkeit verstehen, aufgrund der Beweglichkeit, der Prozesse des Nervensystems und des Muskelapparats Bewegungen in einer bestimmten Zeiteinheit auszuführen.

Schnelligkeit ist das Resultat der Einwirkung einer Kraft auf eine Masse. Dabei stehen sich positiv und negativ auswirkende Elemente gegenüber. Das positive, antreibende Element wird vornehmlich durch eine Vermehrung der Muskelkraft unterstützt, während die sich negativ auswirkenden Faktoren in erster Linie durch eine Verbesserung der Koordination und der Flexibilität reduziert werden können.
Entsprechend der Unterteilung der Bewegungen unterscheidet man die Schnelligkeit, wie in *Schema 2* angegeben.

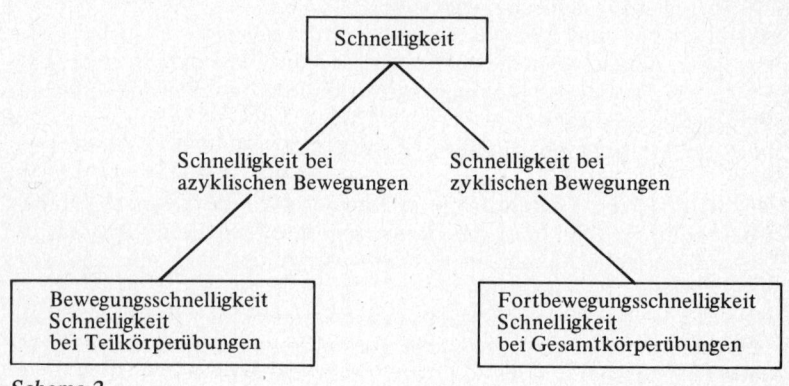

Schema 2

Zyklische Schnelligkeit
Sie berechnet sich als Produkt aus Bewegungsfrequenz (zum Beispiel Schrittfrequenz) und Bewegungsamplitude (zum Beispiel Schrittlänge). Beginnt eine zyklische Bewegung mit der Geschwindigkeit o auf ein Signal hin und wird die Zeit von der Auslösung des Signals an gemessen – wie zum Beispiel beim Sprint –, so unterscheidet man folgende Faktoren:
Reaktionsschnelligkeit (beim Start), *Bewegungsbeschleunigung* auf den ersten Metern, *Grundschnelligkeit* als die maximale Schnelligkeit sowie die *Schnelligkeitsausdauer*.

Azyklische Schnelligkeit
Sie wird limitiert von Faktoren, die die Schnelligkeit der Bewegung des einzelnen Muskels betreffen und die im Muskel liegen. Es sind diese vornehmlich die statische Kraft und die Kontraktionsgeschwindigkeit, welche wiederum von der Viskosität und dem Tonus des Muskels abhängt. Zum anderen spielen äußere Faktoren eine Rolle: Wirkung

der Antagonisten und die damit zusammenhängende Dehnung, Ursprung und Ansatz des Muskels, Länge der Hebel sowie die zu bewegende Masse (Last-Kraft-Verhältnis). Leistungslimitierende Faktoren sind: dynamische Kraft (Schnellkraft), antropometrische Merkmale (Rumpf-Hebel-Verhältnis) und die Masse (Last-Kraft-Verhältnis).

Grundschnelligkeit

Die Grundschnelligkeit als maximal erreichbare Schnelligkeit in zyklischen Bewegungen ist das maximal erreichbare Produkt von Bewegungsfrequenz und Bewegungsamplitude. Sie kann nicht nach Fortbewegungs- und Bewegungsschnelligkeit unterschieden werden. Das Maximum der Grundschnelligkeit wird bei Frauen zwischen dem 17. und 22., bei Männern zwischen dem 19. und 23. Lebensjahr erreicht. Leistungslimitierende Faktoren sind: *Kraft, Viskosität der Muskeln, Kontraktionsgeschwindigkeit, antropometrische Merkmale, Koordination, Reaktionszeit beim Start* und *allgemeine anaerobe dynamische Ausdauer.* Die Trainingsformen zur Verbesserung der Grundschnelligkeit werden im Kapitel «Der Sprint» eingehend erläutert.

Schnelligkeitsbarriere

Auf eine Gefahr beim Schnelligkeitstraining muß besonders geachtet werden. Durch zu häufiges Wiederholen maximaler Sprints kann es zu frühzeitigen Ausprägungen eines motorisch-dynamischen Stereotyps kommen. Das Erregungsmuster im motorischen Großhirnrindenbezirk ist dann bezüglich Schrittfrequenz, Schrittlänge und Raumeinteilung so festgelegt, daß eine weitere Leistungssteigerung nicht mehr möglich ist. Die Beseitigung einer ungünstig angelegten ‹Schnelligkeitsbarriere› erfolgt am zweckmäßigsten durch Aussetzen der Hauptübung über eine individuell anzupassende Zeitspanne hinweg. Die betreffende Zeitspanne sollte dann ausgefüllt werden mit Trainingsformen zur Erhöhung der Schnellkraft, wodurch eine günstige Beeinflussung des räumlichen Merkmals (Schrittlängenmerkmal) der Sprintbewegung erreicht wird.
Richtet sich die Trainingsbemühung im wesentlichen gegen eine Einengung (Stereotyp) des zeitlichen Merkmals (Schrittfrequenzmerkmal) der Sprintbewegung, so empfiehlt sich ein Durchbrechen der Schnelligkeitsbarriere durch Läufe mit höchster Schrittfrequenz, zum Beispiel Sprinten auf der schiefen Ebene. Bei der Behandlung der Sprinttechnik im Kapitel «Der Sprint» werden Trainingsformen aufgezeigt, die einer Entstehung der Schnelligkeitsbarriere vorbeugen sollen.
Es sei noch darauf hingewiesen, daß die frühzeitige Ausprägung eines motorisch dynamischen Stereotyps ebenfalls bei azyklischen Bewegungen, zum Beispiel bei Würfen, erfolgen kann. Zur Vermeidung der

Schnelligkeitsbarriere bei Wurfdisziplinen wird daher empfohlen, das
Gewicht der Trainingsgeräte des öfteren zu variieren: Würfe mit dem
Wettkampfgerät sollen sich ständig mit Würfen von über- und unterge-
wichtigen Geräten abwechseln.

Flexibilität

Die Flexibilität ist eine wesentliche anatomisch bedingte Voraussetzung für sportliche Bewegungsabläufe. Sie erlaubt es, die Bewegungs-
möglichkeiten der Gelenke nach allen Seiten möglichst vollständig
auszunutzen. Die Entwicklung der Flexibilität hängt von individuellen
Besonderheiten ab (Sehnen, Muskeln, Bändern, Gelenkflächen). Eine
gute allgemeine Flexibilität ist erreicht, wenn alle Gelenke des Körpers
entsprechende Bewegungsfähigkeiten aufweisen.
Die technischen Besonderheiten einiger leichtathletischer Disziplinen
verlangen dagegen eine *spezielle* Flexibilität. In einer planvollen Lei-
stungsschulung kommt demnach der Flexibilität eine große Bedeutung
zu. Die Elastizität der Muskulatur und der Bänder steht hierbei im
Mittelpunkt. Sie wird günstig beeinflußt durch Dehnübungen, welche
die Gelenkbeweglichkeit sowie eine große Schwingungsweite der Bewegungen ermöglichen. Überdies kann ein Muskel nur aus der größten
Dehnung heraus seine größte Kraft entfalten. Leichtathleten müssen
daher im Rahmen einer speziellen (Zweck-)Gymnastik (zum Beispiel
für den Hürdenlauf, Speerwurf etc.) Gelenkbeweglichkeits- bzw. Mus-
keldehnübungen durchführen.

Kraft

Die Physik erklärt Kraft als ein Produkt aus Masse und Beschleunigung:

$$F = m \cdot a$$

Bei allen körperlichen Bewegungen ist Kraft die aufgebrachte Muskelkraft respektive die Fähigkeit, sich gegen einen Widerstand zusammen-
zuziehen oder gegen diesen das Ausmaß der gewollten Verkürzung zu
halten. Entsprechend den verschiedenen Muskeltätigkeiten unterscheidet man die *statische* von der *dynamischen* Kraft. Eine zwar gebräuch-
liche, aber weniger exakte Unterscheidung ist die in Grundkraft (engl.
strenght) und Schnellkraft (engl. *power*).
Die *statische Kraft* ist diejenige Muskelkraft, die ein Muskel oder eine
Muskelgruppe gegen einen fixierten Widerstand entfalten kann.
Leistungslimitierende Faktoren sind Muskelfaserquerschnitt, -zahl und

-struktur, Länge und Angriffswinkel des Muskels, Koordination und Motivation.

Die *dynamische Kraft* ist diejenige Muskelkraft, welche eine Muskelgruppe innerhalb eines gezielten Bewegungsablaufs gegen einen Widerstand zu entfalten vermag.

Leistungslimitierende Faktoren sind die statische Kraft, Koordination, Masse und Kontraktionsgeschwindigkeit.

Krafttraining

Die Kraft eines Muskels hängt von der Größe des Muskelquerschnitts ab. Um einen Kraftgewinn zu erreichen, muß der Muskel zur Querschnittsvergrößerung gebracht werden. Diese Querschnittsvergrößerung wird mit dem Dickenwachstum (Hypertrophie) erreicht, wobei sich weniger die Muskelfasern vermehren (Hyperplasie) als vielmehr jede einzelne Faser an Masse zunimmt. Eine Dickenzunahme des Muskels wird durch hohe Belastung ausgelöst. Der *Spannungsreiz*, den die hohe Belastung hervorruft, ist ausschlaggebend für die Hypertrophie. Entsprechend den Muskeltätigkeiten unterscheidet man zwischen *dynamischem* und *statischem* Krafttraining. In der Sportpraxis sind ferner das *exzentrische* und das *isokinetische* Krafttraining bekannt. Alle vier Trainingsarten rufen Anpassungserscheinungen hervor, die nur geringfügig voneinander abweichen. Mit jeder Methode läßt sich die *Maximalkraft* eines Muskels erreichen, wobei Höhe und Dauer der Muskelanspannung über Muskel- und Kraftzuwachs entscheiden. Hinsichtlich der sportartspezifischen Kraft ist jede Art mit Vor- und Nachteilen verbunden.

In der Sportpraxis kommt es daher auf eine geeignete Mischung an, die sich nach der betreffenden Sportart und der individuellen Kondition zu richten hat.

Dynamisches Krafttraining

Isotonische (dynamische) Belastung mit einem beweglichen Widerstand (Hantel, Gewichtsweste o. ä.) bringt den gleichen maximalen Kraftzuwachs wie statisches Krafttraining, bewirkt aber eine Verbesserung der dynamischen Kraft, das heißt einen zusätzlichen Aufbau der Muskelkoordination und eine Kontraktionsverbesserung der Grundschnelligkeit. Je nach Belastungshöhe, Wiederholungszahl, Serienzahl und Pausenlänge unterscheidet man zwischen *Schnellkraft-* und *Maximalkrafttraining*. Der optimale Prozentsatz der Spannung für den einzelnen Muskel ist bei dynamischem (isotonischem) und statischem (isometrischem) Krafttraining gleich (40 bis 50 Prozent); beim statischen benötigt man jedoch eine längere Spannungsdauer für die gleiche Wirkung. Alle Übungen des dynamischen Krafttrainings sollen mit der für

die jeweilige Belastung größtmöglichen Geschwindigkeit ausgeführt werden, damit eine hohe Spannung im Muskel entsteht.
Bei sehr leichten Gewichtsbelastungen wird die Anspannungszeit zu kurz. Unter diesem Gesichtspunkt weisen Belastungshöhe und Wiederholungszahl einen gegenläufigen Zusammenhang auf. Geübt wird am besten in Serien von je fünf bis sechs Wiederholungen. Die Pausen zwischen den Serien sollten so lang sein, daß sich die Muskeln wieder vollständig erholen.

Statisches Krafttraining
Hierbei handelt es sich um statische (isometrische) Belastung (Spannung) gegen einen fixierten Widerstand. Der maximale Trainingseffekt (Kraftzuwachs) ist abhängig von der Höhe, der Dauer und der Häufigkeit der Muskelspannung.
Anspannungshöhe: Das Trainingsoptimum liegt bei 40 bis 50 Prozent der maximalen statischen Kraft. Schon bei 20 bis 30 Prozent stellt sich ein Kraftzuwachs ein; unter 20 Prozent zeigt sich eine Kraftabnahme (Atrophie).
Anspannungsdauer: Der maximal mögliche Trainingseffekt wird bereits durch eine Anspannungsdauer erreicht, die 20 bis 30 Prozent der bis zur Erschöpfung möglichen Zeit entspricht. Je nach Höhe der Belastung sind das circa sechs bis zehn Sekunden. Längere Zeiten können den Trainingseffekt nicht mehr verbessern. Bei kürzeren Zeiten wird der Trainingseffekt immer geringer; unterhalb 10 Prozent ist ein Trainingseffekt nicht mehr nachweisbar.
Optimale Trainingshäufigkeit: Sie liegt beim statischen Krafttraining bei drei- bis fünfmal täglich. Der Kraftzuwachs stellt sich beim statischen Krafttraining schneller ein als beim dynamischen Krafttraining; er verliert sich allerdings nach Trainingsabbruch auch wieder schneller. Die für die meisten Sportarten notwendige Muskelkoordination wird durch das statische Krafttraining nicht geschult. Es sollte deshalb nur wenig angewendet werden.
Ein Vorteil des statischen Krafttrainings liegt darin, daß einzelne Muskeln oder Muskelgruppen gezielt trainiert werden können. Insofern hat das statische Krafttraining seine große Bedeutung in der Rehabilitation (Wiederherstellung, zum Beispiel bei Muskelatrophie – Schwund – als Folge der Ruhigstellung eines Körperglieds), da sich der Trainingseffekt sehr rasch einstellt.

Exzentrisches Krafttraining
Exzentrisch (lat. = vom Mittelpunkt abweichend) bedeutet die trainingsmäßig wiederholte passive Beanspruchung eines Muskels gegen dessen maximalen Widerstand. Der physikalischen Arbeitsform nach

handelt es sich um eine dynamisch negative Arbeit. Im Vergleich zu den anderen Arten des Krafttrainings kann das Zwei- bis Dreifache der Muskelspannung erzielt werden. Das exzentrische Krafttraining eignet sich gut zur Verbesserung der lokalen Muskelausdauer (siehe oben) in Verbindung mit einem Kraftgewinn.

Beim exzentrischen Krafttraining wird gegen die Arbeit eines Partners Widerstand geleistet. Typische Formen gibt es bei den Widerstandsübungen mit dem Partner (Beispiel: Nackenziehkampf).

Isokinetisches Krafttraining

Das isokinetische Krafttraining (griech. = gleich schnell) ist eine 1966 entwickelte Krafttrainingsmethode, bei der die Muskulatur in sämtlichen Teilpunkten der Bewegung die gleiche Spannung hat. Die Größe des Widerstands läßt sich an einer Maschine einstellen, wodurch sogleich die Geschwindigkeit der Bewegungsausführung reguliert wird. Eine schnelle Bewegung innerhalb der Übung wird durch einen sich automatisch erhöhenden Widerstand ausgeglichen und verhindert.

Das isokinetische Krafttraining ist eine Ergänzung des statischen (isometrischen) und dynamischen (isotonischen) Krafttrainings. Neuerdings wird das isokinetische Krafttraining von Leistungssportlern als ‹Aufbautraining› benutzt. Die Muskeln werden zwei bis drei Monate durch isokinetisches Krafttraining aufgebaut (das heißt vergrößert). Anschließend verfährt man nach der üblichen Methode des dynamischen Krafttrainings und wiederholt nur ein- bis zweimal wöchentlich das isokinetische Krafttraining. Gegebenenfalls kann man auf das Üben mit Scheibenhanteln ausweichen. In jedem Fall muß bei circa 30 bis 40 Prozent Belastung der Widerstand sehr lange ohne Unterbrechung (ohne abzusetzen) gleichbleibend aufrechterhalten werden. Beispiel: häufiges, gleichmäßiges Bein- oder Armstrecken mit 40 Prozent Widerstand.

Nach neuesten Erfahrungen führt ein zwei- bis dreimonatiges isokinetisches Krafttraining am schnellsten und am gründlichsten zum muskelaufbauenden Effekt. Es sollte daher von den Athleten der verschiedenen Sportarten zu Beginn des Jahrestrainings regelmäßig drei- bis viermal wöchentlich in der geschilderten Weise durchgeführt werden.

Das Pyramidensystem

Das Pyramidentraining ist eine spezielle Form des Krafttrainings. Beginnend mit fünf Wiederholungen, steigert man das Gewicht und verringert die Zahl der Wiederholungen bis zu einer Wiederholung mit der Maximalleistung, um anschließend in umgekehrter Reihenfolge zur Ausgangsbasis zurückzukehren. Stellt sich nach längerem Training ein Kraftgewinn ein, so wird die Belastung, nicht aber die Wiederholungs-

zahl, erhöht. Nach jeweils vollständigen Erholungspausen wird das Pyramidentraining bis zu dreimal täglich vorgenommen.
Alle Hochleistungssportler sind auf Kraftgewinn angewiesen und benutzen heute das Pyramidensystem. Es sichert größtmöglichen Kraftgewinn durch höchstmögliche Muskelspannung bei hoher Belastung mit größtmöglicher Muskelkoordination durch schnelle Bewegungsausführung bei niedriger Belastung.
Das Krafttraining erfährt im Band «Leichtathletik 2 – Werfen und Mehrkampf» (= rororo sachbuch 7009) eine eingehende Behandlung. Speziell interessierte Leser werden daher auf diesen Band verwiesen.

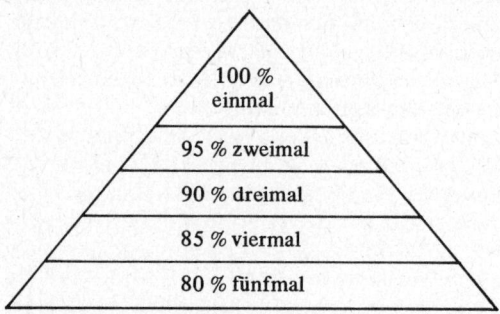

Abb. 3: Pyramidentraining

Trainingsgrundsätze

Aufwärmen als Trainings- und Wettkampfvorbereitung

Der Organismus muß vor dem Training und Wettkampf durch Aufwärmen auf die erhöhte Leistungsbereitschaft vorbereitet werden. Dieses kann allgemein oder spezifisch, und zwar aktiv durch Übungen (Laufen, Lockerungs- und Dehnübungen), passiv durch äußere Behandlung (Massage, Bestrahlung, Einreibemittel) und auch kombiniert aktiv–passiv erfolgen. Aktives Aufwärmen fördert die Durchblutung der Muskulatur und verbessert so die O_2-Versorgung bzw. den Stoffwechsel. Durch Aufwärmung erreicht man schon bei Trainings- oder Wettkampfbeginn eine erhöhte Leistungsbereitschaft der Muskulatur, vergrößert deren Elastizität und verringert somit die Gefahr einer Verletzung.
Ferner bewirkt das Aufwärmen eine Erhöhung der Leistungsbereitschaft anderer Organe, die an der Leistung beteiligt sind, und sorgt dafür, daß der Organismus sich auch nervlich auf die Leistung einstellt.
Auf die Integration von psychosozialen sowie somatischen Maßnahmen

einer optimalen Trainings- und Wettkampfvorbereitung kann hier nicht im Detail eingegangen werden. Die Komplexität dieser Maßnahmen soll daher *Schema 3* auf Seite 30 (nach Spielvogel/Jonath) verdeutlichen.

Das Prinzip der steigenden Belastung

Eine kontinuierliche Leistungssteigerung ist nur durch eine planmäßige Erhöhung der Trainingsbelastung zu erreichen. Diese progressiven Veränderungen (*progressive loading*) beziehen sich sowohl auf eine Vermehrung der Trainings*häufigkeit* als auch auf eine Erhöhung von Trainings*umfang* und Trainings*intensität*. Bei Spitzensportlern herrscht eine Erhöhung der Intensität, bei Anfängern und Fortgeschrittenen eine Erweiterung des allgemeinen Trainingsumfangs vor.

Nach dem Schulz-Arndtschen Gesetz «wird die funktionelle Anpassung durch die individuell steigend bemessenen Reize erzwungen». Es ist daher verständlich, daß die Dosierung im Training eine wesentliche Rolle spielt. Zu empfehlen ist eine *stufenweise* Steigerung der Leistungsbeanspruchung.

Abbildung 4 (nach Matwejew) zeigt die Steigerung der Trainingsbelastung im vierjährigen Trainingsaufbau.

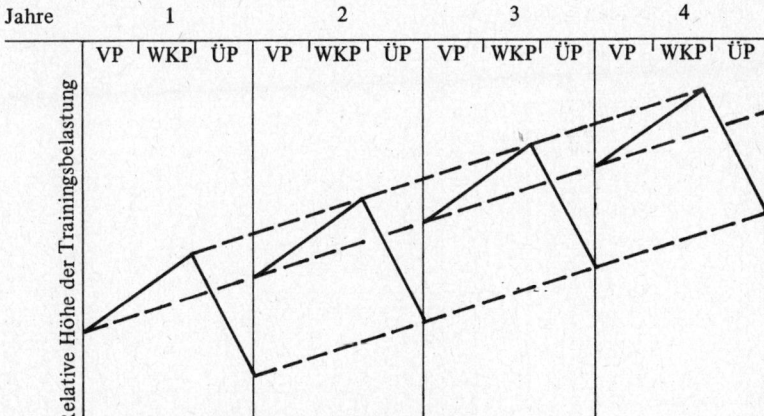

Jahre	1			2			3			4		
	VP	WKP	ÜP	VP	WKP	ÜP	VP	WKP	ÜP	VP	WKP	ÜP

WKP = Wettkampfperiode   Mai–September
VP = Vorbereitungsperiode   November–April
ÜP = Übergangsperiode   Oktober
——— = Veränderung der Trainingsbelastung in den Makrozyklen
- - - - = Differenz der Belastungshöhe

Abb. 4: Trainingsbelastungen

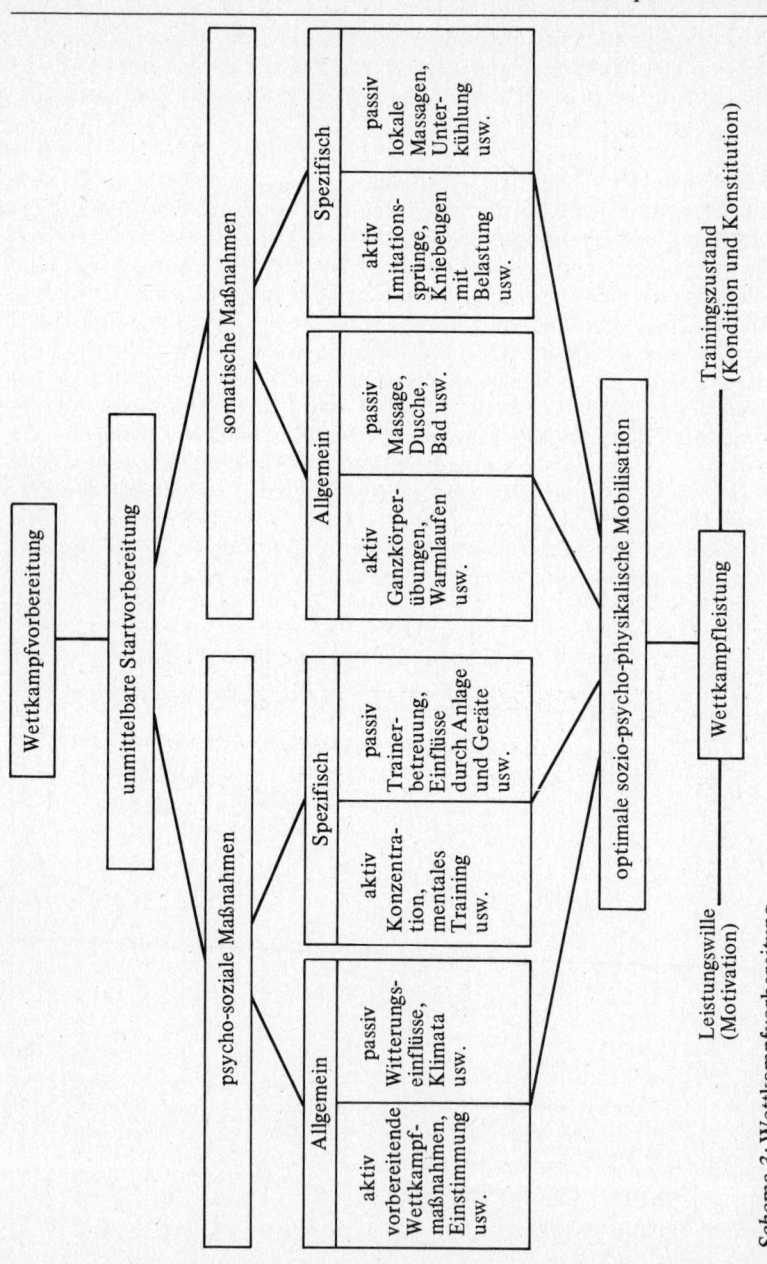

Schema 3: Wettkampfvorbereitung

Die Periodisierung des Trainings

Unter Periodisierung des Trainings versteht man die Einteilung des Trainings in längere oder kürzere Abschnitte (Perioden und Zyklen) mit jeweils eigener Prägung. Die Trainingsperioden ergeben sich deshalb, weil der Athlet aus biologischen Gründen nicht ständig in einer sportlichen Form sein kann und weil sich Trainingsstruktur und Trainingsinhalte im Hinblick auf die sportliche Entwicklung periodisch verändern müssen. Die Gesetze der Periodisierung sind daher vor allem Gesetze der Entwicklungssteuerung der sportlichen Form eines Athleten. In den meisten Sportarten wird ein zusammenhängender Zyklus, der sich über das ganze Jahr erstreckt, in folgende Trainingsperioden gegliedert:

- Vorbereitungsperiode   (November bis April)
- Wettkampfperiode   (Mai bis September)
- Übergangsperiode   (Oktober bis November)

Ein zusammenhängender Trainingszyklus endet jeweils mit dem Erreichen und Festigen der sportlichen Form. Auf das Erreichen der sportlichen Höchstform in einem dem Terminplan anzupassenden Gipfel sind alle Trainingsbemühungen abgestellt. Das Training in den verschiedenen Perioden (Grundlagen-, Aufbau- und Hochleistungstraining) kann sowohl darauf abzielen, einen einzigen Gipfel zum Zeitpunkt der wichtigsten Wettkämpfe zu erreichen, als auch darauf, einen Leistungsgipfel einmal oder sogar zweimal im Jahr zu wiederholen. Dieser Umstand macht eine andersgeartete Periodisierung im Rahmen einer ganzjährigen Trainings- und Wettkampfplanung notwendig.

Wir sprechen jetzt im Gegensatz zur einfachen Periodisierung von einer Doppelperiodisierung. Der Grundgedanke einer Doppelperiodisie-

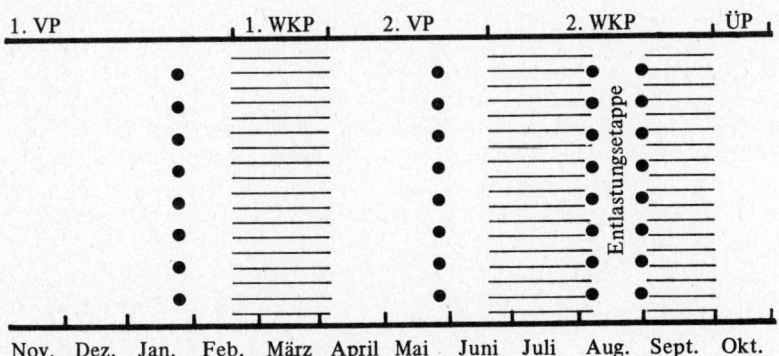

Abb. 5: Doppelperiodisierung eines Trainingsjahres

rung liegt darin, durch den Einschub einer Zwischen-Wettkampfperiode (Hallensaison in der Leichtathletik) die langfristige wettkampfarme Zeit von Übergangs- und Vorbereitungsperiode zu überbrücken. Ein Leistungszuwachs bei Kraft- und Schnellkraftsportlern durch eine Doppelperiodisierung konnte nachgewiesen werden.

Die Anwendung der Doppelperiodisierung bezieht sich vornehmlich auf den Frauen- und Männerbereich. Bei Schülern und Jugendlichen ergeben sich ohnedies Schwierigkeiten in der Periodisierung eines Jahrestrainings, da in diesem Altersbereich noch keine endgültige Spezialisierung stattgefunden hat. Ebenso ergeben sich durch Freizeiträume innerhalb der Sommersaison Schwierigkeiten für eine systematische Periodisierung im Jugendalter.

Schema 4 (modifiziert nach Matwejew) zeigt eine Übersicht über die Trainingsperioden, die Funktion sowie Formen und Methoden des Trainings.

Trainingsplanung und -kontrolle durch das Trainingsbuch

Das sportliche Training liefert nur dann vollwertige Resultate, wenn es als allseitiger Erziehungsprozeß verstanden wird, der die allgemeine und spezielle Ausbildung des Athleten umfaßt. Hierzu sollen vom Athleten alle Trainings- und Wettkampfleistungen eines Jahres sowie die beeinflussenden Faktoren schriftlich aufgezeichnet werden. Dazu dient das *Trainingsbuch*. Der Athlet erhält mit seiner Hilfe die Möglichkeit, selbständig zu trainieren und sich Gedanken über sein Training zu machen. In Verbindung mit dem Trainer oder Übungsleiter werden dadurch beide zu einer langfristigen Trainingsplanung angehalten. Das Trainingsbuch soll im einzelnen folgende Angaben enthalten:

* Kalendarium zur Darstellung der Jahresperiodisierung
* Eintragungen der geplanten Wettkämpfe
* regelmäßige Eintragungen über das absolvierte Trainingsprogramm
* Kontrolle der Trainings- und Testergebnisse
* Aufzeichnungen der Wettkampfergebnisse
* persönliche Notizen (unter anderem körperliche Verfassung, Gewicht, Pulsfrequenzen, Trainings- und Wettkampfbedingungen, besondere Vorkommnisse)
* Ergebnis der sportmedizinischen Untersuchung (halbjährlich durchzuführen)

Aufgrund der regelmäßig vorgenommenen Eintragungen kann am Ende eines Wettkampf- und Trainingsjahres eine Analyse erstellt werden. Aus dieser soll hervorgehen, ob die Trainingsbemühungen in bezug auf Trainingsumfang und -intensität zu der gewünschten (und zum Jahres-

Trainingsperioden	Funktion des Trainings	Trainingsarten Formen und Methoden	Besonderheiten der Perioden
Vorbereitungsperiode I allgemeinvorbereitende Etappe Grundlagentraining	Erwerb und Entwicklung der Voraussetzungen, auf deren Basis die sportliche Form entsteht. Das allgemeine Niveau der funktionellen Möglichkeiten im Organismus soll wesentlich erhöht werden.	Anwendung von Übungen zur Entwicklung der allgemeinen Ausdauer: Dauerlauf der Kraft: Übungen mit Gewichtsbelastungen und Widerständen der Bewegungsschnelligkeit: Sprint und Spiele der Gewandtheit: Turnen, Bewegungs- und Sportspiele	Die Haupttendenz ist eine allmähliche Erhöhung des Umfangs und der Intensität mit vorrangiger Erweiterung des Umfangs.
Vorbereitungsperiode II speziellvorbereitende Etappe Aufbautraining	Physisch wird spezielle Ausbildung in den Vordergrund gerückt. Technisch-taktische Ausbildung. Wechselseitiger Zusammenhang der physischen, technischen, taktischen und willensmäßigen Ausbildung.	Spezialübungen passen sich den Wettkampfübungen an durch: 1. allmählichen Übergang vom Üben der Teilelemente zur ganzen Bewegung der Wettkampfübung; 2. entsprechende Verkürzung der Ausführungsdauer und Erhöhung der Intensität einer bestimmten Übungsgruppe zur Entwicklung der speziellen Ausdauer.	Abnahme des allgemeinen Umfangs und weitere Steigerungen der Intensität.
Wettkampfperiode Hochleistungstraining	Die sportliche Form soll erhalten und in Leistung umgesetzt werden. Erreichen eines maximalen, speziellen Trainingszustandes mit möglichst hoher Vervollkommnung der Technik. Entwicklung des taktischen Denkens und moralische und willensmäßige unmittelbare psychologische Einstimmung auf die Wettkämpfe.	Wettkämpfe in der Spezialsportart verwandten Übungen Allgemeine Übungen, besonders in den Zwischenetappen einer langen Wettkampfperiode. Die Mittel der allgemeinen Ausbildung sollen vielseitig sein.	Gesamtumfang fällt noch etwas, wird dann aber stabilisiert. Die Intensität der spezifischen Belastungen steigt bis zum Maximum und stabilisiert sich dann auch.
Übergangsperiode	Hauptinhalt ist die aktive Erholung (sonst Schutzreaktion des Körpers gegen Überbeanspruchung, was Leistungsabfall und Stagnation zur Folge hat).	Vielfältige Übungen der allgemeinen körperlichen Ausbildung (z. B. Wandern, Klettern, Bewegungsspiele, Gymnastik und Übungen aus Ergänzungssportarten)	Eine Dauer von vier bis sechs Wochen ist ausreichend. Mit zunehmender aktiver Erholung kommt der Übergang zur Vorbereitungsperiode.

Schema 4: Die Trainingsperioden und ihre Trainingsinhalte

Name:

Trainingsplan vom   bis

	Datum	abgeleistetes Trainingsprogramm	km-Leistung	körperliche Verfassung	Trainings-bedingungen	Körper-gewicht	Puls in Ruhe	besondere Bemerkungen
1.								
2.								
3.								
4.								
5.								
6.								
7.								
8.								
9.								
10.								

Schema 5: Trainingsergebnisse

beginn prognostizierten) Leistungsverbesserung geführt haben. Bei einem überraschenden Leistungsabfall können Trainer und Athlet anhand der Eintragungen schnell die Gründe der plötzlichen Formverschlechterung feststellen.

Schema 5 und *6* (nach P. Schmidt) zeigen Beispiele für die übersichtliche Registrierung der Trainings- und Wettkampfergebnisse sowie anderer wichtiger Angaben eines Mittelstreckenläufers, die in enger Beziehung zum Training stehen.

Wettkampfaufzeichnung der Saison

Datum	Austragungsort/ Resultat/ Placierung	körperlich-seelische Verfassung	Wettkampf-bedingungen	besondere Bemerkungen

Auswertung: Bestleistungen des Vorjahres:

Bestleistungen der Saison:

Zahl der Wettkämpfe über: 400 m   800 m   1000 m
                            1500 m   3000 m   5000 m

Schema 6: Wettkampfergebnisse

Optimierung des Trainingsprozesses durch Organisation der Leistung

Wenn unter Training die Summe aller Maßnahmen, die zur Steigerung der körperlichen Leistungsfähigkeit führen, verstanden wird, so ist hiermit nicht nur der komplexe körperliche Bereich von Kondition, Technik und Taktik umrissen. Motivation und ihre Beziehungen zu sportlicher Begabung, intellektuelle Fähigkeiten und psychische Eigenschaften bestimmen weitgehend das Leistungsbild eines Athleten mit. Integrierender Bestandteil des Trainings ist daher auch eine ständige psychologische Betreuung des Athleten sowie die Anwendung neuester psychologischer Erkenntnisse, welche zur Trainingsoptimierung beitragen können. Aus der Fülle der hierfür geeigneten psychischen Maßnahmen seien nur einige herausgegriffen.

● *Autogenes Training.* Es ist eine von J. H. Schultz entwickelte autohypnotische Methode der «konzentrativen Selbstentspannung». Stufenweise erlernbare und methodisch durchgeführte Entspannungsübungen führen zu:
Umschaltung von Körpergefühlen, Ausgleich von Spannungsansammlungen, Lösung von Verkrampfungen, Selbstregulierung vegetativer Funktionen, Ruhigstellung, Schlaf, Erholung, Schmerzbefreiung, Gedächtnissteigerung und Desensibilisierung.
Das autogene Training ist somit ein Verfahren zur Selbsterziehung und zur Überwindung von körperlichen und seelischen Anfälligkeiten.

● *Mentales Training.* Es hilft vor allem beim Erlernen von sportlichen Bewegungsfertigkeiten, die einen hohen Grad von Bewegungskoordination erfordern. Mentales Training ist ein planmäßig wiederholtes, bewußtes Sich-Vorstellen der zu lernenden Fertigkeit, die «symbolische Wiederholung einer physischen Aktivität ohne gleichzeitige eigene Muskeltätigkeit» (Richardson). Es wird in der Regel mit dem praktischen Training kombiniert.
In der Wettkampfpraxis hat es sich dadurch bewährt, daß der Athlet durch geistiges Antizipieren (Vorwegnehmen) des späteren Bewegungsvollzugs – unmittelbar vor dem Wettkampf durchgeführt – eine Stabilisierung seiner technomotorischen Fertigkeit erreicht. Besonders beim motorischen Umvollzug von einer auf eine unter Umständen völlig andere Disziplin (zum Beispiel beim Zehnkampf vom 110-Meter-Hürdenlauf auf den Diskuswurf) hat das mentale Training eine große Bedeutung.

● *Observatives Training.* Es besteht in der planmäßig wiederholten, gezielten Beobachtung anderer Personen, welche die zu erlernende motorische Fertigkeit tatsächlich ausführen. Dadurch kann eine erhöhte Effektivität beim Erlernen differenzierter Bewegungstechniken erreicht werden.

Die hier nur kurz umrissenen Beispiele einer psychologischen Integration bei der Trainings- und Leistungsoptimierung müssen durch andere Maßnahmen ergänzt werden, welche die Leistung organisieren. In diesem Rahmen müssen Aufgaben eingepaßt werden wie:
● Wecken und Fördern des Leistungswillens
● Schulung der Intelligenz
● Beeinflussung der Stimmungen und Gefühle im Sinne einer Leistungssteigerung
● Willensschulung
● Erziehung zur Persönlichkeit
● Pflege des Gemeinschaftssinnes
Sie finden eine Ergänzung durch weitere Faktoren zur Vervollständigung des Trainingsprozesses, unter denen nur einige herausgegriffen werden sollen: Sicherung der Berufsexistenz, leistungsfördernde Ernährung, Toleranz von Schule und Elternhaus sowie Ausschaltung aller leistungshemmenden Einflüsse im weitesten Sinne.
Eine Übersicht über die Einzelmaßnahmen zur Organisation der Leistung zeigt *Schema 7* auf Seite 38 (nach P. Schmidt).

Allgemeine Leitsätze für die Planung des Trainings

● Das *Trainingsalter* eines Athleten – die Zahl der Jahre, die seit Beginn des systematischen, zielgerichteten Trainings vergangen sind – entscheidet im allgemeinen über die Trainingsbelastung und den Trainingszustand. Ausdauer- sowie technische Disziplinen verlangen gewöhnlich einen langfristigen Leistungsaufbau und führen erst spät auf ein hohes Leistungsplateau. In den Talentdisziplinen der Leichtathletik (zum Beispiel Hochsprung, Sprint) kann sich schon relativ frühzeitig ein hoher Leistungsstand einstellen. Auf jeden Fall soll in einer langjährigen Vorbereitung die sportliche Höchstleistung angestrebt werden. Von den drei Aufbauabschnitten Grundlagen-, Vorbereitungs- und Hochleistungstraining sind für eine Arbeit mit Jugendlichen vornehmlich die ersten beiden relevant. – *Abbildung 6* zeigt den Altersdurchschnitt der 50 besten bundesdeutschen Leichtathleten im Jahre 1976.
● Die *Trainingshäufigkeit* bezeichnet die Anzahl einzelner Trainingseinheiten (pro Woche), welche der Athlet absolviert. Die in diesem

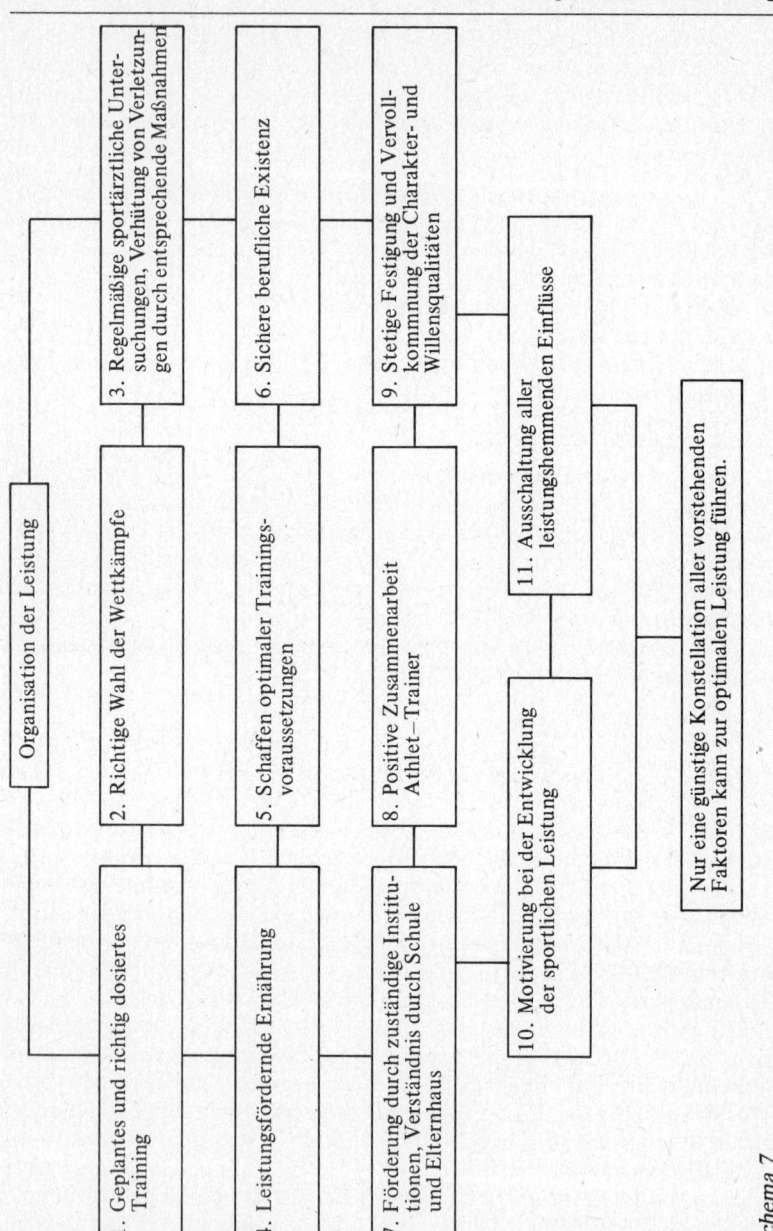

Organisation der Leistung

1. Geplantes und richtig dosiertes Training

2. Richtige Wahl der Wettkämpfe

3. Regelmäßige sportärztliche Untersuchungen, Verhütung von Verletzungen durch entsprechende Maßnahmen

4. Leistungsfördernde Ernährung

5. Schaffen optimaler Trainingsvoraussetzungen

6. Sichere berufliche Existenz

7. Förderung durch zuständige Institutionen, Verständnis durch Schule und Elternhaus

8. Positive Zusammenarbeit Athlet–Trainer

9. Stetige Festigung und Vervollkommnung der Charakter- und Willensqualitäten

10. Motivierung bei der Entwicklung der sportlichen Leistung

11. Ausschaltung aller leistungshemmenden Einflüsse

Nur eine günstige Konstellation aller vorstehenden Faktoren kann zur optimalen Leistung führen.

Schema 7

	Männer		Frauen
100 m	23,5 Jahre		20,1 Jahre
200 m	22,1		21,4
400 m	22,2		20,8
800 m	22,5		20,5
1500 m	23,3		21,0
		3000 m	21,2
5000 m	24,1		–
10 000 m	26,2		–
Marathon	28,7		33,4
110 m Hürden	23,9	100 m Hürden	20,5
400 m Hürden	23,2		22,2
3000 m Hindernis	24,0		–
20 km Gehen	29,4 ⎱ 30,5	10 km Gehen	35,8
50 km Gehen	31,6 ⎰		–
Weitsprung	23,4		21,3
Dreisprung	23,8		–
Hochsprung	22,3		18,4
Stabhochsprung	23,2		–
Kugelstoß	28,5		23,1
Diskuswurf	28,0		24,1
Speerwurf	27,1		22,9
Hammerwurf	27,6		–
Zehnkampf	23,9	Fünfkampf	20,8

Abb. 6: Altersdurchschnitt der 50 besten bundesdeutschen Leichtathleten 1976

Buch aufgeführten Trainingsrahmenpläne gehen von vier Trainingseinheiten pro Woche in der Vorbereitungsperiode und von drei Trainingseinheiten in der Wettkampfperiode aus. Dieses wird von den Verfassern als jugendgemäß erachtet. Die Trainingsprogramme von Weltspitzenkönnern weisen bis zu vierzehn Trainingseinheiten pro Woche auf. Eine starke Korrelation von Trainingshäufigkeit (-umfang) und sportlichem Erfolg ist statistisch erwiesen.

● Die *Abhängigkeit des Trainings* von Alter und Geschlecht, von der Jahreszeit und von der Ernährung ist erwiesen. Im einzelnen sollen hier nur die wichtigsten Relationen aufgezeigt werden.

Beim Krafttraining: Bis etwa zum 10. Lebensjahr ist die Kraft bei Jungen und Mädchen gleich, um mit zunehmendem Alter bei den Jungen rapide anzusteigen. Frauen haben zwischen 16 und 30 Jahren, Männer zwischen 20 und 30 Jahren ihr Kraftmaximum. Im weiteren Verlauf des Lebens nimmt die Kraft allmählich wieder ab. Die Frau besitzt rund 70 Prozent der Kraft des Mannes; pro Muskelquerschnitt ist die Kraft der Frauen und Männer hingegen gleich. UV-Bestrahlung und eiweißreiche Nahrung können den Trainingseffekt bis zu 20 Prozent erhöhen. Ernährungsregel beim Krafttraining: pro Kilo Körpergewicht drei Gramm Eiweißaufnahme pro Tag. – Auf weitere Einzelheiten beim Krafttraining wird im Band «Leichtathletik 2 – Werfen und Mehrkampf» eingegangen.

Beim Schnelligkeitstraining: Reines Schnelligkeitstraining (zum Beispiel Sprinttraining) sollte mit Jugendlichen beiderlei Geschlechts wegen zentralnervöser Störungen des jugendlichen Organismus nicht übertrieben werden. Auch das noch mangelhaft ausgeprägte Koordinationsvermögen des Jugendlichen spricht dafür, Dauerbelastungen den Vorrang gegenüber extremen Schnellkraftbelastungen zu geben. Mangelndes Koordinationsvermögen sowie fehlende Elastizität des Muskel-, Sehnen- und Bandapparats sprechen gegen ein übertriebenes Schnelligkeitstraining bei älteren Menschen. – UV-Bestrahlung und eiweißreiche Nahrung begünstigen den Effekt beim Schnelligkeitstraining.

Beim Dauertraining: Die Leistungsfähigkeit für Dauerbelastungen trainierter Mädchen und Frauen liegt bei circa 75 Prozent, gemessen an der Leistungsfähigkeit trainierter Jungen und Männer. Frauen sind im allgemeinen hinsichtlich der Ausdauerleistung weitaus entwicklungsfähiger als auf dem Gebiet der Schnellkraftübungen.

In der Trainingspraxis des Ausdauertrainings gibt es keine wesentlichen Abweichungen bezüglich der Planung, der Wahl der Trainingsformen sowie der Methodik im Trainingsprozeß beider Geschlechter. Lediglich die Dosierung, also der Belastungsumfang und die Intensität, müssen um circa 25 bis 30 Prozent reduziert werden. Somit können die in diesem Buch (zum Beispiel in den Trainingsrahmenplänen) erläuterten Trainingsmethoden und -formen auch beim Training von Übenden beiderlei Geschlechts angewandt werden. Eine Ausnahme bilden lediglich die anaeroben Trainingsformen (zum Beispiel Tempoläufe), die wegen der allgemeinen vegetativen Labilität von Jugendlichen nicht forciert werden sollen. Das Grundlagentraining soll daher vorrangig auf die aeroben Trainingsformen aufbauen.

Schädigungen des *gesunden* Menschen durch Ausdauertraining sind im allgemeinen ausgeschlossen. Gefahren für die Gesundheit der Übenden bestehen lediglich dann, wenn Herdgeschehen (zum Beispiel Mandelentzündung) vorliegen. Hier allerdings ist absoluter Trainingsstopp einzulegen und ein Arzt zu konsultieren. Achtung bei unnatürlich hohem Puls ohne große Anstrengung!

Im allgemeinen kann der gesunde Athlet bis zu hohen Pulsfrequenzen, die nicht selten über 200 Pulsschläge pro Minute gelangen, belastet werden. Für Untrainierte vom vierten Lebensjahrzehnt an gilt folgende Regel für die Dauerbelastung:

180 Pulsschläge minus Lebensalter (in Jahren) = Belastungsintensität

Die Laufdisziplinen
Technik – Taktik – Training

Der Start

Stockschläge für einen Fehlstart?
Das größte Problem aller Wettkampfstarter in der Leichtathletik ließe sich auf einfache Weise aus der Welt schaffen, würde man auf jene Gepflogenheiten zurückgreifen, mit welcher die Starter im antiken Griechenland sich Respekt zu verschaffen wußten: Wer zu früh startete, wurde mit Stockschlägen bestraft.
Der Start zum antiken Wettlauf erfolgte aus aufrechter Körperstellung. Die Läufer standen auf Startschwellen aus Stein, die quer zur Laufrichtung in den Boden eingelassen waren.
Später führte man eine Startmaschine ein. Vor den Läufern war ein Seil gespannt oder eine Stange angebracht. Diese Starteinrichtung wurde entweder hochgezogen oder herabgeworfen, um den Läufern den Start freizugeben. Noch heute sind auf der Laufbahn von Korinth, im Gymnasion von Olympia und im Stadion von Isthmia die altertümlichen Starteinrichtungen zu besichtigen. Der römische Dichter Publius Papinius Statius berichtete im 1. Jahrhundert n. Chr. in seinem Epos «Thebias» über die Startvorbereitungen der Läufer. Er erwähnte die Vorübungen: Steigerungsläufe, Selbstmassage, Kniebeugen, klatschende Schläge auf die Brust, schnelles Hochreißen der Schenkel und kurze Startversuche. Weiterhin wird berichtet, daß bei den Nemeischen Spielen ein Läufer den anderen vor dem Ziel am Haarschopf festgehalten habe, um ihn nicht gewinnen zu lassen. Der Lauf wurde wiederholt, die Kampfhähne mußten von den beiden äußeren Startschranken ablaufen (nach C. Diem, Weltgeschichte des Sports).
In der neuzeitlichen Leichtathletik hat der Start eine rasche Entwicklung genommen. Der Tiefstart tauchte erstmalig bei den ersten Olympi-

schen Spielen der Neuzeit 1896 in Athen auf. Seither starten alle
Kurzstreckenläufer mit dem Tiefstart, der bis heute vielfach verändert
und verbessert worden ist; der Hochstart wird nur noch von Läufern
längerer Laufstrecken benutzt, sieht man von den Staffelläufen ab.

Die Technik des Starts
Der Tiefstart ermöglicht dem Sprinter durch eine günstige Lage des
Körperschwerpunkts in der Fertigstellung eine optimale Ablaufbereit-
schaft. In bezug auf die Abstände der Blöcke zueinander und zur
Startlinie werden drei Startstellungen unterschieden:
- die enge Startstellung
- die mittelweite Startstellung
- die weite Startstellung
In der Wettkampfpraxis hat sich bei den meisten guten Sprintern die
mittelweite Startstellung durchgesetzt, da mit ihr die größte Ablaufge-
schwindigkeit erreicht wird. Bei der Betrachtung der Technik des Tief-
starts kann daher von der mittleren Startstellung ausgegangen werden.

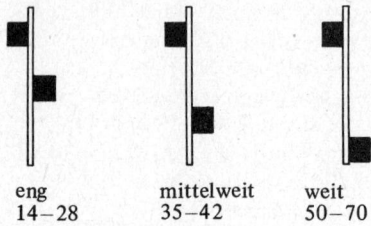

eng   mittelweit   weit
14–28   35–42   50–70

Abb. 1: Fußstellung

Das Startkommando:
«Auf die Plätze»
Das sprungkräftigere Bein setzt gegen die schräge Stützfläche des vor-
deren Blocks.
Die Hände stützen vor der Startlinie auf.
Der hintere Fuß setzt vor der steileren Fläche des hinteren Blocks auf.
Der Blick ist etwas nach vorn auf den Boden gerichtet. Der Hals ist
entspannt; ein ‹Hängekopf› ist nicht empfehlenswert.
«Fertig»
Auf «Fertig» schiebt sich der Körper mit seinem Gewicht nach vorn–
oben. Das Körpergewicht ruht auf den Händen und Beinen. Die Bek-
kenachse ist etwas höher als die Schulterachse. Das vordere Bein bildet
einen günstigen Arbeitswinkel von etwa 90 Grad, das hintere Bein
einen Winkel von etwa 110 bis 130 Grad.

Die Fersen sind abwärts gedrückt und bewirken die für den explosiven Ablauf notwendige Vorspannung der Beinmuskeln.

«Los»

Die Streckkraft des vorderen Beins muß im Start optimal auf den Körperschwerpunkt einwirken. Startbein und Oberkörper bilden die Strecklinie, welche einen Winkel von etwa 42 bis 45 Grad mit der Bahnebene bildet. Die Arme, im Ellbogen etwas gebeugt, unterstützen schwungvoll den Startablauf.

Der Fuß setzt beim ersten und zweiten Schritt *hinter* der senkrechten Projektionslinie des Körperschwerpunkts auf. Alle folgenden Schritte setzen *vor* der senkrechten Projektionslinie auf.

Nach anfänglicher starker Körpervorlage wird nach etwa 20 Metern die normale Sprinthaltung eingenommen.

Das Abdruckverhalten beider Füße beim Start ist häufig untersucht worden. Hierzu werden in die Startblöcke Druckmeßplatten eingebaut. Drücken die Füße beim Start gegen die Druckmeßplatten, so kann der Impuls auf ein Dynamometer übertragen und aufgezeigt werden. Impulskraft, Richtung und Dauer des Kraftstoßes sowie zeitlicher Ablauf der Abdrücke beider Beine können so genau registriert werden.

Abbildung 2 (nach Gundlach) zeigt das Abdruckverhalten beider Beine beim Tiefstart. Auf der Ordinate (senkrechte Achse) ist die Abdruckkraft in Kilopond eingetragen. Die Abszisse (waagerechte Achse) zeigt den zeitlichen Ablauf. Bei einem vorbildlichen Start können wir, wie aus der Graphik ersichtlich, folgendes Verhalten registrieren:

- Zeitlich zuerst drückt das hintere Bein ab. Zum Erreichen der Initialbeschleunigung wird ein hoher, aber sehr kurzer Druckverlauf registriert.
- Der Hauptkraftstoß, zeitlich etwas später einsetzend, wird dann mit dem vorderen Bein erreicht.

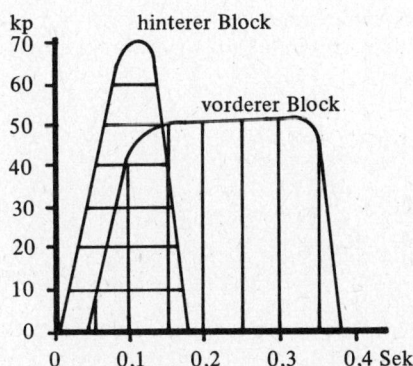

Abb. 2: Abdruck von Startblöcken

6   5   4

Das Vorbild
Annegret Richter (Bundesrepublik Deutschland)
Weltrekordlerin im 100-m-Lauf
Olympiasiegerin 1976 (11,06 Sekunden)

Annegret Richter benutzt die – von uns empfohlene – mittelweite
Fußstellung beim Start. Beim Startkommando «Auf die Plätze» (Foto
1) ist eine völlig entspannte Körperhaltung eingenommen. Die Hände
stützen vor der Startlinie auf. Die Haltung des Kopfes – Blick zum
Boden gerichtet – läßt ebenfalls auf eine gelöste Körperhaltung
schließen.
Foto 2 zeigt die Fertigstellung. Das Körpergewicht ruht gleichmäßig
verteilt auf beiden Beinen sowie auf den Händen. Die Arme sind etwas
nach vorn geneigt. Der Blick ist zum Boden gerichtet und deutet die
noch immer entspannte Kopfhaltung an. Das vordere (rechte) Bein
bildet einen günstigen ‹Arbeitswinkel› von etwa 90 Grad, welcher beim
Ablauf einen guten Kraftstoß ermöglichen wird. Das hintere Bein
müßte etwas mehr durchgestreckt sein. Obgleich die Ferse gut gegen
den steilen hinteren Block drückt, erreicht das hintere Bein nur einen
Winkel von etwa 90 Grad. Empfehlenswert sind dagegen 120 bis 130
Grad, um eine günstige Vorspannung der Muskeln des hinteren Beins

12   11   10

3   2   1

zu erreichen. Die Beckenachse steht höher als die Schulterachse – ein
Zeichen, daß beim Ablauf (Fotos 3 bis 5) eine optimale Körpervorlage
erreicht werden kann.

Einen perfekten Startablauf zeigt Foto 6. Das vordere (Start-)Bein ist
nun völlig gestreckt. Der Kraftstoß trifft zentral den Körperschwerpunkt. Das linke (Schwung-)Bein formt mit gut hochgeschwungenem
Knie den großen ersten Schritt. Die Arme unterstützen mit kräftigem
gegengleichem Schwung das Aufrichten des Oberkörpers. Die vollen-
dete Strecklage des Körpers bildet jetzt einen günstigen Startwinkel
von etwa 45 Grad zur Laufbahnebene. Die ausgezeichnete Körpervorlage im Startablauf ermöglicht ein weites, raumgreifendes Vorschwingen
des linken Beins, so daß der Fuß etwa zehn Zentimeter vor der senkrechten Projektion des Körperschwerpunkts aufsetzen kann (Foto 7).

Aus dieser günstigen hinteren Stützphase läßt sich mit dem locker
durchschwingenden rechten Bein der raumgreifende zweite Schritt setzen (Fotos 8 bis 10).

Die gute Körperlage wird auch hier noch beibehalten. Der rechte Fuß
setzt vor Beginn des dritten Laufschritts noch geringfügig vor der senkrechten Projektion des Körperschwerpunkts auf (Foto 10 und 11), um
somit eine gute Treibphase für den nächsten Laufschritt (Foto 12)
einzuleiten.

9   8   7

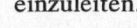

Startstellung	Startblöcke/Beine	Neigungswinkel der Blockwand in Grad	Beinwinkelstellung bei «Fertig» in Grad	Entfernung von der Startlinie in Fußlängen	Verhalten in der Fertigstellung	Verhalten beim Startablauf
enge	vorn	45 – 55°	60 – 70°	2,5 – 2,75	Körpergewicht ruht zu sehr auf Armen und Händen; Becken nicht hoch genug angehoben	Strecklinie beim Start sehr flach, sehr starke Körpervorlage, kurze, wenig raumgreifende Schritte, fast stolpernd. Geringe Initialbeschleunigung
	hinten	75 – 80°	100 – 120°	3 – 3,25		
mittlere	vorn	45 – 55°	80 – 90°	1,75 – 2	Körpergewicht ruht gut verteilt auf Füßen und Händen; günstiger «Arbeitswinkel» des vorderen Beines; Becken gut angehoben	Günstige Strecklinie von etwa 42 – 45° beim Start, optimale Körpervorlage; große raumgreifende Schritte infolge günstiger KSP-Lage, große Initialbeschleunigung
	hinten	75 – 80°	120 – 130°	3 – 3,5		
weite	vorn	45 – 55°	90 – 100°	2 – 2,5	Körpergewicht ruht zu sehr auf den Beinen; beide Beine zu sehr durchgestreckt	Strecklinie beim Start sehr steil; zu frühes Aufrichten nach dem Start, geringe Initialbeschleunigung
	hinten	75 – 80°	140 – 150°	4 – 4,5		

Übersicht: Der Tiefstart

Fehler beim Start	Korrekturhilfen
• zu geringe Körpervorlage in der Fertigstellung	in der Fertigstellung nach vorn wippen, dabei beide Füße vom Boden abheben
• ‹Hängekopf›	den Blick auf den Boden richten
• zu frühes Aufrichten nach dem Start	auf Körpervorlage achten; dabei Blick auf den Boden. Nicht den Kopf in den Nacken nehmen. *Merke:* Der Kopf steuert den Rumpf.
• Trippelschritte auf den ersten Metern	Streckmuskeln der Beine kräftigen; auf gute Körpervorlage achten.
• fehlender Armeinsatz	Armeinsatz aktivieren beim Sprunglauf, Hopserlauf etc.

Wie trainiere ich den Start?

Der Tiefstart muß in Verbindung mit dem allgemeinen Sprinttraining gesehen werden und darf nicht isoliert betrachtet und trainiert werden. Neben der Verbesserung der Starttechnik stehen im Vordergrund:

• Reaktionsschulung
• Koordinationsschulung
• Gleichgewichtsverbesserung
• Kräftigung der Arm-, Bein- und Rumpfmuskeln

Die folgenden Übungsformen sollen daher lediglich einige Anregungen für die Leistungsentwicklung im Tiefstart geben.

• Reaktionsübungen aller Art auf akustische und optische Signale
• Abläufe aus dem Stand, aus der Bauchlage, Rückenlage, Sitz etc.
• Reaktionsspiele wie Fang-, Hasch- und Neckspiele; Abschlagspiele; Schattenlaufen (zum Beispiel Tag-und-Nacht), Nummernwettlauf, Komm-mit-Lauf-weg, Der-letzte-vorbei etc.
• Antrittübungen mit Abschlagen des Vórdermanns
• Ballspiele mit Basketball, Volleyball, Handball etc.
• Hochstartübungen aus der Kauerstellung
• Bauchlagestarts (auch mit Abschlagen des Partners) zur Verbesserung der Körpervorlage (siehe Foto 1, Seite 50)
• Ablaufübungen zur Stabübernahme beim Staffeltraining
• Ablaufübungen mit und ohne Startkommando
• Vorgabeläufe aus dem Tiefstart (Starts mit Handikap)

1   2

- Starts und Sprints in ein zehn Meter (20–30–40 m) entfernt aufge-
  spanntes Zielband hinein (zur Verbesserung der Körpervorlage)
- Sprungübungen und Krafttraining zur Verbesserung der Ablaufge-
  schwindigkeit aus dem Tiefstart, zum Beispiel Sprunglauf (siehe
  Foto 2)

Abschließend noch ein wichtiger Hinweis. Bei der Startschulung ist zu
unterscheiden zwischen dem

- *Reaktionsstart*, bei dem lediglich das schnelle Reagieren und Ablaufen nach dem Startkommando geschult werden. Hierbei werden die
  Pausen zwischen «Fertig» und «Los» ständig variiert, und dem
- *Bewegungsstart*, der häufig als Einzelstart und ohne Startkommando
  durchgeführt wird. Absicht ist die Verbesserung des Bewegungsablaufs und der Starttechnik. Dabei soll durch ständiges Experimentie-
  ren die günstigste Startstellung ermittelt werden.

Lernkontrollen
Kontrolliere selbst die

- *Reaktionsschnelligkeit.* Durch Startabläufe aus dem Tiefstart und
  Kurzsprints über 10–20–30 Meter. Lauf in ein Zielband hinein.
  Jeder Lauf wird gestoppt. Kontrolliere den Leistungsfortschritt.
- *Beinstreckkraft.* Durch Anschlagsprünge an die Wand (*Jump-and-
  reach*-Test); Stellung seitlich zur Wand. Mit hochgestreckten Armen
  Reichhöhe feststellen, dann im Schlußsprung Sprunghöhe durch An-
  schlagen der (befeuchteten) Hand die Sprunghöhe ermitteln. Kon-
  trolliere den Leistungsfortschritt. Vergrößert sich mit der Zeit die
  Vertikal-Differenz?

Durch den Fünf-Sprungtest. Fünfsprung aus der Schrittstellung. Das Startbein springt dreimal.

Bewertung der Fünf-Sprungleistung (Jungen):

Alter	Sprungleistung		
	durchschnittlich –	gut –	sehr gut
11/12 Jahre	9– 9,50 m	9,50–10 m	10,50 m
13/14 Jahre	11–11,50 m	11,50–12 m	12,50 m
15/16 Jahre	13–13,50 m	13,50–13 m	14,50 m

Die wichtigsten Wettkampfbestimmungen

- Bei allen Läufen erfolgt das Startzeichen durch einen Schuß, wenn alle Läufer eine vollkommen ruhige Haltung eingenommen haben.
- Werden Startblöcke benutzt, müssen im Augenblick des Starts beide Füße des Startenden die Laufbahn berühren.
- Auf das Kommando «Fertig» sollen alle Teilnehmer sofort und ohne Verzögerung ihre endgültige Startstellung einnehmen.
- Setzt ein Läufer nach dem Kommando «Fertig» die Hände oder die Füße aus der Startstellung in Bewegung, bevor der Startschuß gefallen ist, gilt dies als Fehlstart.
- Jeder Wettkämpfer, der einen Fehlstart verursacht, wird verwarnt und nach einem zweiten Fehlstart ausgeschlossen.
- Ausnahme: Beim Mehrkampf sind zwei Fehlstarts erlaubt.

Der Sprint

Schwarz oder Weiß?
Alle Laufstrecken von 100 bis 400 Meter bezeichnet man als Sprintstrecken. Der Kurzstreckenlauf gehörte zu den ersten Disziplinen der Olympischen Spiele im Altertum. Der einfache Stadionlauf im griechischen Olympia führte über die klassische Distanz von 192,72 Meter und gilt als Ursprung der Olympischen Spiele. Erst bei den 14. Olympischen Spielen (724 v. Chr.) kam der Lauf über zwei Stadienlängen hinzu (diaulus).

Dem Sieger des Stadionlaufs wurden höchste Ehren zuteil. Die Olympiade, der Zwischenzeitraum von vier Jahren, wurde mit seinem Namen bezeichnet, und er entzündete bei den nächstfolgenden Spielen das olympische Feuer. Auch seit der Begründung der Olympischen Spiele der Neuzeit durch den französischen Baron Pierre de Coubertin im Jahre 1896 standen die ‹Schnellsten der Welt›, die Olympiasieger der Sprintdisziplinen, immer im Mittelpunkt des olympischen Geschehens. Der Deutsche Arthur Jonath, 1932 bei den Olympischen Spielen in Los Angeles Gewinner der Bronzemedaille, galt damals als der schnellste Mann der weißen Rasse. Die nahegelegene amerikanische Filmmetropole Hollywood überhäufte ihn nach den Olympischen Spielen mit Filmangeboten. Seitdem stellten Sprint-Olympiasieger wie Jesse Owens, Armin Hary oder Waleri Borsow die Sportwissenschaftler immer wieder vor die Frage: Können schwarze Menschen schneller laufen als weiße?

Die Leistungsparameter

Die Fragen, ob Schwarze oder Weiße schneller laufen können, ob Sprintvermögen vererblich ist oder aber im Training erworben werden kann, lassen sich am besten beantworten durch die Leistungsparameter der motorischen Eigenschaft Schnelligkeit, durch jene Faktoren also, die eine Sprintleistung aus der Sicht der Sportmedizin (nach Hollmann) limitieren. *Schema 1* soll das verdeutlichen:

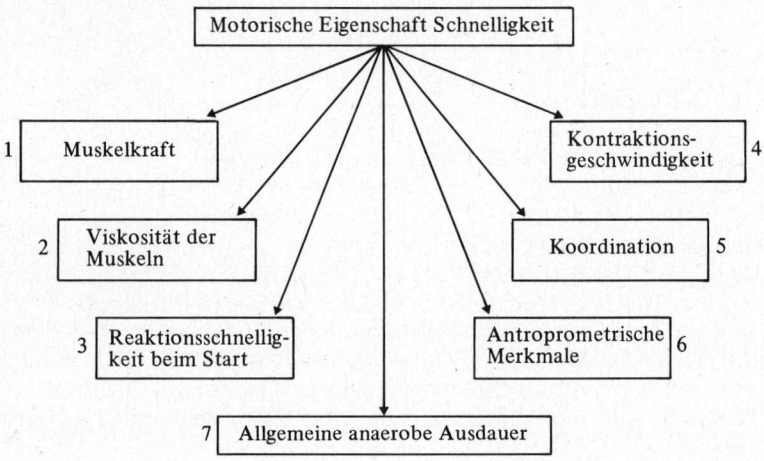

Schema 1

Die einzelnen Parameter der Schnelligkeit, von welchen die Leistung des Sprinters abhängt, sind unterschiedlich trainierbar.

- Die *Muskelkraft* ist eine der wichtigsten Leistungsvoraussetzungen der Schnelligkeit. Vor allem Sprinter im unteren Leistungsbereich können durch ein gezieltes Krafttraining ihre Sprintleistung erheblich verbessern.
- Die *Viskosität*, der intrazelluläre Reibungswiderstand der Muskelfasern, ist durch Aufwärmung der Muskeln gering zu halten, während kalte Muskeln bei hoher Viskosität die Entwicklung der maximal erreichbaren Bewegungsgeschwindigkeit negativ beeinflussen.
- Die *Reaktionsschnelligkeit* oder die Reaktionsfähigkeit beim Start ist nur geringfügig trainierbar. Praktisch handelt es sich nur um die Verbesserung von hundertstel, manchmal auch von zehntel Sekunden. Die Zeit vom Auftreten des Reizes bis zum Reagieren bei visuellen Signalen wird für Nichtsportler mit 0,20 bis 0,35 Sekunden,

für Sportler mit 0,15 bis 0,20 Sekunden angegeben. Bei akustischen Signalen (Schuß) beträgt die Reaktionszeit etwa 0,17 bis 0,20 Sekunden bei Untrainierten bzw. 0,05 bis 0,07 Sekunden bei den weltbesten Sprintern (Angaben nach Zaciorskij).

● Die *Kontraktionsgeschwindigkeit*, die Schnelligkeit der Muskelzuckungen nach der Innervation, ist nicht trainierbar. Sie richtet sich im wesentlichen nach der Muskelstruktur und ist anlagebedingt.

● Die *Koordination*, das Zusammenwirken zwischen dem Zentralnervensystem (ZNS) und den eingesetzten Muskeln, scheint für hervorragende Sprintleistung ausschlaggebend zu sein. Entsprechend den erforderlichen Muskeleinsätzen beim Sprint sendet das ZNS geballte Ladungen von Erregungen, sogenannte Impulssalven, in zeitlich genau abgestimmter Reihenfolge über die motorischen Nerven in die benötigten Muskeln. Die zeitlich exakt festgelegte Aktivität von Nervensystem und Muskeln versucht ein optimales Verhältnis von zeitlichen (Schrittfrequenz) und räumlichen (Schrittlänge) Merkmalen der Sprintbewegungen herzustellen.
Die Koordinationsfähigkeit ist sehr gut trainierbar und nimmt eine zentrale Stellung im ganzjährigen Trainingsprozeß des Sprinters ein.

● Die *antropometrischen Merkmale*, die Körperbaumerkmale des Menschen, unter denen die Rumpf/Beinhebelverhältnisse eine besondere Rolle spielen, sind nicht trainierbar. Die Körperbaumerkmale sind in den meisten leichtathletischen Disziplinen leistungsbedingend und werden daher bei der Talentsuche als wichtige Auswahlkriterien mit herangezogen.

● Die *allgemeine anaerobe Ausdauer*, auch Schnelligkeitsdauer genannt, bestimmt das Leistungsbild beim Sprint vornehmlich in der Schlußphase des Rennens. Sie ist abhängig von der Fähigkeit der Muskulatur, Energie ohne Gegenwart von Sauerstoff freizusetzen.
Die psycho-physiologischen Eigenschaften des Sprinters, vor allem sein Nervensystem, die muskulären Qualitäten und die Koordinationsfähigkeit bestimmen weitgehend seine Eignung. Die Sportpraxis beweist ständig, daß auch Rasse und Temperament das Leistungsprofil des Sprinters prägen. Schwarze Menschen scheinen für den Sprint besonders geeignet zu sein. Die olympische Geschichte beweist indes, daß auch weiße Sprinter im Kampf um Medaillen nicht ohne Chancen sind.

Die Technik des Sprints

Obwohl die Technik des leichtathletischen Bewegungsablaufs im Sprint schon häufig Gegenstand wissenschaftlicher Untersuchungen war, existieren bis heute keine beweiskräftigen Ergebnisse, die es jedem Athleten unausweichlich und bis in alle Einzelheiten des Bewegungsablaufs vorschreiben, in welcher Form und in welchem zeitlich-räumlichen

Rhythmus die Bewegungen für ihn verlaufen müssen. Die Laufgeschwindigkeit resultiert aus der Schrittlänge und der Schrittfrequenz (Zahl der Schritte pro Zeiteinheit). Wer schneller laufen will, muß entweder die Schritte vergrößern, die Schrittfrequenz steigern oder sogar beide Faktoren qualitativ verändern.

Der 100-Meter-Lauf kann nach seinen Geschwindigkeitswerten eingeteilt werden in den

- *Reaktionsabschnitt* unmittelbar vor dem Startablauf;
- *positiven Beschleunigungsabschnitt* (circa 30 bis 40 Meter) bis zum Erreichen der höchsten Geschwindigkeit;
- *gleichförmigen Geschwindigkeitsabschnitt*, der durch die gleichbleibende Geschwindigkeit gekennzeichnet ist;
- *negativen Beschleunigungsabschnitt* mit dem Abfall der Geschwindigkeit (siehe *Abbildung 1*)

Hierbei bedeuten die Kurven:

A = Gruppe der schnellsten Läufer
B = Gruppe der Läufer insgesamt
C = Gruppe der langsamsten Läufer
D = Gruppe der schnellsten Läuferinnen
E = Gruppe der Läuferinnen insgesamt
F = Gruppe der langsamsten Läuferinnen

Die Schrittfrequenz und die Schrittlänge stehen in einem umgekehrten Verhältnis zueinander. Anfangs (10 bis 20 Meter) sind die Schritte kürzer und die Frequenz größer (*Abbildung 2*).

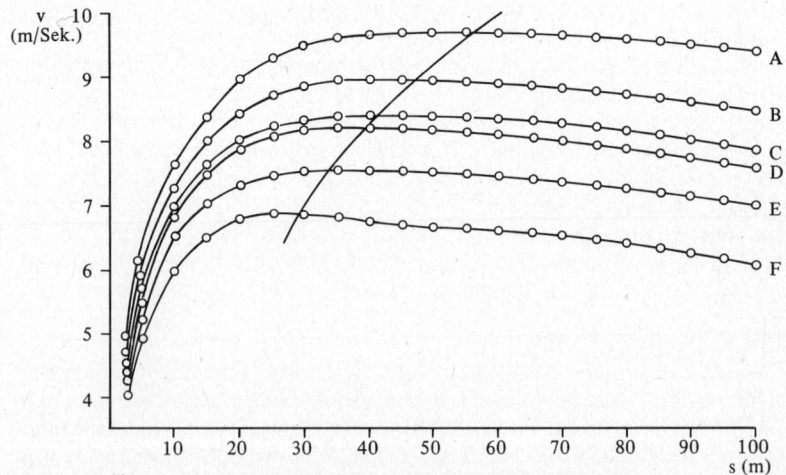

Abb. 1: Kurvenverlauf der Laufgeschwindigkeit beim 100-m-Lauf

Nach einer Phase von circa 60 bis 70 Metern mit gleichbleibender Schrittfrequenz und Schrittlänge (*Abbildung 3*) nimmt die Frequenz auf den letzten 10 bis 20 Metern stark ab und die Schrittlänge entsprechend zu.

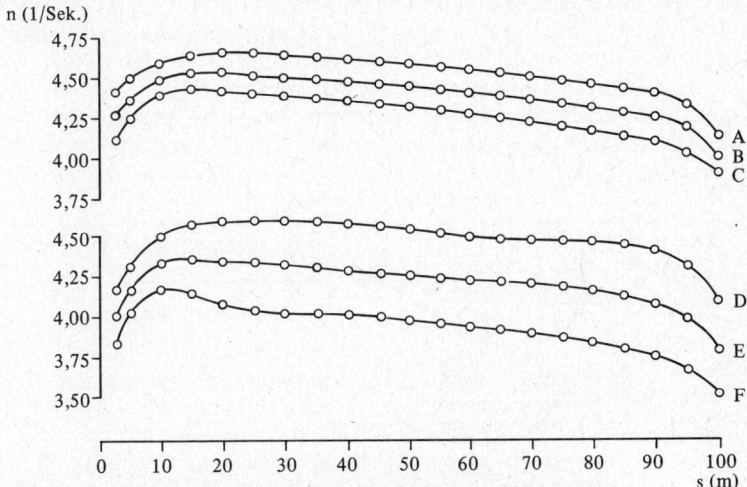

Abb. 2: Kurvenverlauf der Schrittfrequenz beim 100-m-Lauf

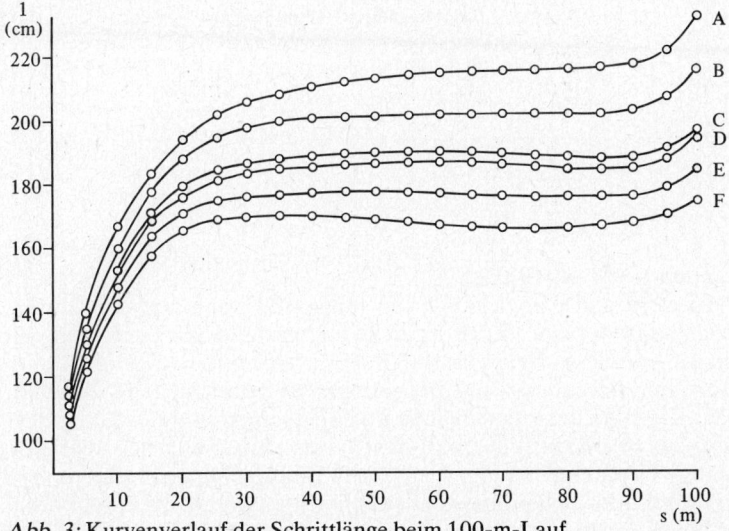

Abb. 3: Kurvenverlauf der Schrittlänge beim 100-m-Lauf

Es ist noch umstritten, ob die Maximalgeschwindigkeit überwiegend durch die Vergrößerung der Schrittlänge oder durch die Erhöhung der Schrittfrequenz zu erlangen ist.

Für die Frauen wurden den Untersuchungen an Männern entgegengesetzte Gesetzmäßigkeiten gefunden. Für die Männer aber scheint die Maximalgeschwindigkeit zu $2/3$ über die Vergrößerung der Schrittlänge und zu $1/3$ über die Steigerung der Schrittfrequenz erreichbar zu sein.

Unter Einbezug der Untersuchungsergebnisse verschiedener Verfasser müssen demnach für die unterschiedlichen Streckenabschnitte die folgenden Leistungsvoraussetzungen für den Sprint besonders trainiert werden (siehe *Schema 2*):

		Beschleunigungsabschnitt		
Strecken-abschnitt:	Reaktions-abschnitt	positiver	gleichförmiger	negativer
Leistungs-voraus-setzung:	Reaktions-schnellig-keit	Sprintbeschleu-nigung	Sprintschnel-ligkeit	Sprintausdauer
Trainings-formen	Startübungen optisch, akustisch Ballspiele Spiele	Antritte Kurzsprints bis 30 Meter Bergaufläufe Krafttraining laufverbessern-de Übungen (Skipping, Jogging etc.)	Koordinations-läufe Steigerungs-läufe Wind-Sprints Bergabläufe	Läufe mit flie-gendem Start Tempoläufe Overdistance-Läufe Ins and outs

Schema 2

Wie trainiere ich den Sprint?

Die Auswahl und Entwicklung von jungen Talenten auf den Sprintstrecken sollte weniger durch spezielle und gezielte Einzelmaßnahmen bestimmt, sondern vielmehr durch ein vielseitiges Angebot unterschiedlicher Bewegungs- und Belastungsreize vorangetrieben werden. Für das Training des Jugendlichen im allgemeinen und für das Sprinttraining im besonderen gilt, daß die (Sprint-)Begabung sich über eine vielseitige Grundausbildung, wie sie zum Beispiel im leichtathletischen Mehrkampf oder in den meisten Ballspielen enthalten ist, automatisch entwickelt. Es wird daher bei der Erteilung von Trainingsratschlägen davon ausgegangen, daß dem speziellen Sprinttraining ein allgemeines Grundlagentraining über einen längeren Zeitraum (ein bis zwei Jahre) hinweg vorausgegangen ist. Auf dieser Basis lassen sich die folgenden technomotorischen Eigenschaften des Sprinters verbessern.

● *Übungsschwerpunkt:* Reaktionsschnelligkeit
Reaktionsübungen auf optische, akustische und taktile Reize
Reaktionsspiele und -staffeln (Haschen, Fangen, Foppen, Abschlagen etc.)
Startabläufe aus der Bauchlage, Kauerstellung, Hoch- und Tiefstartstellung
Schnellkraftgymnastik als Reaktionsübungen; Ballspiele

● *Übungsschwerpunkt:* Sprintbeschleunigung
Steigerungsläufe (Läufe über 60 bis 100 Meter mit allmählicher Temposteigerung)
Partnerschieben und -ziehen (siehe Foto 1 und 2); Startabläufe und kurze Sprints über 30 bis 50 Meter
laufverbessernde Übungen wie Hopserlauf (siehe Foto 3, Seite 60); Jogging (Ballendrucklauf), Skipping, Kniehebelauf (siehe Foto 4, Seite 60); Sprunglauf etc.
Mehrsprünge, beid- und einbeinige Sprünge auf dem Rasen, auf Matten, in verschiedenen Kombinationsformen
Bergaufläufe; spezielles Krafttraining

1

2

3   4

● *Übungsschwerpunkt:* Sprintschnelligkeit
Koordinationsläufe (Lauf mit erhöhtem Knieeinsatz, zunächst auf der
Stelle, dann mit erhöhter Körpervorlage und Schrittfrequenz in den
schnellen gelösten Lauf übergehend)
Tempowechselläufe (Läufe über 100 bis 200 Meter mit ständig wech-
selndem Tempo
Wind sprints (kurze, maximale schnelle Antritte innerhalb eines Laufs
über kurze Strecken)
Steigerungsläufe; Bergabläufe; Läufe nach schnellem Schall-Rhythmus
Mischläufe (Läufe ständig wechselnder Strecken, z. B. 30–40–50–60–
70–60–50–40–30 Meter)

● *Übungsschwerpunkt:* Sprintausdauer
Tempoläufe (Läufe über 100 bis 500 Meter in submaximalem Tempo)
Tempowechselläufe über 300 bis 500 Meter
Endlose Staffel (Bahnrundenstaffel mit ständigem Wechseln des Staf-
felstabs)
Fliegende Läufe (Läufe mit fliegendem Start über 50 bis 100 Meter)
Ins and outs (Bahnläufe mit Temposteigerung in die Kurve hinein und
aus der Kurve heraus)
Fahrtspiel (Lauf im Gelände mit ständig wechselnden Lauftempi)
Hügelläufe
Minutenläufe (Läufe mit unterschiedlicher Minutendauer, z. B. 1–2–
3–2–1 Minuten)

Schwelläufe (Läufe mit an- und abschwellender Streckenlänge, z. B. 100–200–300–200–100 Meter)
Intervall-Sprintläufe (z. B. Läufe über zehnmal 100 Meter)

● *Übungsschwerpunkt:* Muskelkraft
Allgemein soll die Belastung so hoch gewählt werden, daß maximal acht bis zehn Wiederholungen möglich sind. Die Bewegungen sollen schnellkräftig, das heißt mit möglichst hohem Tempo ausgeführt werden. Die Erholungspausen zwischen den etwa vier bis sechs Serien sollen mit circa zwei bis fünf Minuten bis zur annähernd vollständigen Erholung führen. Neben der allgemeinen Kräftigung zur Entwicklung der Rumpf- und Schultergürtelmuskulatur folgen einige Beispiele für das Krafttraining des Sprinters:
Übung aus der tiefen oder halben Hocke mit Hantel, Partner oder Sandsack auf dem Rücken
Treppensteigen mit Gewicht (Sandsack) oder Partner
Strecksprünge mit Sandsack, Bleiweste oder Hantel (siehe Foto 5)
Laufen mit Bleischuhen oder Gamaschen (Laufen im Sand)
Beinheben und -senken an der Sprossenwand mit Gewichten an den Füßen
Kniehochreißen im Schrägsitz; Partner hält die Füße fest (siehe Foto 6)
Aufsteigen auf Kasten (siehe Foto 7, Seite 62)
Fußwippen mit Hantel oder Sandsack im Nacken (siehe Foto 8, Seite 62)
Fersen heben und senken auf der Bank

5   6

7

8

rückwärts Hochschlagen der gestreckten Beine auf dem Kasten liegend
(siehe Foto 9 und 10)
Hochschlagen der gestreckten Beine, mit dem Rücken auf dem Kasten
liegend (siehe Foto 11 und 12)
● *Übungsschwerpunkt:* Beweglichkeit/Gelenkigkeit
Aufgabe der Gymnastik des Sprinters ist die Dehnung, Schnellkräftigung und Lockerung der Muskulatur. Je besser die Muskeln gedehnt
sind, desto schneller können sie kontrahieren (sich verkürzen). Ein
gewisses Maß der Dehnfähigkeit ist somit Voraussetzung für eine optimale Kontraktion.
Alle Dehnübungen sollen rhythmisch schwingend, nicht ruckhaft oder
reißend ausgeführt werden.
● *Dehnübungen:* Rumpfbeugen vorwärts mit durchgedrückten Knien
(siehe Foto 13)
hohes Vorspreizen der Beine; Spagatübung; Bein vor- und rückschleu-
dern im Wechsel (siehe Foto 14); Rumpfkreisen
● Lockerungsübungen: lockeres Beinschwingen, lockeres Armschwingen vorwärts, rückwärts und gegengleich; Hampelmann, Körperwelle

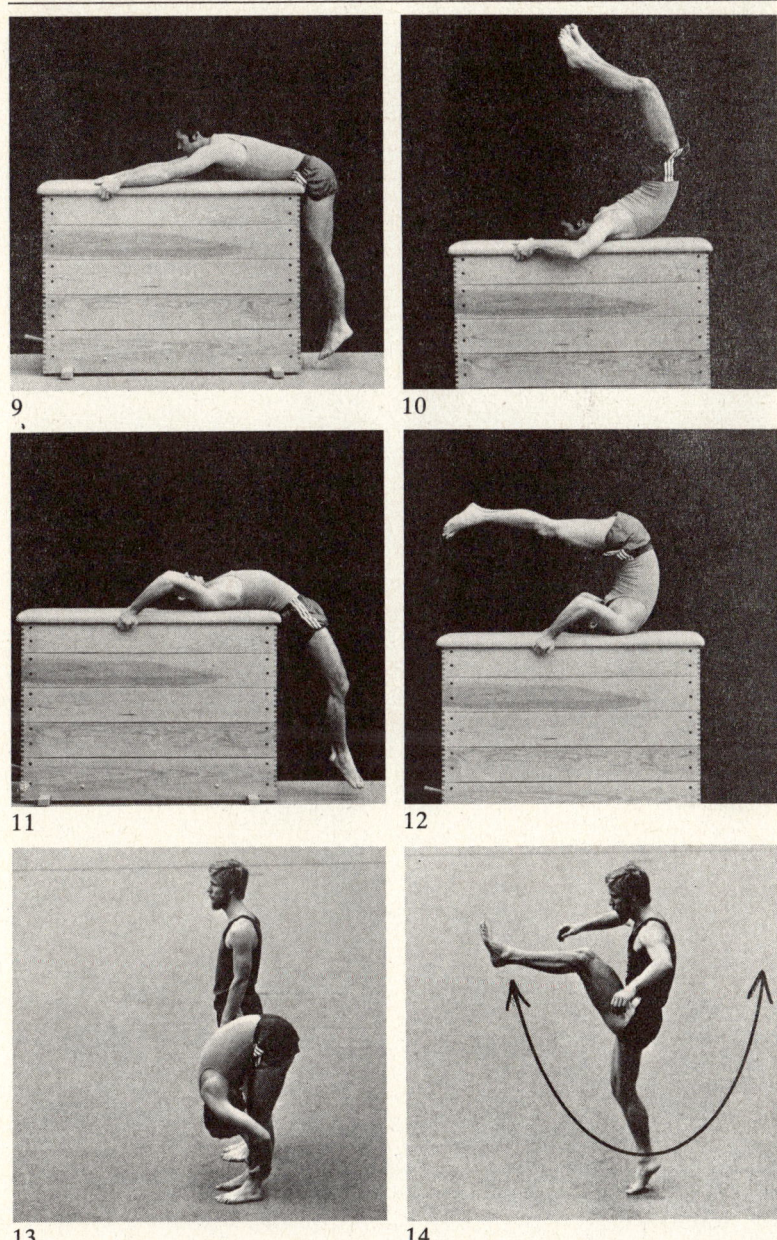

9

10

11

12

13

14

6   5   4

Das Vorbild
Hasely Crawford (Trinidad)
Olympiasieger 1976 im 100-m-Lauf (10,06 Sekunden)

Die Fotoreihe zeigt auf der Innenbahn (vorn) den Olympiasieger im olympischen Endlauf über 100 Meter. Nur noch vier Schritte trennen ihn vom Olympiasieg vor Quarry (Jamaica) und dem Olympiasieger von München 1972, Borsow (UdSSR).
Sein kraftvoller Laufstil hat hier bereits einen deutlichen Vorsprung vor den übrigen Läufern erbracht. Foto 1 und 2 zeigen den Beginn der

12   11   10

3   2   1

hinteren Stützphase, die Fotos 3 und 4 die stützlose Flugphase, welche
wiederum in die vordere Stützphase mündet (Foto 5), um schließlich
erneut den Antrieb für den nächsten Schritt auszulösen.
Foto 6 macht den kraftvollen Fußabdruck deutlich. Der linke Oberschenkel beginnt die ausladende Kniehubphase, während die Arme
intensiv schwingen (drei typische Merkmale einer guten Sprinttechnik).
Eine gute Körpervorlage (Fotos 7 bis 12) auf den letzten Metern
bereitet das ‹Sich-in-das-Ziel-Hineinwerfen› vor, um auf der Ziellinie
noch einen entscheidenden Vorteil zu erringen.

9   8   7

Fehler beim Sprinten	*Korrekturhilfen*
● zu geringe Körpervorlage	Kopf nach vorn nehmen, Hochstarts aus der Kauerstellung, Rückwärtslaufen – umschalten – Antritt nach vorn; Starts aus der Bauchlage
● mangelhafte Beinstreckung	Hopserlauf, Sprunglauf, Kraftübungen, Fußgelenkarbeit, Bergauflaufen
● Abknicken in der Hüfte	Aufrichten des Rumpfes, stärkere Beinstreckung
● Querarbeit der Arme vor der Brust	Armführung in Schrittstellung und im Traben, Koordinationsläufe und Skipping mit Augenmerk auf Armführung
● mangelhaftes Hochheben der Oberschenkel	Kniehebeläufe, Skipping, Koordinationsläufe

Renntaktik des Sprinters

Die Strecken 100 und 200 Meter werden ohne taktisches Konzept mit höchster Geschwindigkeit vom Start bis zum Ziel durchlaufen. Der 400-Meter-Lauf kann nicht mit höchstem Tempo durchlaufen werden. Der Läufer muß je nach seiner Sprintausdauer (Schnelligkeitsausdauer – Durchhaltevermögen) eine ‹Schonzeit› von 0,5 bis 1,5 Sekunden auf den ersten 200 Metern hinzurechnen. Die zweiten 200 Meter sind nicht mehr so eindeutig festzulegen, da je nach äußeren Verhältnissen die Sprintausdauer verschieden ist. Es sollten aber nicht mehr als zwei bis drei Sekunden gegenüber der 200-Meter-Bestzeit verlorengehen.

Beispiel einer Berechnung der 400-Meter-Zeit:

200-m-Bestzeit	23,0 Sek.
plus Schonzeit	1,5 Sek.
	24,5 Sek. (200-m-Zwischenzeit)
Zweite 200 m (Bestzeit + 3,0 Sek.)	
	26,0 Sek.
	50,5 Sek. (400-m-Endlauf)

Trainingsplan des Sprinters

Trainingspläne sind Leitlinien. Sie versuchen, Trainingsbelastung – also Trainingsintensität und -umfang – in ein ausgewogenes Maß zu setzen zur Belastbarkeit des Trainierenden sowie zur insgesamt für das Training zur Verfügung stehenden Zeit. Diese auf die Sprintverbesserung ausgerichteten Trainingspläne müssen daher im Zusammenhang mit der Gesamtbelastung des Trainierenden gesehen werden. Das Training soll besonders für den Jugendlichen nur einen integrierenden Bestandteil darstellen neben Schule, Familienleben und übriger Freizeitbeschäftigung.

Die hier aufgeführten Pläne verstehen sich als Trainingsrahmenpläne und beschränken sich auf die nach Auffassung der Autoren optimale Mischung der anzuwendenden Trainingsformen. Angaben über Intensität der zu absolvierenden Laufabschnitte (Laufzeiten) fehlen ebenso wie die mit zunehmendem Trainingszustand erforderliche Reizerhöhung (zum Beispiel Verbesserung der Laufzeiten). Exakte Angaben hierüber sind nur möglich bei genauer Kenntnis der individuellen Gegebenheiten des Übenden. Fortgeschrittenen ist daher unbedingt anzuraten, ein Leistungstraining unter Aufsicht eines erfahrenen Übungsleiters in einem Sportverein durchzuführen.

Benutzen weibliche Sporttreibende die Trainingspläne, erfahren diese im allgemeinen folgende Schonung:

● geringeres Lauftempo
● weniger Wiederholungen
● längere Erholungspausen

Rahmentrainingsplan für 100/200-Meter-Läufer
Vorbereitungsperiode (November bis April)

Tag	Übungsschwerpunkte	Min.	Trainingsbeispiel
1. Tag im Freien	Beweglichkeit allgemeine aerobe Ausdauer	15 10 40	Einlaufen Gymnastik Dauerlauf (2 × 15–20 Min.)
2. Tag in der Halle	Beweglichkeit Schnelligkeit Koordination Lauftechnik Kraft/Sprungkraft	15 10 30 20 15	Einlaufen Gymnastik 5–8 Starts und 30–60-m-Sprints 5 × 40 Sprunglauf auf Matten Krafttraining Spiel
3. Tag im Freien	allgemeine aerobe Ausdauer allgemeine anaerobe Ausdauer	15 15 20 10	Einlaufen und Gymnastik Fahrtspiel 5–8 Bergaufläufe (ca. 60 m) Auslaufen (langsamer Trab)
4. Tag in der Halle	Beweglichkeit Schnelligkeit Kraft allgemeine aerobe Ausdauer	15 10 30 20 15	Einlaufen Gymnastik 5 × 40 m Koordinationsläufe 5 × 30 m Sprungläufe Circuittraining oder Krafttraining Spiel

Rahmentrainingsplan für 100/200-Meter-Läufer
Wettkampfperiode (Mai bis September)

Tag	Übungsschwerpunkte	Min.	Trainingsbeispiel
1. Tag im Wald oder auf der Laufbahn	allgemeine aerobe Ausdauer allgemeine anaerobe Ausdauer Koordination	15 50 20	Einlaufen und Gymnastik 6 Steigerungsläufe (ca. 120 m) 5 Koordinationsläufe (ca. 100 m) Minutenläufe 1–2–3–2–1 Min. (45 Sek. Pausen zwischen den Läufen) Spiel
2. Tag Lauf auf der Bahn	Beweglichkeit Start- und Sprinttechnik Sprintbeschleunigung Sprintausdauer	20 60	Einlaufen und Gymnastik 8–10 Startabläufe und 30-m-Sprints 5 Koordinationsläufe 3 × 100 m fliegend 2 × 60 m fliegend Mischläufe 100–150–200–150–100 m submaximal mit vollständigen Pausen
3. Tag Lauf auf der Bahn	Beweglichkeit Schnelligkeit allgemeine aerobe Ausdauer Staffeltraining Kraft	20 45 20	Einlaufen und Gymnastik 5 Koordinationsläufe (ca. 60 m) 5–8 Starts und Mischläufe 30–50–60–80–60–50 m (vollständige Pausen) Staffeltraining oder Krafttraining
4. Tag	Wettkampf oder Trainingstest		

Rahmentrainingsplan für 400-Meter-Läufer
Vorbereitungsperiode (November bis April)

Tag	Übungsschwerpunkt	Min.	Trainingsbeispiel
1. Tag im Freien (Wald)	allgemeine aerobe Ausdauer allgemeine anaerobe Ausdauer	20 35 20	Einlaufen und Gymnastik 5–7 × 3 Minuten Dauerlauf (2 Minuten Trabpause) ruhiges Traben
2. Tag in der Halle	Beweglichkeit Koordination Schnelligkeit Kraft/Sprungkraft	20 35 15 20	Einlaufen und Gymnastik 5 × 30 m Sprunglauf 5 × 40 m Kniehebelauf 5–8 Starts und Läufe über 30–50 m Circuittraining Krafttraining
3. Tag im Freien (Laufbahn)	allgemeine anaerobe Ausdauer allgemeine aerobe Ausdauer	15 60 20	Einlaufen und Gymnastik 3 × 200 m (submaximal), 200 m Gehpause 2 × 300 m (submaximal), 300 m Gehpause (ab Februar zusätzlich 1 × 500 m) ruhiges Traben
4. Tag im Freien (Wald)	allgemeine anaerobe Ausdauer Schnelligkeit allgemeine aerobe Ausdauer Kraft	20 60 15	Einlaufen und Gymnastik 5 Koordinationsläufe (ca. 120 m) 3 × 300 m *Ins and outs* oder 5 Hügelläufe Minutenläufe: 1–2–3–4–5–3–2–1 Min. (Trabpausen von 0,5–2 Minuten) Krafttraining

Rahmentrainingsplan für 400-Meter-Läufer
Wettkampfperiode (Mai bis September)

Tag	Übungsschwerpunkt	Min.	Trainingsbeispiel
1. Tag im Freien (Wald) oder auf der Laufbahn	allgemeine aerobe Ausdauer allgemeine anaerobe Ausdauer	20 30 10 10	Einlaufen und Gymnastik 2 × 15 Min. Tempowechselläufe 5 × ca. 60 m Hügellaufen langsames Traben
2. Tag Laufbahn	Schnelligkeit/Koordination allgemeine anaerobe Ausdauer Kraft/Sprungkraft allgemeine aerobe Ausdauer	20 45 15 10	Einlaufen und Gymnastik Tempoläufe (submaximales Tempo— vollständige Pausen) 2 × 150 m, 1 × 200 m, 1 × 300 m, 1 × 500 m Sprungkrafttraining Traben
3. Tag Laufbahn	Schnelligkeit Koordination Tempogefühl allgemeine anaerobe Ausdauer	20 50 15	Einlaufen und Gymnastik 5 Koordinationsläufe (ca. 80 m) 5–8 Starts und Sprints über 30 m Tempo-Testläufe (vollständige Pausen): 150 m, 200 m, 300 m 3 × 3-Minuten-Läufe (2 Min. Trabpause)
4. Tag	Wettkampf oder Trainingstest		

Eine Verteilung der Trainingsformen für den Sprint im Jahresüberblick
zeigt *Schema 3*, Seite 72.

Verteilung der Trainingsformen im Jahresüberblick

Übungen zur Beweglichkeit wie Hüftgelenkübungen, Fußgelenkübungen, Muskelentspannungsübungen, Dehnübungen

laufverbessernde Übungen wie Hopserlauf, Sprunglauf, Knieheberlauf, Jogging, Skipping etc.

Training mit Gewichten von 50 bis 75 Prozent des möglichen maximalen Gewichts (submaximales Krafttraining)

Kurzhantelserien

Circuittraining

Waldläufe (8 bis 10 km) Fahrtspiel, Lauf mit wechselnder Geschwindigkeit über unterschiedlich lange Strecken im Gelände

Intervall-Dauerlauf, rhythmisierter Dauerlauf

Minutenläufe

Waldläufe auch in der Wettkampfperiode, jedoch nicht im Sinne der Ausdauer, sondern zur Erholung und Stabilisierung des vegetativen Systems

---

Streckkraftübungen z. B. Sprungläufe, Treppenläufe, Hügelläufe

Schwungkraftübungen, z. B. Sprinten gegen Partnerwiderstand, Anreißen der Beine aus der Schrägstellung gegen eine Wand

high knees

I. Innervations-Geschwindigkeit, Innervation-Schulung der Erregungsleistung:
Koordinationsläufe, Skippings, Antritte, Starts, Sprints (fliegend), Sprints (mit Starts bis 60 m), Mischläufe

II. Reaktionsgeschwindigkeit: Starts aus allen Lagen auf
● optisches Zeichen
● akustisches Zeichen

Tempoläufe
T-Läufe (mittleres Tempo, kurze Pausen), T-Läufe (hohes Tempo, vollständige Pausen)

Intervall-T-Läufe 100–300 m (2/3 Pause)

Intervall-Sprints Strecken bis 60 m

längere Sprints Strecken bis 150 m

Hügelläufe

Circuittraining mit leichten Belastungen

Monate: Nov. | Dez. | Januar | Februar | März | April | Mai | Juni | Juli | August | Sept. | Oktober

Beweglichkeit, Gelenkigkeit

allgemeine Kräftigung

allgemeine aerobe Ausdauer

spezielle Kräftigung

Schnelligkeit, Koordinationsfähigkeit, Lauftechnik

Schnelligkeitsausdauer, anaerobe Ausdauer

Pause

Schema 3

Lernkontrollen
Kontrolliere selbst die
- *Sprintbeschleunigung* durch Startabläufe aus dem Tiefstart und
  Kurzsprints über 60 und 75 Meter
  Kontrolliere regelmäßig den Leistungsfortschritt
  durch Ermittlung der Beinstreckkraft (siehe Tabellen zur Bewertung
  von Mehrsprungleistungen im Kapitel «Dreisprung», S. 234)
- *Sprintausdauer* durch 100-Meter-Läufe mit fliegendem Start. Eine
  100-Meter-Laufstrecke wird ‹fliegend› durchlaufen. Der zu kontrol-
  lierende Läufer beginnt den Lauf, gleichmäßig das Tempo steigernd,
  etwa 30 Meter vor der 100-Meter-Startlinie. Beim Überlaufen der
  Startlinie in Höchstgeschwindigkeit wird auf Handzeichen eines Hel-
  fers die Stoppuhr in Gang gesetzt. Beim Durchlaufen des Ziels wird
  die ‹fliegende› 100-Meter-Zeit gestoppt.

Die Zeitdifferenz zwischen der 100-Meter-Zeit aus dem Tiefstart und
der Zeit mit fliegendem Start ermöglicht eine Kontrolle der Sprintausdauer. Gute Sprinter laufen die 100 Meter mit fliegendem Start etwa
0,8 Sekunden schneller als aus dem Tiefstart. Jugendliche durchlaufen
zur Kontrolle 60 bis 75 Meter mit fliegendem Start.

Bewertung der 100-Meter-Zeit mit fliegendem Start

Zeitdifferenz in Sekunden	Bewertung
1,2 Sek.	durchschnittlich
1,0 Sek.	gut
0,8 Sek.	sehr gut

Kontrollübungen für eine Talentauswahl
In Abhängigkeit von den Ergebnissen der Forschung und Trainingspraxis sind verschiedene Verfahren entwickelt worden, um die Talentauswahl sprintveranlagter Kinder und Jugendlicher zu ermitteln. Die in
Schema 4 (Seite 74) wiedergegebenen Werte im Sprint wurden in der
UdSSR für die Aufnahme in eine Kinder- und Jugendsportschule festgelegt (Angaben nach Balsewitsch und Siris).

Die wichtigsten Wettkampfbestimmungen
- Bei allen Läufen muß der Innenraum zur linken Hand des Läufers
  liegen.
- Jeder Wettkämpfer, der einen anderen absichtlich rempelt, schnei-
  det oder in anderer Weise benachteiligt, wird ausgeschlossen.
- Verläßt ein Läufer absichtlich seine Bahn, muß er ausgeschlossen
  werden. Ausnahme: Bei unabsichtlichem Verlassen der Bahn erfolgt
  ein Ausschluß nur dann, wenn der Läufer einen wesentlichen Vorteil
  erlangt hat.

- Beim Zieleinlauf werden die Läufer in der Reihenfolge festgestellt, in der sie mit irgendeinem Teil ihres Rumpfes (also nicht mit Kopf, Händen, Armen, Beinen oder Füßen) die Ziellinie erreichen.
- Das Zielband (Wollfaden) mit vorgestreckten Händen abzureißen ist unzulässig.

Kontrollübungen	Jungen			
	10 Jahre	11 Jahre	12 Jahre	
30-m-Lauf: fliegender Start	4,4 bis 4,5	4,1 bis 4,3	3,8 bis 4,1	Sek.
30-m-Lauf: Tiefstart	5,4 bis 5,5	5,1 bis 5,3	4,8 bis 5,0	Sek.
Standweitsprung	185	200	210	cm
Zehn Strecksprünge aus tiefer Hocke auf Zeit	14,0 bis 14,5	13,5 bis 14,0	13,0 bis 13,5	Sek.
	Mädchen			
	9 Jahre	10 Jahre	11 Jahre	
30-m-Lauf: fliegender Start	4,5 bis 4,6	4,3 bis 4,4	4,1 bis 4,3	Sek.
30-m-Lauf: Tiefstart	5,5 bis 5,6	5,3 bis 5,4	5,1 bis 5,3	Sek.
Standweitsprung	160	175	190	cm
Zehn Strecksprünge aus tiefer Hocke auf Zeit	14,0 bis 14,5	13,5 bis 14,0	13,2 bis 13,5	Sek.

Schema 4

Der Mittel- und Langstreckenlauf

Mittelstrecken:	Langstrecken:
800 m, 1000 m, 1500 m,	5000 m, 10 000 m
englische Meile (1609 m), 3000 m	Marathonlauf (42,195 km)

1980 Olympia-Marathon für Frauen?
Anerkennung und Gleichberechtigung für Frauen – auch im Sport – waren und sind noch immer nicht selbstverständlich. Der Lauf über längere Strecken ist dafür ein gutes Beispiel. Man glaubte, daß das ‹schwache Geschlecht› für diese großen Anstrengungen nicht geeignet ist. Lange Zeit hatte man starke Bedenken, Frauen einer solchen Belastung auszusetzen.
Nachdem bereits 1912 in Frankreich Mittel- und Langstreckenläufe für Frauen veranstaltet wurden, gab es erst bei den Olympischen Spielen 1928 versuchsweise einen 800-Meter-Lauf für Frauen. Doch dieser Versuch konnte die Bedenken der Gegner nicht zerstreuen. Die längeren Strecken wurden wieder aus dem olympischen Programm gestrichen. Jahrzehnte vergingen, bis 1960 der 800-Meter-Lauf endgültig in das Programm der Olympischen Spiele und 1969 der 1500-Meter-Lauf der Frauen in das Programm der Europameisterschaften aufgenommen wurde.
Nach Untersuchungen von Hollmann, van Aaken und anderen ist gerade der Lauf über längere Strecken – auch noch bis ins hohe Alter – ungefährlich für die Gesundheit, wenn nicht eine Schädigung des Kreislaufsystems oder ein fiebriger Infekt vorliegt.
Von den Voraussetzungen für längere Strecken, nämlich Ausdauer, Schnelligkeit und Kraft, besitzen Frauen vor allem die für die Ausdauer

erforderliche. Frauen sind ihrer psychischen und physischen Konstitution nach Dauerleister, wenn keine zu hohen Muskelleistungen mit den Dauerbelastungen verbunden sind.

Der erste Marathonläufer, der nach dem Sieg der Griechen über die Perser 490 v. Chr. von dem Dorf Marathon nach Athen circa 40 Kilometer lief, brach nach seiner Siegesmeldung tot zusammen. Heute laufen auch Frauen Rennen über die Marathonstrecke mit ganz beachtlichen Zeiten, ohne dabei gesundheitlichen Schaden zu nehmen. Sie sind natürlich durch ein systematisches Training besser auf die Belastung vorbereitet als der Läufer von Marathon.

Der Weg der sportlichen Emanzipation der Frau wird weitergehen, und die Zeit für die Aufnahme der Marathonstrecke für Frauen in das olympische Programm wird vermutlich nicht mehr lange auf sich warten lassen.

Die Technik im Mittel- und Langstreckenlauf

Im Mittel- und Langstreckenlauf ist eine rationelle Technik mit kräftesparenden Bewegungen anzustreben, die einer frühzeitigen Ermüdung entgegenwirkt.

Die Körperhaltung ist aufrechter als beim Sprint. Der Rumpf hat nur eine geringe Vorlage, die Kopfhaltung ist normal in Verlängerung des Rumpfes. Wie beim Sprint sollen die Schulter ruhig gehalten und die Arme in Laufrichtung geführt werden. Ein geringes Mitpendeln der Schulter mit der Armführung ein wenig quer über die Brust wirkt sich aber nicht allzu störend aus, da für die Zusammenarbeit von Armen und Beinen mehr Zeit bleibt. Eine zu starke oder aktive Verwringung muß allerdings vermieden werden. Die Ellbogen sollen nicht angehoben

1   2

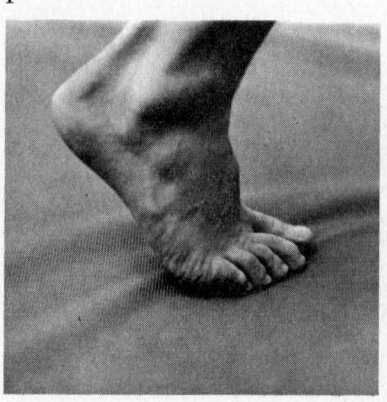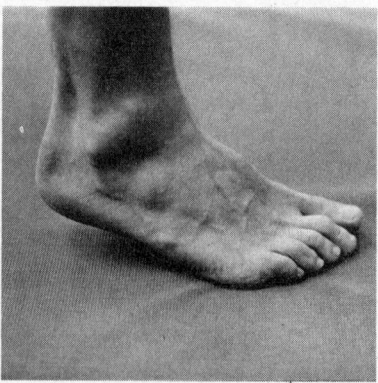

werden, sondern am Körper bleiben. Auf Kunststoffbahnen hat sich gezeigt, daß ein nicht völlig gestrecktes Knie die Elastizität der Bahn besser ausnutzt. Die Schrittlänge ist ein Merkmal des persönlichen Laufstils und kann nicht zwingend von Körpergröße oder Gewicht hergeleitet werden.

Fotos 1 bis *3* zeigen das Aufsetzen des Fußes beim Kurz-, Mittel- und Langstreckenlauf. In Abweichung zum Sprinter, der mit der Außenkante des Fußes aufsetzt, berührt der Mittelstreckler mit der Außenkante des Mittelfußes und der Langstreckler mit der Außenkante zwischen Mittelfuß und Fersenbein zuerst den Boden. Danach kippt der Fuß nach innen auf die ganze Sohle und berührt durch den Druck des Körpergewichts mit der Ferse den Boden.

Der Lauf beginnt aus dem Hochstart in Schrittstellung; der Oberkörper ist nach vorn geneigt. Vor dem Startschuß wird das Knie des vorderen Beins stärker gebeugt, und das Körpergewicht schiebt sich über das vordere Bein.

Beim Start kommt es darauf an, sich eine gute Position zu sichern, was häufig zu Kollisionen und sogar Verletzungen führt. Es empfiehlt sich, das linke Bein nach vorn zu stellen, weil es näher zur inneren Bahnkante steht und die Gegenschulter in der Diagonalstellung vorgebracht wird. Dabei bildet die Rückführung des rechten Arms einen wirksamen Schutz gegen Rempeleien von außen.

Leistungsparameter des Mittel- und Langstreckenlaufs sind die Stoffwechselvorgänge und die Leistungsfähigkeit des Herz-Kreislauf-Systems. Auf diese Parameter wird näher im Abschnitt «Wie trainiere ich den Mittel- und Langstreckenlauf» eingegangen.

3

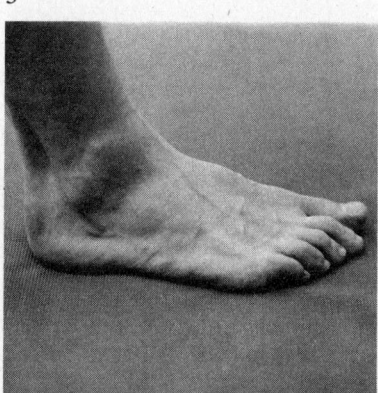

1   2   3

Das Vorbild
Ellen Tittel (Bundesrepublik Deutschland)
Deutsche Meisterin (1500 und 3000 Meter)

Ellen Tittel zeigt in den dargestellten zwei Laufschritten eine gute Mittelstrecken-Lauftechnik mit kräftigen großen Schritten. In der Flugphase wird dieser raumgreifende Schritt besonders deutlich (Foto 4 und 10).
Das Anheben des Oberschenkels bis circa 60 Grad unterstützt den Abstoß vom hinteren, hier gestreckten Bein (Foto 3), wobei der Unterschenkel nicht nach vorn ausgeschleudert wird, sondern locker schwingt. Der nach hinten hochgeschwungene Unterschenkel (Foto 6 und 12) gilt als Zeichen einer entspannten Lauftechnik. Er entlastet die Beugemuskulatur und bedeutet eine Vordehnung der Streckmuskulatur für das erneute Vorschwingen. Gleichzeitig verringert die nahe Führung des Unterschenkels um den Drehpunkt in der Hüfte das Trägheitsmoment.
Das Fußaufsetzen geschieht im Bereich Fersenbein/Mittelfuß, vermut-

7   8   9

4   5   6

lich auf dem Fersenbein (Foto 5 und 11). Deutlich sichtbar ist aber, daß
der Fuß mit der Außenkante aufsetzt. In der Stützphase (Foto 6 und 12)
hat der ganze Fuß Bodenkontakt. Der Oberkörper ist nur ein wenig
nach vorn geneigt und wird beim Abstoß vom hinteren Bein gut im
Schwerpunkt (Becken) getroffen (Foto 2, 3, 8 und 9). Der Kopf wird in
Verlängerung des Rumpfes gehalten mit dem Blick geradeaus.
Da die Schulter nicht ganz ruhig gehalten wird, kommt es zu einer leichten Verwringung zwischen Becken- und Schulterachse (Foto
3 und 10). Die Arme schwingen in Laufrichtung, wobei die Hände
vorn bis etwa in Schulterhöhe schwingen (Foto 3 und 9); der Ellbogen bleibt beim Zurückführen etwas unter der Schulterhöhe (Foto 3
und 9).
Ein weiteres Zeichen für lockeren Laufstil sind die entspannten Hände.
An der rechten Hand ist zu beobachten, daß die zum Teil weit geöffnete
Hand locker im Handgelenk pendelt. Nur auf den Fotos 9 und 10
scheint sie ein wenig fixiert, während auf Foto 11 schon wieder eine
Entspannung zu erkennen ist.

10   11   12

Fehler beim Mittel- und Langstreckenlauf	Korrekturhilfen
• starke Beugung im Knie beim Abdruck vom hinteren Bein	Kräftigung der Beinmuskulatur und Übungen zur Streckung im Fuß- und Kniegelenk, zum Beispiel durch Hopserlauf, Sprunglauf und Bergauflauf
• betontes Springen von einem auf das andere Bein	Abstoßrichtung des hinteren Beins weniger nach oben als nach vorn betonen; weniger Kraft für die einzelnen Schritte aufwenden; Läufe mit mittlerer und höherer Geschwindigkeit
• Rücklage des Rumpfes	Kräftigung der Rumpfmuskulatur, laufverbessernde Übungen zur Verbesserung der Körperhaltung
• falsche Kopfhaltung durch Hängenlassen des Kopfes in den Nacken oder auf die Brust	Bewegungsvorstellung schaffen durch Blickrichtung geradeaus; aufrechte Haltung des Kopfes in Verlängerung des Rumpfes
• übermäßige Verwringung des Schultergürtels zur Beckenachse	Bewegungsvorstellung schaffen; Armpendeln in Laufrichtung: zunächst im Stand, dann als Fortsetzung in den Lauf; Ruhig- und Tiefhalten der Schulter
• zu starke Beugung im Ellbogengelenk	tieferes Halten des Unterarms in etwa 90 Grad zum Oberarm

Wie trainiere ich den Mittel- und Langstreckenlauf?

Das Training für den Mittel- und Langstreckenlauf beinhaltet:
• das Training zur allgemeinen aeroben Ausdauer
• das Training zur allgemeinen anaeroben Ausdauer
• das Training zur Verbesserung der Schnelligkeit
• das Training zur Verbesserung der Kraft

Je nach Streckenlänge haben diese Trainingsmethoden eine mehr oder weniger starke Bedeutung. Der 800-Meter-Läufer muß das höchste Renntempo aller Mittelstreckler laufen; seine Durchschnittsgeschwindigkeit über 100 Meter beträgt etwa 13 Sekunden. Bei diesem Tempo muß er eine Sauerstoffschuld eingehen; denn er kann nicht so viel Sauerstoff aufnehmen, wie er verbraucht. Arbeit oder Training unter Sauerstoffschuld nennt man anaerob, das heißt, die Energie wird nicht

Das Davonlaufen vor Schulden . . .

. . . ist sowenig ein gesunder Sport wie das dauernde Ringen um die Existenz, der häufige Sprung ins Ungewisse, das Überwinden von Hindernissen auf dem Lebenswege oder das ewige Durchboxen. Man sollte zum Ausgleich auch mal große Sprünge machen können. Dazu aber muß man beim Wettrennen ums Geld die Nase möglichst weit vorn haben.

unter Zufuhr von Sauerstoff gewonnen. Dagegen wird bei einer reinen aeroben Arbeit so viel Sauerstoff aufgenommen, wie für diese Tätigkeit nötig ist.

Die Leistungen der Mittel- und Langstreckenläufer werden einerseits durch die Stoffwechselprozesse, andererseits durch die Leistungsfähigkeit des Herz-Kreislauf-Systems bestimmt. Die aerobe Ausdauer ist begrenzt durch die Sauerstoffaufnahme und Stoffwechselprozesse.

Die maximale Sauerstoffaufnahme ist von der Größe des Herzens, oder anders ausgedrückt: vom Herzschlagvolumen, abhängig. Das Ausdauertraining muß deshalb auf eine höhere Leistungsfähigkeit des Herz-Kreislauf-Atem-Systems ausgerichtet sein.

Ausdauertrainierte Sportler haben ein großes Herz, das nicht selten mit nur 40 Schlägen/Minute in Ruhe das Blut durch den Kreislauf pumpt. Unter Belastung ist dieses Herz natürlich weit leistungsfähiger als das des Untrainierten. Die Pulsfrequenz bei Ausdauerleistungen wird mit etwa 130 Schlägen/Minute angegeben. Bei Jugendlichen liegt sie etwas höher, so daß man bei individuellen Schwankungen auch von 130 bis 150 Schlägen/Minute ausgehen kann.

Durch die Vermehrung und stärkere Durchblutung der kleinsten Blutgefäße in den Muskeln (Kapillaren) wird die Durchblutung gefördert; gleichzeitig wird dadurch die Muskulatur besser mit Sauerstoff versorgt.

Die Stoffwechselprozesse in der Muskulatur werden durch ein Ausdauertraining verbessert und ökonomisiert. Dabei wird die Sauerstoffschuld weiter hinausgeschoben und besser ertragen. Die Energiereserven werden tiefer ausgeschöpft.

Bei Arbeitsbedingungen ohne ausreichende Sauerstoffzufuhr ist der Organismus in der Lage, durch einen besonderen chemischen Prozeß (Glycolyse) Energie zu gewinnen. Zu Beginn einer jeden intensiven Arbeit und bei Arbeit unter Sauerstoffschuld schaltet der Organismus von der Oxydation (Energiegewinnung unter Sauerstoffzufuhr) auf die Glycolyse um. Dabei wird Glucose ($C_6H_{12}O_6$) in Laktat (Milchsäure $C_3H_6O_3$) umgewandelt. Eine zu starke Anhäufung von sauren Stoffwechselprodukten (Milchsäure) führt zu einer Übersäuerung des Blutes und kann bis zum Abbruch der Arbeit, hier des Laufs, führen. In der Sportsprache gibt es dafür den Ausdruck: ‹Er wird sauer.› Das zur Pufferung der Säurewirkung notwendige Alkali wird durch die starke Dissoziation der Milchsäure aus dem Bikarbonat herausgetrieben. Der pH-Wert des Blutes im Muskel sinkt ab, die Glycolyse wird gehemmt und die Bereitstellung der energiereichen Phosphate begrenzt.

Die Ernergiegewinnung unter Sauerstoffzufuhr ist gegenüber der Glycolyse 19mal effektiver. Das erklärt die schnelle Erschöpfung bei Arbeiten unter Sauerstoffschuld.

Die anaerobe Ausdauer sollte erst nach einer guten allgemeinen aeroben Ausdauer ausgebildet werden, die die Voraussetzungen des Organismus für die Belastungen der anaeroben Ausdauer schafft. Die aerobe Ausdauer erhöht die Bereitschaft des Organismus für die spezifischen Reizqualitäten der Schnelligkeitsausdauer.

Bei den Läufen über die Mittel- und Langstrecken in Wettkämpfen gibt es keine reine aerobe Arbeit. Auch bei den längeren Strecken geht der Läufer durch das relativ hohe Tempo, durch Zwischen- und Endspurts eine Sauerstoffschuld ein, die aber nicht so groß ist wie bei den kurzen Mittelstrecken. *Abbildung 1* zeigt den Zusammenhang zwischen aerober und anaerober Arbeit der Laufstrecken von 100 bis 5000 Meter in Beziehung zur Zeit und Laufstrecke.

Hiernach sind der 800-Meter-Läufer etwas mehr, der 1500-Meter-Läufer etwas weniger als zur Hälfte auf eine anaerobe Energiegewinnung angewiesen. Der 5000-Meter-Läufer deckt zu circa 90 Prozent den erforderlichen Sauerstoffbedarf aerob und noch zu 10 Prozent anaerob.

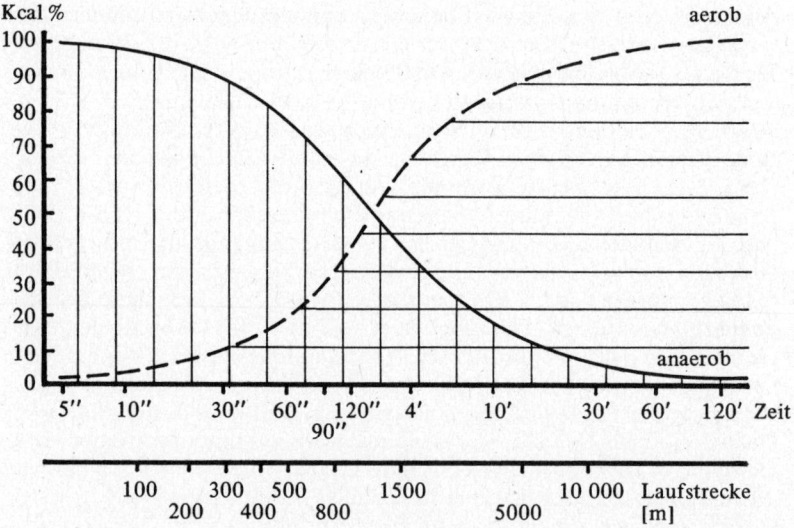

Abb. 1: Beziehung zwischen aerober und anaerober Belastung in Abhängigkeit von der Zeit bzw. Laufstrecke (nach Keul)

Das Training muß sich diesen Anforderungen anpassen, wobei es folgende Prinzipien zu beachten gilt:

- Zu Beginn des Trainings steht die Verbesserung der aeroben Ausdauer. Das ist die Möglichkeit, lange zu laufen, ohne eine größere Sauerstoffschuld einzugehen.
- Erst nach Erreichen einer ausreichenden allgemeinen aeroben Ausdauer soll die anaerobe Ausdauer ausgebildet werden.
- Jugendliche sollten hauptsächlich aerobe Arbeit leisten und nur gering anaerob trainieren.
- Frauen sollten circa 75 Prozent des Trainingsumfangs der Männer absolvieren.
- Bereits in jungen Jahren soll die Schnellkraft ausgebildet werden, da sie nach dem 22. Lebensjahr erfahrungsgemäß kaum noch gesteigert werden kann.

Übungs- und Trainingsformen
zum Trainieren des Mittel- und Langstreckenlaufs
- *Übungsschwerpunkt:* Trainingsformen zur Ausbildung der allgemeinen aeroben Ausdauer
Dauerlauf; Dreiecklauf; Fahrtspiel; Minutenläufe; Intervalltraining; Spiele
Der ruhige bis zügige *Dauerlauf* ist die wichtigste Trainingsform zur Ausbildung der aeroben Ausdauer. Er kann durch Läufe im Wald oder Gelände, durch zeitlich oder streckenmäßig begrenzte Abschnitte mit Tempowechsel abwechslungsreich gestaltet werden. Der ruhige Dauerlauf führt zu einer Verbesserung des maximalen Sauerstoffaufnahmevermögens, damit zu einer Steigerung der Organkraft und Ökonomisierung der Stoffwechselprozesse.
Der *Dreiecklauf* dient neben der Ausbildung der allgemeinen Ausdauer zur Tempogewöhnung. Er ist eine jugendgemäße Übungsform nach dem Intervallprinzip, die sich auf begrenztem Raum von beispielsweise 50 Meter Seitenlänge durchführen läßt. Mit Hilfe von Zeitangaben für jede Seitenlänge oder für mehrere Seiten nacheinander wird das Tempogefühl geschult. Nach der angegebenen Zeit ertönt ein Pfiff, bei dem die Ecke erreicht sein muß. Wird die Ecke zu früh erreicht, wird trabend gewartet; hat eine Gruppe beim Ertönen des Pfiffs die Ecke noch nicht erreicht, wird gespurtet.
Das *Fahrtspiel*, das auf dem Dauerlauf aufbaut, ist eine Trainingsform in wechselhaftem Gelände, wobei das Lauftempo (die ‹Fahrt›) dem Gelände angepaßt wird. So wird getrabt, ein leichter Hügel bergauf gesprintet, bergab treiben gelassen, auf sandigem, nachgebendem oder weichem Moosboden gelaufen (siehe dazu auch *Schema 2*: Bekannte Trainer und ihre Trainingsmethoden, S. 89). *Minutenläufe* sind Läufe

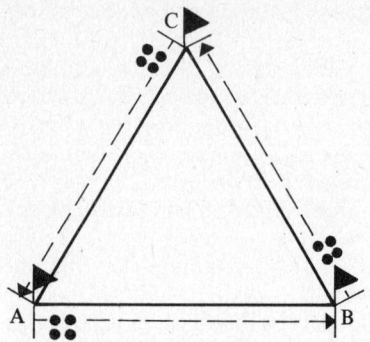

Streckenlänge: 50 Meter
Zeit: 18 bis 15 Sekunden   *Abb. 2:* Dreiecklauf

in geringem Tempo nach Minutenangaben. Es können Programme
gelaufen werden, wie zwei, vier, sechs, vier, zwei Minuten mit Trab-
oder Gehpausen zur Erholung. Der Puls soll während der Belastung bei
150 Schlägen/Minute liegen; bei 120 Schlägen/Minute beginnt die
neue Belastung.

Das *Intervalltraining* mit kurzen Strecken und kurzen Pausen zwischen
den einzelnen Läufen wird im Ausdauertraining nur noch selten angewendet. Im allgemeinen werden beim Training nach dem Intervallprinzip heute längere Strecken gelaufen.

Spiele über längere Zeit wie Handball, Fußball, Basketball usw. fördern
die allgemeine aerobe Ausdauer und bringen eine willkommene Abwechslung in das Training des Leichtathleten.

● *Übungsschwerpunkt:* Trainingsformen zur Ausbildung
der allgemeinen anaeroben Ausdauer
● Wiederholungsläufe
● Tempoläufe
● Tempowechselläufe
● Intervallsprints
● alle Trainingsformen zur Ausbildung der Schnelligkeit

Beim *Wiederholungslauf* werden wenige Läufe über unterschiedliche
Streckenlängen mit hohem Tempo und Pausen bis zur vollständigen
Erholung durchgeführt. Da das Tempo sehr hoch ist, können nur wenige Läufe absolviert werden, und die Pausen müssen entsprechend lang
sein.

Der *Tempolauf* im Renntempo bei geringer Wiederholungszahl ist die
wichtigste Trainingsform für die Schnelligkeitsausdauer. Tempoläufe
sollten auch über die Wettkampfstrecke hinaus durchgeführt werden,

und zwar wegen der Anpassung und auch aus psychologischer Sicht, um die Angst vor der längeren Strecke zu nehmen. Tempostrecken, die länger als die jeweilige Spezialstrecke sind, sollten mit einer um 20 bis 25 Prozent niedrigeren Geschwindigkeit gelaufen werden. Im Bereich der Spezialstrecke sollte das Tempo zehn Prozent niedriger als das der Bestleistung sein.

Tempowechselläufe werden wie die Tempoläufe in hohem Tempo, mit geringer Wiederholungszahl und langen Pausen durchgeführt. Das Tempo wird mehrmals geändert, zum Beispiel auf einer Strecke von 3000 Meter alle 500 Meter.

Intervallsprints mit kurzen, intensiven Belastungen (40-Meter-Sprints) und Trabpausen (60-Meter-Traben) werden in häufiger Wiederholung über Strecken bis zu 1200 Meter durchgeführt.

Jugendliche sollten nicht häufig anaerob belastet werden. Während lange Läufe unter aeroben Bedingungen in jedem Alter durchgeführt werden können, hat der jugendliche Organismus nur begrenzt die Fähigkeit, unter hoher Sauerstoffschuld Arbeit zu leisten. Erst mit zunehmendem Alter sollte, aufbauend auf der aeroben Ausdauer, die anaerobe Ausdauer ausgebildet werden. Der Anteil der anaeroben Arbeit im Gesamttrainingsumfang sollte aufbauend zwischen 10 bis 20 Prozent bei den Jugendlichen und bis maximal 50 Prozent bei den Erwachsenen liegen. Bei Jugendlichen gilt allgemein das Prinzip: Umfang vor Intensität.

Nach einem Tag mit vorwiegend anaerobem Training sollte ein Tag Ruhe oder ein Trainingstag mit reiner aerober Arbeit folgen, da als Erholung meist mehr als 24 Stunden nötig sind.

● *Übungsschwerpunkt:* Krafttraining für Mittel- und Langstreckenläufer
Starts; Sprints über 40 bis 60 Meter (aus Tiefstart oder fliegendem Start); Antritte; Koordinationsläufe; Steigerungsläufe
Die Grundschnelligkeit sollte im Jugendalter entwickelt werden. – Hinweise zur Ausbildung der Schnelligkeit siehe im Kapitel «Sprint».

Übungsschwerpunkt: Krafttraining für Mittel- und Langstreckenläufer
Im Mittel- und Langstreckenlauf hat das Krafttraining die Aufgabe, im Sinne einer allgemeinen athletischen Durchbildung die Voraussetzungen für das Durchhalten der längeren Strecke zu schaffen. Kraftübungen des Sprinttrainings können mit geringeren Gewichten und unter erleichterten Bedingungen ausgeführt werden. Es wird – weniger häufig als im Sprint – in der Übergangs- und Vorbereitungsphase durchge-

führt. Als organisatorische Form eignet sich sehr gut das Circuittraining (siehe auch «Leichtathletik 2», rororo sachbuch 7009).
Das Krafttraining zielt nicht auf einen unnötigen Muskelzuwachs, den der Läufer als Ballast mittragen muß. Insofern sollte das Krafttraining für den Mittel- und Langstreckenläufer mit geringer Belastung, dafür aber vielen Wiederholungen veranstaltet werden. Dabei unterscheidet sich das Krafttraining des Mittelstreckenläufers durch die etwas höhere Belastung von dem des Langstreckenläufers; denn der Mittelstrecken-läufer benötigt mehr Kraft für Spurts und das allgemein höhere Tempo. Der Langstreckenläufer wird neben einer allgemeinen Rumpf- und Armkräftigung gleichsam als Erschwerung auf Sand oder Dünen, berg-auf, bergab usw. laufen, um die Beinmuskulatur zu kräftigen.

Wettkampfvorbereitung
Zur Vorbereitung auf Wettkämpfe gehören die
● Periodisierung des Trainings im Jahresablauf
● Trainingsgestaltung vor dem Wettkampf
● Häufigkeit der Wettkämpfe

Periodisierung
Wie auch in den anderen Disziplinen unterliegt das Training des Mittel- und Langstreckenläufers einem zyklischen Aufbau. Die sogenannte Periodisierung beinhaltet eine unterschiedliche Gewichtung von Bela-stung und Umfang. Neben der einfachen Periodisierung gewinnt im Mittel- und Langstreckenlauf zunehmend die Doppelperiodisierung an Bedeutung, da nicht mehr auf einem Gipfel in der Wettkampfperiode hingearbeitet wird. Hallenwettkämpfe für Mittelstreckenläufer sowie Crosswettbewerbe und Waldlaufmeisterschaften setzen auch für die Langstreckenläufer einen frühen ersten Gipfel vor der eigentlichen Wettkampfperiode.
Eine Übersicht über die Trainingsziele und Trainingsformen zeigt *Schema 1.* Mittel- und Langstreckenläufer werden im gemeinsamen Training erst in der Wettkampfperiode nach ihren spezifischen Aufga-ben getrennt. Bis dahin gestaltet sich der Aufbau (mit Ausnahme der anaeroben Trainingsarbeit in der Vorbereitungsperiode) mit geringen Abweichungen von den Zielen her gleich.

Trainingsgestaltung vor dem Wettkampf
Etwa eine Woche vor dem Wettkampf wird der Trainingsumfang stark reduziert und verstärkt Übungen zur Schnelligkeitsentwicklung sowie Tempoläufe durchgeführt. Vor dem Rennen werden zwei bis drei Ru-hetage eingelegt. Die meisten Läufer unterziehen sich einen Tag vor dem Rennen – auch zur Ablenkung – einem leichten Auflockerungs-training.

	Vorbereitungsperiode						Wettkampfperiode				

Übergangsperiode — Vorbereitungsperiode — Wettkampfperiode

Leistungszuwachs im Jahresverlauf

Übergangsperiode	Vorbereitungsperiode					Wettkampfperiode				
Oktober November	Dezember	Januar	Februar	März	April	Mai	Juni	Juli	August	September

Trainingsziel:
physische und psychische (nervliche) Erholung

Funktionszustand erhalten

Gewichtszunahme verhindern

Trainingsziel:
Leistungssteigerung mit Verbesserung der allgemeinen aeroben Ausdauer

Verbesserung und Ökonomisierung des Bewegungsablaufs

im 2. Teil der Vorbereitungsperiode Intensität steigern

verstärktes Training zur Schnelligkeit und Schnelligkeitsausdauer

anaerobe Belastung nimmt zu:
10 bis 15 Prozent für Langstreckenläufer
10 bis 20 Prozent für Mittelstreckenläufer

Trainingsziel:
Grundschnelligkeit und spezifische Ausdauer auf den optimalen Stand bringen

psychische Qualitäten (Willens- und Kampfkraft) steigern

physische und psychische Belastung durch Rennen im Training berücksichtigen und Überbelastungen vermeiden

(eventuell leichte Verminderung des Trainingsumfangs und der Intensität)

Trainingsformen:
ruhige Dauerläufe

Spiele in der Halle (Handball, Fußball, Basketball, Volleyball)

andere Sportarten, wie Radfahren, Schwimmen etc.

Trainingsformen:
verschiedene Dauerläufe, zügig, mit Tempoverschärfung, Fahrtspiel, Bergaufläufe

Spiele

Gymnastik, Circuittraining

Tempoläufe – Tempowechselläufe

Steigerungsläufe

Reaktionsschulung

Trainingsformen:
Dauerläufe verschiedener Art

Fahrtspiel

Wiederholungsläufe

Intervallsprints (40 Meter schnell – 60 Meter traben)

Minutenläufe

Tempowechselläufe

Starts, Antritte, Steigerungsläufe,

Reaktionsübungen

Schema 1: Periodisierung des Trainings im Mittel- und Langstreckenlauf

Häufigkeit der Wettkämpfe
Alle zwei bis drei Wochen sollte ein Rennen über die Spezialstrecke durchgeführt werden. Es können auch Rennen gelaufen werden, die unterhalb und oberhalb der Spezialstrecke liegen (siehe *Schema 2*).

Die Taktik im Mittel- und Langstreckenlauf

Taktik ist die planende Gestaltung des Wettkampfs. Sie kann über Sieg oder Niederlage, über eine gute oder schlechte Zeit entscheiden. Man unterscheidet zwei Arten der Taktik:
- Gestaltung des Rennens, um zu siegen (‹Laufen auf Sieg›)
- Gestaltung des Rennens, um eine optimale Zeit zu erreichen (‹Laufen auf Bestzeit›)

Beim ‹Laufen auf Sieg› muß der Läufer das eigene Leistungsvermögen in der Auseinandersetzung mit den Gegnern berücksichtigen: Wo liegen die Stärken der anderen Läufer? Befindet sich unter ihnen ein Läufer, der besonders gut spurten kann, dann sollte man das Tempo auf der gesamten Strecke so schnell machen, daß dieser seinen Spurt nicht relativ frisch ansetzen kann, sondern bereits ermüdet ist. Als spurtstarker Läufer sollte man allerdings versuchen, das Tempo zu verlangsamen (‹verbummeln›), um im Spurt siegen zu können. Die Stärken oder Schwächen der Gegner sind eventuell durch Zwischenspurts zu prüfen.

Beim ‹Laufen auf Bestzeit› muß, unabhängig von den anderen Läufern, ein Plan zurechtgelegt werden, wie schnell die einzelnen Teilstrecken durchlaufen werden sollen; es ist also eine sogenannte ‹Marschtabelle› aufzustellen. Die Absicht eines solchen Plans ist, einerseits einem Verbummeln entgegenzuwirken, andererseits eine vorzeitige Erschöpfung zu vermeiden. Da die Geschwindigkeit möglichst gleich bleiben soll, muß als Voraussetzung im Training das Gefühl für ein gleichmäßiges Tempo erworben werden.

Das Grundkonzept einer *Marschtabelle* gibt die folgende Übersicht: Wenn man 1500 Meter in der Zeit von vier Minuten laufen möchte, können die Zwischenzeiten wie folgt berechnet werden:

100-m-Zeit =	240 Sek. : 15 =	16 Sek.
400-m-Zeit =	4 × 16 Sek. =	64 Sek.
800-m-Zeit =	8 × 16 Sek. =	2 : 08 Min.
1200-m-Zeit =	12 × 16 Sek. =	3 : 12 Min.
1500-m-Zeit =	15 × 16 Sek. =	4 : 00 Min.

Für das Einhalten des Plans benötigt man einen Helfer, der signalisiert, ob die Zeit eingehalten, unter- oder überschritten wurde.

Eine weitere Möglichkeit zur Berechnung der Zwischenzeiten für die Teilstrecken ist die der Streckenhalbierung. Soll etwa die 400-Meter-Zwischenzeit für den 800-Meter-Lauf berechnet werden, so nimmt man die 400-Meter-Bestzeit und gibt, je nach Leistungsvermögen,

Bezeichnung	Trainings-methode	Beschreibung und besondere Merkmale
Terrassentraining nach Pihkala	Terrassentraining (Intervallprinzip)	Der Finne Pihkala, Trainer Nurmis, hat als erster dem häufigeren Laufen über kurze Strecken mit höherer Intensität größere Bedeutung beigemessen als dem Laufen über längere Strecken in mäßiger Geschwindigkeit. Belastung und Erholung sollen sich wellenförmig abwechseln. Bei seinem hauptsächlich im Gelände durchgeführten Terrassentraining baut jede Belastung in Form einer Terrasse auf der vorhergehenden auf.
Fartlek (Fahrtspiel) nach Holmér/Olander	komplexes Training	Das Fartlek (Fahrtspiel) ist ein Spiel mit der Fahrt, das heißt mit der Geschwindigkeit. Es wird über unterschiedlich lange Strecken im Gelände durchgeführt und paßt sich mit wechselnder Geschwindigkeit den Gegebenheiten des Geländes an. Es dient gleichzeitig dem Erwerb von Schnelligkeit und Ausdauer. Ein 1–2stündiges Training kann folgenden Aufbau zeigen: ● Einlaufen (5–10 Min.) ● 1200–2400 m in gleichmäßigem Tempo ● Gehen (5 Min.) ● Intervallauf: 50-m-Sprints – 50-m-Trabpausen bis zu leichter Ermüdung ● Lauf mit kurzen Antritten ● 160–180 m volles Tempo bergauf ● Traben (evtl. Wiederholung der Runde).
Waldnieler Ausdauertraining nach van Aaken	Ausdauermethode	Im Gelände und auf Straßen durchgeführtes Training zur Verbesserung der allgemeinen aeroben Ausdauer und Koordination. Die Belastungen sollen nicht in den anaeroben Bereich gehen, der bei Pulsfrequenzen von über 130 Schlägen/Min. beginnt. Der Trainingsumfang ist nach Wettkampfstrecken abgestuft (Trainingskilometer für das tägliche Training in Klammern hinter der Wettkampfstrecke): 400 m (= 6 km), 800 m (= 10 km), 1500 m (= 15 km), 3000 m (= 20 km), 5000 m (= 25 km), 10 000 m (= 30 km), Marathonläufer 40–80 km). Für das Lauftraining gibt es darüber hinaus verschiedene Varianten, z. B. 10 x 350 m Traben mit 50 m Gehpausen, danach 2000 m mit 2 Min. Schonzeit gegenüber Bestzeit, danach 5 x 350 m und 2000 m mit 1,5 Min. Schonzeit. Später Tempoläufe über die der Wettkampfstrecke verwandten Strecken mit Schonzeiten von 10 Sek. bei 600 m und 4 Min. bei 5000 m.
Freiburger Intervalltraining nach Gerschler/Reindell	Intervalltraining	Das Intervalltraining Freiburger Prägung wird über kurze Strecken (100–300 m) mit hoher Belastungsintensität (60–80 %) und kurzen Pausen 30 Sek.–3 Min.) durchgeführt. Nach Pulsfrequenzen von 180 Schlägen/Min. erfolgt überlappend, ehe die volle Erholung eingetreten ist, bei 120–130 Schlägen/Min. der neue Reiz (= neue Belastung). Besondere Bedeutung hat das Intervalltraining durch die schnelle Herzvergrößerung (Wirkung in der Pause), in Hinsicht auf den Stoffwechsel bei anaerober Energiegewinnung und zum Training der Willensstärke. Trainingsumfang: 20–40 oder gar 60 Belastungsreize pro Trainingseinheit.
Polnisches Laufspiel nach Mulak	komplexes Training	Das (Polnische Laufspiel) geht auf das (Fahrtspiel) zurück und wird wie dieses im Gelände durchgeführt, unterscheidet sich aber durch gymnastische Übungen als Teil des Programms und durch den systematischen Aufbau: ● Aufwärmen (45 Min.) mit Traben, Gymnastik, Dehnung, Lockerung ● Schulung des Laufrhythmus (20 Min.) mit Steigerungsläufen 4–6mal 150–200 m ● Tempoläufe (15–20 Min.) 5–10mal 300–800 m im Tempo des 1000–3000-m-Läufers ● Beruhigung (30 Min.) Sprünge, Lockerungsübungen, Traben
Naturmethode nach Cerutty	komplexes Training	Die Naturmethode geht auf das Fahrtspiel zurück und will, eingebettet in eine Weltanschauung, ein Training jenseits der künstlichen Lebensbedingungen der modernen Zeit mit voller Konzentration auf das Laufen. Das Training wird ohne festgelegten, stereotypen Plan mit hoher Intensität (75 % bis Renntempo) durchgeführt. Dazu kommen Gewichtstraining, Kraftlauf unter besonderer Betonung des Kraftabdrucks, Schwimmen und insbesondere einmal im Monat Sanddünen-Bergauflaufen bis zur fast völligen Erschöpfung. Alle Komponenten des Lauftrainings sind enthalten: Sprintläufe, Tempoläufe, Intervalldauerlauf, Kraftarbeit. Auffallend ist die hohe Zahl der Trainingskilometer (in Klammern hinter den Wettkampfstrecken): 100–200 m (Vorbereitungsperiode: 16–32 km/Wettkampfperiode: 16 km), 400–600 m (32–64 km/16–32 km), 800 m – 1 Meile (64–80 km/64–80 km), 1500–5000 m (80–96 km/64–80 km), 5000–10 000 m (160 km/80–96 km), Marathon (96–160 km/etwas weniger, aber schneller).
Marathontraining nach Lydiard	Ausdauermethode	Das Lydiard-Training mit sehr vielen Trainingskilometern (100 Meilen/Woche) ist systematisch auf ein großes Rennen der Saison aufgebaut: ● 10–20 Wochen Crosstraining ● 10 Wochen Marathontraining ● 6 Wochen Hügeltraining ● 10 Wochen Formtraining ● Rennen ● 6–16 Wochen formerhaltendes Training. Auf Grund der durch Marathontraining und Bahntraining vorhandenen sehr hohen Ausdauer werden auf der Bahn Formkontrolläufe in Form von Wiederholungsläufen unter sehr hoher Belastung durchgeführt.
Training nach Igloi	Intervalltraining	Das Igloi-Training ist ein intensives Serientraining (mehrere kurze Läufe mit kurzen Pausen in Serien, zum Beispiel 3 Serien à 10 x 200 m), bei dem nach dem Intervallprinzip zweimal täglich trainiert wird. Als Belastung werden bis zu 40 km in Renntempo auf der Bahn gelaufen. Das Training ist sehr personengebunden, da in der Trainingspraxis an Hand des jeweiligen Ermüdungszustandes die individuelle Belastung festgelegt wird.

Schema 2: Bekannte Trainer und ihre Trainingsmethoden

sogenannte ‹Schonzeiten› zu. Die Summe aus der 400-Meter-Bestzeit plus Schonzeit ergibt die 400-Meter-Zwischenzeit. Die erste Hälfte der Rennstrecke wird allgemein etwas schneller geplant. Wird die zweite Hälfte schneller gelaufen, so muß die Zwischenzeit heraufgesetzt werden.

Schema 3 zeigt die Zwischen- und Schonzeiten für verschiedene Mittel- und Langstrecken. Sie sollen nur eine Richtschnur sein, da genaue Zwischenzeiten nur individuell aus der Trainingspraxis festgelegt werden können. – Eventuell müssen die Schonzeiten für Anfänger verdoppelt werden. Stets aber ist, vor allem bei den Mittelstrecken, auf eine schnellere erste Hälfte und ab 3000 Meter auf ein möglichst gleichmäßiges Tempo Wert zu legen.

Lowe, Olympiasieger über 800 Meter 1924 und 1928, hat fünf taktische Regeln aufgestellt:

● Laufe auf der Innenbahn.
● Überhole nie in der Kurve.
● Halte dich an den Führenden.
● Sieh dich nicht um.
● Stecke niemals im Spurt auf.

Diese Regeln sind nicht kritiklos hinzunehmen, sondern an den Leistungen der Läufer zu messen.

Volle Gültigkeit haben die ersten beiden Regeln, da der Lauf auf der 2. Bahn durch eine Kurve um 3,61 Meter länger wird. Wer also in der Kurve einen Läufer überspurten möchte, muß mindestens drei Meter mehr laufen. Läuft er eine ganze Runde auf der 2. Bahn, so muß er sogar circa sieben Meter mehr zurücklegen.

An den Führenden sollte man sich nur dann halten, wenn das Tempo nicht zu hoch ist und somit zur Aufgabe des Rennens zwingen könnte.

Das Umsehen stört den Schrittrhythmus und kann den Verfolger ermutigen, das Tempo zu verschärfen, weil er eine Ermüdung vermutet.

Aus einem verlangsamten Spurt wieder anzutreten, ist sehr schwer; deshalb sollte der Spurt bei vorhandener Kraft möglichst durchgehalten werden.

Für den Mittelstreckenlauf gilt neben diesen taktischen Regeln noch eine weitere: Man soll sich nicht einschließen lassen.

Wird in Mannschaften gelaufen, so sollten sich die Läufer in der schwierigen Führungsarbeit abwechseln und unterstützen.

Nicht zuletzt gehört auch die Vorbereitung des Wettkampfes zur Taktik, wie Vertrautmachen mit dem zeitlichen Ablauf der Wettkämpfe, Lage und Einrichtungen des Stadions, Gelände der Marathonstrecke usw.

	Zwischenzeiten			
800 m	1. Teilstrecke (= 400 m)	2. Teilstrecke (= 400 m)		
	400-m-Bestzeit + 3 bis 5 Sekunden	400-m-Bestzeit + 7 bis 8 Sekunden		
	Zwischenzeiten			
1500 m	1. Teilstrecke (= 400 m)	2. Teilstrecke (= 400 m)	3. Teilstrecke (= 400 m)	letzte 300 m
	400-m-Bestzeit + 10 bis 15 Sekunden	400-m-Bestzeit + 12 bis 17 Sekunden	400-m-Bestzeit + 14 bis 19 Sekunden	ca. Durchschnittstempo der letzten 400 m
	Zwischenzeiten			
3000 m	1. Teilstrecke (= 1500 m)	2. Teilstrecke (= 1500 m)		
	1500-m-Bestzeit + 20 Sekunden	1500-m-Bestzeit + 20 bis 25 Sekunden		
5000 m	Zwischenzeiten für die einzelnen 1000-m-Teilstrecken: 1000-m-Durchschnittszeit der 3000-m-Bestzeit + 7 bis 10 Sekunden			
10 000 m	Zwischenzeiten für die einzelnen 1000-m-Teilstrecken: 1000-m-Durchschnittszeit der 5000-m-Bestzeit + 6 bis 12 Sekunden			
Marathon-lauf	Zwischenzeiten für die einzelnen 10 000-m-Teilstrecken: 10 000-m-Bestzeit + 2 bis 5 Minuten Schonzeit			

Schema 3: Zwischen- und Schonzeiten für Mittel- und Langstrecken

Rahmentrainingsplan für Mittelstreckenläufer
Vorbereitungsperiode (November bis April)

Tag	Übungsschwerpunkt	Min.	Trainingsbeispiel
1. Tag Wald	aerobe Ausdauer Schnelligkeit	15 50–60 10	Einlaufen mit Gymnastik zur Dehnung und Lockerung ruhiger Dauerlauf (12 km) mit Tempoverschärfung auf den letzten 2–3 km, 3–4 Steigerungsläufe (120–140 m) ruhiges Traben
2. Tag Wald	aerobe Ausdauer anaerobe Ausdauer	60 25 10	Fahrtspiel (12 km) mit Aufwärmen und Gymnastik ruhiger Dauerlauf mit 3–4 Tempoverschärfungen auf Strecken zwischen 200–1200 m 3–4 Bergaufläufe ruhiges Traben
3. Tag Halle	aerobe Ausdauer anaerobe Ausdauer Schnelligkeit Kraft Beweglichkeit	10 15 15 20 30	Aufwärmen Gymnastik zur Beweglichkeit und Dehnung Circuittraining: 2 Durchgänge an 10 Stationen mit 20 Sekunden Übungszeit zwischen beiden Durchgängen, 3 Minuten Pause Reaktionsspiele und Übungen zur Schnelligkeitsentwicklung Spiel (Basketball)
4. Tag Wald	aerobe Ausdauer	60–70 15	zügiger Dauerlauf (15 km); nach der Hälfte der Strecke Gymnastik

Rahmentrainingsplan für Mittelstreckenläufer
Wettkampfperiode (Mai bis September)

Tag	Übungsschwerpunkt	Min.	Trainingsbeispiel
1. Tag Wald	aerobe Ausdauer anaerobe Ausdauer	15 10 45 10	Einlaufen Gymnastik Fahrtspiel nach einem Wett- kampftag in abwechslungsrei- cher Form, sonst mit Tempo- verschärfungen auf Strecken zwischen 150 und 1000 m Traben zur Erholung
2. Tag Bahn	aerobe Ausdauer anaerobe Ausdauer Schnelligkeit	15 10 25 15 15 25 10	Einlaufen Gymnastik Schnelligkeitstraining: 5 Starts und Sprints (40–60 m), 3 Steigerungsläufe (150 m), 2 Runden mit Antritten (50 m Sprint, 60 m Traben) Minutenläufe (2–3–2 Min.) 800-m-Läufer: 1000–600–1000 m 1500-m-Läufer: 1600–1200–2000 m im Tem- po circa 10 Prozent unter Wettkampftempo ruhiges Traben zur Erholung
3. Tag Bahn	aerobe Ausdauer anaerobe Ausdauer Schnelligkeit	15 15 10 10 20 20	Einlaufen Gymnastik 3 Koordinationsläufe (100 m) Tempowcchselläufe über 2400 m mit Tempowechsel nach jeweils 400 m 5 × 3-Minuten-Läufe mit Temposteigerung (letzte Min.) ruhiger Dauerlauf
4. Tag	Wettkampf oder Kontrolläufe		

Rahmentrainingsplan für Langstreckenläufer
Vorbereitungsperiode (November bis April)

Tag	Übungsschwerpunkt	Min.	Trainingsbeispiel
1. Tag Wald	aerobe Ausdauer	10 70–80 10	Aufwärmen und Gymnastik ruhiger Dauerlauf im Gelände (15 km) mit Tempoverschärfungen auf Ansteigungen, die letzten 2–3 km in flotterem Tempo laufen ruhiges Traben
2. Tag Wald	aerobe Ausdauer anaerobe Ausdauer	60 15	Fahrtspiel einschließlich: Aufwärmen und Gymnastik, ruhigem Dauerlauf mit 3 Tempoerhöhungen von 5 Minuten, 2–3 Bergaufläufen ruhiges Traben
3. Tag Halle	aerobe Ausdauer anaerobe Ausdauer Schnelligkeit Kraft Beweglichkeit	10 15 15 20 30	Aufwärmen Gymnastik zur Beweglichkeit und Dehnung Circuittraining: 2 Durchgänge an 10 Stationen mit 20 Sekunden Übungszeit, zwischen beiden Durchgängen 3 Minuten Pause Reaktionsspiele und Übungen zur Schnelligkeitsentwicklung Spiel (Basketball)
4. Tag Wald	aerobe Ausdauer	80–90 15	ruhiger Dauerlauf (18 km); nach der Hälfte der Strecke Gymnastik

Rahmentrainingsplan für Langstreckenläufer
Wettkampfperiode (Mai bis September)

Tag	Übungsschwerpunkt	Min.	Trainingsbeispiel
1. Tag Wald	aerobe Ausdauer	20 70–80	Aufwärmen und Gymnastik ruhiger Dauerlauf (16 km) mit 2 Tempover- schärfungen (600 m)
2. Tag Bahn	aerobe Ausdauer anaerobe Ausdauer Schnelligkeit	15 15 40 20	Aufwärmen und Gymnastik zur Dehnung und Lockerung 3 Steigerungsläufe (150 m) 3 Koordinationsläufe (100 m) Läufe über 400–800–1200– 400 m im Tempo circa 15 Pro- zent unter Wettkampftempo Läufe (4–6–4 Minuten) in ru- higem Tempo zur Erholung
3. Tag Wald	aerobe Ausdauer anaerobe Ausdauer	75 10	Fahrtspiel einschließlich: Aufwärmen und Gymnastik, häufigem Wechsel des Tem- pos – dem Gelände angepaßt, 3–4 Bergaufläufen, zügigem Dauerlauf mit 3 × 3 Minuten verschärftem Tempo ruhiges Traben zur Erholung
4. Tag	Wettkampf oder Kontrolläufe		

Lernkontrollen

In der Vorbereitungsperiode sollte alle vier Wochen über bestimmte
Strecken ein Kontrollauf mit stets gleichen Bedingungen (Streckenlänge, Bodenbeschaffenheit, Klima, Gesundheitszustand) durchgeführt
werden, der Aufschluß über Leistungsstand und Hinweise für eine
weitere Trainingsarbeit gibt. Dabei sollte sich jeder selbst kontrollieren.

● Kontrolle der Schnelligkeit: 100 und 200 Meter in maximalem
  Tempo
● Kontrolle der Schnelligkeitsausdauer: Läufe über 400 und 800
  Meter
● Kontrolle der Ausdauer: Läufe über 5000 bis 10 000 Meter

Die wichtigsten Wettkampfbestimmungen

Die im Kapitel «Der Sprint» angeführten Wettkampfbestimmungen
gelten auch für die Mittel- und Langstrecken. Darüber hinaus gibt es für
diese Strecken folgende wichtige Wettkampfregeln:
Bei allen Veranstaltungen lautet das Kommando bei Läufen bis einschließlich 800 Meter «Auf die Plätze! – Fertig!», bei allen längeren
Läufen aber nur «Auf die Plätze!» Wenn alle Läufer in ruhiger Haltung
verharren, wird der Schuß abgegeben.
Bei Olympischen Spielen, kontinentalen Wettkämpfen oder Meister-
schaften sollen die 800 Meter bis zum Ende der zweiten Kurve in
Bahnen gelaufen werden. Für den 800-Meter-Lauf sind drei Möglich-
keiten des Starts zulässig:
● Start von der Evolvente (Kurvenvorgabe) und Lauf vom Start weg
  ohne Bahneinteilung
● Start in Einzelbahnen, die durch die erste Kurve einzuhalten sind
● Start in Einzelbahnen, die bis zum Ende der zweiten Kurve einzuhalten sind
Bei allen Läufen, die nicht in Einzelbahnen gelaufen werden, muß die
Startlinie so gezogen werden, daß alle Läufer die gleiche Strecke zu
durchlaufen haben (Evolvente).
Der Marathonlauf (42,195 Kilometer) soll auf ausgebauten Straßen,
nicht auf Grasstreifen oder ähnlichem gelaufen werden. Start und Ziel
sollen innerhalb eines Stadions liegen. Die Veranstalter haben nach
zehn Kilometern und von da ab alle weiteren fünf Kilometer Verpflegungsstationen einzurichten. Zusätzlich sind in der Mitte zwischen zwei
Verpflegungsstationen weitere Erfrischungsstellen einzurichten, an denen aber nur Wasser gereicht wird. Die Läufer dürfen nur die vom
Veranstalter gereichte Verpflegung oder Erfrischung zu sich nehmen.
Jedoch kann ein Teilnehmer die Art der Erfrischung nennen, die er
wünscht. Diese muß dann – sofern sie genehmigt wird – dem Veranstal-

ter ausgehändigt werden, der Ort und Zeit für Ausgabe bestimmt.
Jeder Läufer muß mit seiner Meldung das Zeugnis eines approbierten
Arztes einreichen, in dem bescheinigt wird, daß die körperliche Verfassung die Teilnahme an einem derartigen Lauf zuläßt. Dieses Attest darf
nicht älter als 30 Tage sein.
Alle Mittel- und Langstreckenläufe mit Ausnahme der Marathonstrek-
ke werden auf Bahnen gelaufen. *Abbildung 3* zeigt eine 400-Meter-
Bahn mit Start und Ziel sowie der Angabe der Runden bei den verschiedenen Strecken.

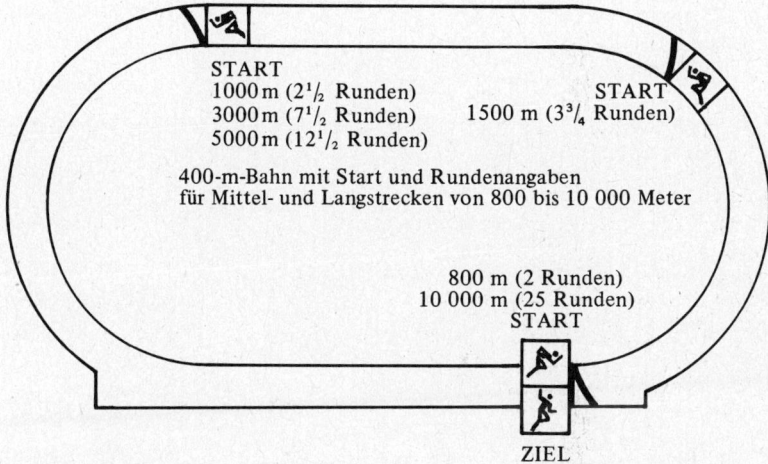

Abb. 3: 400-m-Bahn mit Start und Rundenangaben für Mittel- und Langstrek-
ken von 800 bis 10 000 Meter

Der Hürdenlauf

Die Hürdenstrecken:

Männer:	110 m	männliche Jugend	A: 110 m
	200 m		400 m
	400 m	männliche Jugend	B: 110 m
			300 m
Frauen:	100 m	weibliche Jugend	A/B: 100 m
	400 m		
Schüler A:	80 m	Schülerinnen	A: 80 m
Schüler B:	60 m	Schülerinnen	B: 60 m

(Hürdenmaße und Streckenlänge siehe Seite 126 f).

Der Sprint über die Hindernisse
Vor rund hundert Jahren begnügten sich britische College-Schüler nicht mehr damit, ihre Kräfte im schnellen Lauf über flache Laufstrekken zu messen, sondern sie setzten – dabei mehr springend als laufend – über aufgestellte Hindernisse hinweg. Die verwendeten Hindernisse waren dreieinhalb Fuß hoch (1,06 Meter) und entstammten den in der Schafzucht verwendeten Schafhürden. Kurioserweise hat sich die Schafhürdenhöhe bis in die olympische Neuzeit hinein gehalten. Gelegentlich betrug die damals verwendete Hürdenhöhe nur ein Yard; auch diese Höhe wird noch heute (im 400-Meter-Hürdenlauf) verwendet. Nimmt man die schon im vorigen Jahrhundert verwendeten Hürdenabstände von zehn Yards (9,14 Meter) sowie die erste Laufstrecke von 120 Yards (109,98 Meter) hinzu, so läßt sich unschwer feststellen, daß seit über hundert Jahren alles beim alten geblieben ist. Dieser Umstand

spricht sicherlich nicht für diejenigen, welche die Geschicke der internationalen Leichtathletik verantwortlich leiten.

In Deutschland notierte man erstmalig 1882 einen 150-Meter-‹Herrenlauf›, der vom Hamburger Sport-Club auf einem Pferderennplatz in Altona veranstaltet wurde und der über die natürlichen Hecken der Rennbahn führte.

Ein Jahrhundert dauerte der Weg vom damaligen *steeple chase* bis zum 13,0-Sekunden-Weltrekordlauf des Franzosen Guy Drut am 22. August 1975 im Berliner Olympiastadion.

Die Technik des Hürdenlaufs

Der Hürdenlauf ist ein ‹Zwangslauf› (Miszangyi), also kein freier Sprint. Der Hürdenläufer hat dementsprechend Schrittzahl, Schrittlänge und Schrittrhythmus den durch die Wettkampfbestimmungen vorgeschriebenen Hürdenmaßen anzugleichen. Hierbei wird er durch zweckmäßige Schritteinteilung im Anlauf an die erste Hürde und im Lauf zwischen den Hürden einen möglichst gleichmäßigen Lauf anstreben. Ein Ausgleichen der Hürdenabstände durch fehlerhaftes Trippeln oder Langziehen der Schritte wirkt sich nachteilig auf die Leistung aus.

Während die Schrittzahl im Anlauf und zwischen den Hürden auf den kurzen Sprintstrecken im allgemeinen festliegt und nicht verändert werden kann, spielt der Hürdenrhythmus – die Schrittzahl zwischen den Hürden – auf der langen Hürdenstrecke (400 Meter für Männer und männliche Jugend A, 300 Meter männliche Jugend B, 400 Meter für Frauen) eine entscheidende Rolle. Er muß zusätzlich zur Hürdentechnik geschult werden.

Die Hürdentechnik spielt je nach der Hürdenstrecke eine unterschiedliche Rolle. Der 110-Meter-Hürdenlauf der Männer und der männlichen Jugend ist technisch am schwierigsten. Weniger große Anforderungen an die Hürdentechnik stellt der Lauf über die 84 Zentimeter hohe Hürde für Frauen und der Lauf über die 91,4 Zentimeter hohe Hürde beim 400-Meter-Hürdenlauf (Männer, männliche Jugend A).

Seit 1961 besteht der Hürdenlauf für Jungen und Mädchen ab zehn Jahren im Programm der Bundesjugendspiele. Die günstige Wertung beim Hürdenlauf gegenüber den übrigen Flachlaufstrecken hat dennoch nicht bewirken können, daß der Hürdenlauf zu einer bevorzugten Disziplin jugendlicher Läufer geworden ist. Das ist um so bedauerlicher, als der besondere Wert des Hürdenlaufs für eine allgemeine Bewegungsschulung unbestritten ist.

Hürdenläufer sind Mehrkämpfernaturen. Das ständige Laufen über Hürden wirkt sich vorteilhaft für viele Leichtathletikdisziplinen aus: Das fortwährende Abstoßen vor der Hürde wirkt sprunggelenkkräftigend und beeinflußt alle Sprung- und Wurfleistungen positiv. Das zentimetergenaue Durchlaufen der Hürdenabstände bewirkt mit der Zeit ein gleichmäßiges Schrittmaß des Läufers und beseitigt allmählich alle Schwierigkeiten bei Anläufen zu den verschiedenen Sprüngen. Zudem führt eine regelmäßige Gymnastik mit der Zeit zu einer Verfeinerung des Bewegungsempfindens. Kurzum: Der Hürdenlauf begünstigt fast alle weiteren Leichtathletikdisziplinen.

Daß Hürden- und Mehrkampfereignung Hand in Hand gehen, haben nicht zuletzt Martin Lauer, Klaus Schiprowski, Heide Rosendahl und Ingrid Becker sowie in jüngster Zeit der Hürdenweltrekordler Guy Drut bewiesen.

Dagegen darf nicht verkannt werden, daß die Schulung des Hürdenläufers auf nicht geringe Schwierigkeiten stoßen kann. Wo die fachlichen Voraussetzungen für den Hürdenlauf beim Übungsleiter fehlen, wird jedes noch so große Hürdentalent entweder unentdeckt bleiben oder nicht voll zur Entfaltung kommen. Zudem muß der Läufer die körperliche Voraussetzung für diese Disziplin mitbringen. Die Hürdeneignung spielt auf der langen und der kurzen Strecke eine unterschiedliche Rolle. Als Voraussetzung für den Hürdensprint gelten folgende Eigenschaften: Körpergröße, vor allem jedoch Langbeinigkeit; Schnelligkeit und Sprintfähigkeit; Beweglichkeit/Gelenkigkeit, besonders im Bereich des Hüftgelenks zum Erlernen einer guten Hürdentechnik. Als Hauptvoraussetzung für die langen Hürdenstrecken gelten Grundschnelligkeit, Schnelligkeitsausdauer, Rhythmusgefühl und Kampfmoral. Dagegen spielt die Hürdentechnik hier keine überragende Rolle.

Organisatorische Schwierigkeiten beim Hürdenlaufen bestehen vor allem im Fehlen geeigneter Übungs- und Wettkampfhürden. Für die Durchführung eines Wettkampfes sind zumindest zwei Sätze (20 Stück) erforderlich. Wo Wettkampfhürden fehlen und eine Neuanschaffung auf absehbare Zeit nicht möglich ist, sollten diese bei den Stadtverwaltungen oder Stadionverwaltungen ausgeliehen werden. Für die Schulung der Anfänger empfiehlt sich die Kinderhürde, welche von 40 Zentimeter an auf alle Höhen bis einschließlich 1,06 Meter gestellt werden kann. Kinderhürden ähneln kleinen Hochsprungständern. Bambusstäbe, welche die Hürdenlatten ersetzen, werden auf Auflegeplatten lose aufgelegt und können nach beiden Richtungen hin überlaufen werden. Obgleich die Hürdentechnik auf den verschiedenen Hürdenstrecken von unterschiedlicher Bedeutung ist, sollten sich alle Hürdenläufer, gleichgültig welche Strecke sie künftig laufen, zunächst mit einer allgemeingültigen Grundtechnik vertraut machen. Es ist ein Irrtum zu glauben, eine hervorragende Hürdentechnik käme nur den Hürdensprintern zugute. Unter läuferisch gleich starken Langhürdlern wird immer derjenige den kürzeren ziehen, der hürdentechnisch unterlegen ist. Bis zum 400-Meter-Hürdenendlauf bei den Olympischen

Spielen 1968 in Mexiko hatte der Deutsche Gerhard Hennige wie der
spätere Sieger ausgesehen; er war läuferisch seinen Gegnern hoch
überlegen. Im Endlauf gab ihm aber der hürdentechnisch hervorragende Brite David Hemery das Nachsehen.

Es gilt demnach, erst nach dem Erlernen der allgemeingültigen Grundtechnik, welche dem Lauf über die hohe Hürde ziemlich nahe kommt,
sich dem Erlernen der speziellen Hürdentechnik zuzuwenden.

Das Überlaufen der Hürde

Der Überlaufschritt (Foto 1) muß unter allen Umständen flach ausgeführt werden. Nur so bleibt der Laufcharakter gewahrt. Die Länge des
Überlaufschritts steht nicht im Zusammenhang mit der Körpergröße
des Läufers. Wichtig ist jedoch ein möglichst weiter Abstoß vor der
Hürde. Dieser garantiert eine gute Vorlage und eine Landung nahe
hinter der Hürde. Im allgemeinen gilt die Regel: Zwei Drittel des
Überlaufschritts liegen vor der Hürde, ein Drittel dahinter. Die meisten
Verstöße gegen eine gute Hürdentechnik haben ihre Ursache in einem
zu engen oder zu weiten Abstoß vor der Hürde.

1

Nachstehend werden die Hauptmerkmale der guten Hürdentechnik aufgezeigt:

- Weiter Abstoß vor der Hürde (zwei Drittel des Überlaufschritts)
- Abstoß nur mit dem Fußballen
- Der Abstoßfuß setzt beim Abdruck in Laufrichtung vor der Hürde auf
- Das Schwungbein schwingt – Knie voraus – gebeugt und geradlinig an die Hürde. Erst wenn der Oberschenkel waagerecht zur Laufbahn hochgeschwungen ist, erfolgt ein lockeres Ausschleudern des Unterschenkels.
- Beim Abstoß vor der Hürde erfolgt ein sanftes – nicht ruckhaftes – Abducken (Abtauchen) ‹in die Hürde› hinein, damit die Vorlage beim Überlaufen der Hürde gewahrt bleibt. Der Kopf darf jedoch nicht in den Nacken genommen werden; er befindet sich beim Überlaufschritt immer auf gleicher Höhe.
- Der Gegenarm wird nach vorn–tief bis etwa auf die Höhe des Schwungbeinfußes geführt und unterstützt somit die Rumpfvorlage. Der andere Arm (Schwungbeinseite) bleibt möglichst passiv und nahe am Körper; er liegt – leicht angewinkelt – am Rumpf an. Die Schulterachse bleibt immer parallel zur Hürdenlatte.
- Die gute Körpervorlage bewirkt ein nach vorn abgekipptes Becken. In dieser Lage kann das Abstoßbein gut abgewinkelt werden. Das Abstoßbein wird jetzt zum Nachziehbein. Es wird verzögert, das heißt, möglichst spät, dann aber schnell und ohne Unterbrechung nach vorn gebracht, wo es hinter der Hürde den ersten Schritt ausführt.
- Das Niederdrücken des Schwungbeins zur Landung erfolgt aktiv und beginnt schon über der Hürde. Niederdrücken des Schwungbeins und Nachziehen des Nachziehbeins bilden eine synchrone Bewegung, die wie ein Scherenschlag ausgeführt wird.
- Die Landestelle liegt circa eine Fußlänge vor der senkrechten Projektion des Körperschwerpunkts.
- Das Weiterlaufen hinter der Hürde wird durch einen kräftigen Antritt nach der Hürde unterstützt, welcher von einem intensiven Armeinsatz begleitet wird.

6   5   4

Das Vorbild
Guy Drut (Frankreich)
Weltrekordler im 110-m-Hürdenlauf in 13,0 Sekunden
Olympiasieger 1976 (13,30 Sekunden)

Der Olympiasieger von 1976 gilt als der gegenwärtig weltbeste Techniker unter den Hürdensprintern. Die Fotos zeigen, daß die Hürde ohne jede Unterbrechung des Sprintlaufs genommen wird. Als Zeichen des völlig gelösten Sprintstils gilt hierbei das unbeabsichtigte Anfersen des locker schwingenden Unterschenkels (Foto 1 und 2). Drut setzt zum Abdruck vor der Hürde vorbildlich mit dem Fußballen des Abstoßbeins auf. Das Fußgelenk ist beim Abdruck fast festgestellt und gibt nur etwas nach, so daß die Ferse nicht den Boden berührt. So entsteht ein geradezu sanft zu nennendes Abstoßen vor der Hürde, das zum flachen Überlaufen der Hürde befähigt. Während des Hürdenschritts bleibt der Kopf stets auf gleicher Höhe.
Foto 3 zeigt den *weiten* Abstoß vor der Hürde. Das Schwungbein, das im Kniegelenk stark gebeugt ist, schwingt mit dem Unterschenkel locker in die Hürde. Der Oberkörper ‹duckt› leicht in die Hürde; hierdurch wird eine gute Körpervorlage erreicht.

12   11   10

3   2   1

Der Gegenarm (rechts) unterstützt die Körpervorlage, indem die Hand vor–tief greift. Der (linke) Arm auf der Schwungbeinseite verhält sich nahezu passiv und balanciert den Hürdenschritt nur aus (Foto 4). Foto 5 zeigt das nahezu perfekt ausgeschleuderte und gestreckte Schwungbein. Das Nachziehbein beginnt jetzt verzögert, aber sehr schnell die Bewegung nach vorn. Zeitgleich mit dem Vorbringen des Nachziehbeins drückt – gleich einer Scherbewegung – das Schwungbein abwärts und leitet die Landung hinter der Hürde ein (Fotos 6 bis 8).

Die Landung (Foto 9) erfolgt auf dem Fußballen nahe hinter der Hürde. Die Landestelle liegt vor der senkrechten Projektion des Körperschwerpunkts, welcher etwa in der Hüfte angenommen werden kann. Daraus ergibt sich eine vorbildliche Körpervorlage bei der Landung, welche ein ungehindertes Weiterlaufen hinter der Hürde ermöglicht. Das Nachziehbein steuert mit hoher Knieführung (im Foto 9 deutlich zu sehen) den ersten Schritt hinter der Hürde an.

Fotos 10 bis 12: Mit einem energischen Antritt hinter der Hürde wird die nächste Hürde ersprintet. Dabei wird der erste Schritt von einem intensiven Schwung der Arme unterstützt. Der Blick ist beim Lauf bereits auf die nächste Hürde gerichtet.

9   8   7

Fehler beim Hürdenlauf	*Korrekturhilfen*

beim Anlaufen an die erste Hürde:

- zögernder Anlauf — Um Sicherheit zu gewinnen, führen die ersten Läufe an der Hürde vorbei. Abdruck vor der Hürde kontrollieren.

- zu frühes (zu spätes) Aufrichten des Oberkörpers — Beim Anlauf die erste Hürde anschauen.

beim Hürdenschritt

- Überspringen der Hürden — Nicht vor der Hürde aufrichten. Den letzten Schritt nicht langziehen. Nicht den Fuß über die Ferse abrollen.

- zu dichtes Auflaufen an die Hürde — Schritte an die Hürde zählen: «eins und zwei und drei . . .»

- zu tiefes Abducken vor der Hürde — Blickrichtung zur Hürdenlatte

- zu geringe Körpervorlage — Gegenarm greift vor–tief.

- Schwungbein schwingt nicht gebeugt an die Hürde — Knie voraus die Hürde ansteuern

- Schwungbein schwingt nicht geradlinig in die Hürde — Hürde beim Überlaufen auf eine Linie stellen; beim Überlaufen auf Linie achten.

- zu frühzeitiges Nachziehen des Nachziehbeins — Im Vorbeigehen an der Hürde üben: Schwungbein abwärts drükken zeitgleich mit einem Nachziehen des Abdruckbeins (Schwerbewegung); Scherenschlag üben.

- Nachziehbein abduziert zu wenig — Hüftbeweglichkeit verbessern

- seitliches Abheben der Arme — Ellbogen in Kontakt mit dem Oberkörper halten. Die Hand des Gegenarms zeigt mit dem Daumen nach oben.

- zu frühes Aufrichten beim Landen hinter der Hürde — Gegenarm unter Schulterhöhe zurückführen

beim Lauf zwischen den Hürden
und beim Auslauf

● zu weite Landung hinter der Hürde und damit verbunden ein Stauchen	Abstoßentfernung vor der Hürde erweitern
● mangelhafter Armeinsatz beim Antritt hinter der Hürde	Intensivierung des Armeinsatzes, zum Beispiel beim Hopserlauf, schulen
● zu kleiner erster Schritt nach der Hürde	Landestelle hinter der Hürde kontrollieren; Landung vor dem Körperschwerpunkt (KSP) notwendig
● Geschwindigkeitsverlust nach der Hürde	Lauf in die erste (später zweite, dritte usw.) Hürde; Antritt und Lauf in ein zehn Meter dahinter aufgespanntes Zielband

Wie trainiere ich den Hürdenlauf?

Beim Erlernen des Hürdenlaufs müssen folgende allgemeingültige methodisch-didaktische Grundsätze beachtet werden:

● Richtige Auswahl der Hindernisse

Nicht immer und überall stehen geeignete Übungshürden zur Verfügung. Dieser Umstand darf nicht dazu verleiten, für den Hürdenlauf ungeeignete Hindernisse zu benutzen. Dazu zählen alle starren Hindernisse wie Kasteneinsätze, Bänke etc. Selbst die in der Anfängerschulung so häufig benutzten umgelegten Hürden eignen sich nicht. Dagegen sind zu empfehlen: Kinderhürden, Medizinbälle mit aufgelegten Stäben oder Holzpflöcke, Ziegelsteine mit aufgelegten Stäben.

● Verletzungen vermeiden

Starre Hindernisse führen leicht zu Verletzungen und nehmen dem Anfänger die Lust zum weiteren Üben.

● Laufcharakter wahren

Starre Hindernisse oder zu enge bzw. zu weite Hürdenabstände führen zum Über*springen* der Hürden. In der Angst, sich zu verletzen, richtet sich der Anfänger vor der Hürde auf und überspringt das Hindernis, anstatt es zu überlaufen.

● Richtige Wahl der Hürdenabstände

Größere Schwierigkeiten als die Hürden*höhe* bereiten dem Anfänger die Hürden*abstände*. Da ferner in den meisten Übungsgruppen von Jugendlichen unterschiedliche Größenverhältnisse der Übenden (Akzeleration, Retardierung) bestehen, sind anfangs unterschiedliche Hür-

denabstände erforderlich. Erst mit fortgeschrittenem Ausbildungs-
stand der Übenden können die Zwischenräume zwischen den Hürden
erweitert und den wettkampfmäßigen Hürdenabständen angepaßt
werden.
In den wechselnden Jahreszeiten müssen unterschiedliche Hürdenabstände für das Training auf allen Hürdenstrecken gewählt werden. Die
Hürdentechnik der Kurzhürdler und der Hürdenrhythmus der Langhürdler hängt wesentlich von der gegenwärtigen läuferischen Form des
Athleten ab. Im Wintertraining müssen daher die Hürdenabstände, vor
allem auf den längeren Hürdenstrecken, verkürzt werden. Ganz allgemein kann gesagt werden: Die Hürdenabstände sollen Aufforderungs-
charakter haben.
● Langhürdler wählen das rechte Bein als Abstoßbein
Im allgemeinen gilt das Prinzip der Selbsttätigkeit in der schulischen
und außerschulischen Leibeserziehung auch für den Hürdenlauf. Der
Anfänger im Hürdenlauf wählt demnach sein Abstoß- und Nachziehbein selbständig ohne Beeinflussung durch den Übungsleiter. Weniger
die Sprungkraft spielt hierbei eine Rolle als die Bewegungsgeschick-
lichkeit des Übenden.
Eine Ausnahme bilden die Langhürdler und 400-Meter-Hürdenläufe-
rinnen. Beim 400-Meter-Hürdenlauf stehen fünf der insgesamt zehn
Hürden in der Kurve. Der Lauf über die Hürden in der Kurve macht
dementsprechend eine besondere Technik erforderlich. Der Läufer
besitzt im Kurvenlauf eine natürliche Neigung nach innen (links); es ist
daher von großem Vorteil, wenn als Nachziehbein das äußere (rechte)
Bein gewählt wird. Die Gleichgewichtserhaltung und Drehung in der
Kurve sowie das flache Nachziehen des Nachziehbeins werden so günstig beeinflußt.

Die Hürdengymnastik
Zur Vorbereitung einer guten Hürdentechnik ist es erforderlich, daß
der Hürdenläufer die notwendige Beweglichkeit im Becken erlangt.
Ebenso wichtig ist die Kräftigung der Bauch-, Hüft- und Rumpfmuskulatur. Hierfür dienen spezielle gymnastische Übungen, welche einen
festen Platz im Trainingsprogramm einnehmen sollen. Das gilt für die
Läufer aller Hürdenstrecken. Ein gut zusammengestelltes Programm
enthält Übungen für die *Dehnung, Lockerung* und *Schnellkräftigung*
der Muskeln. Im Wechsel der Übungen untereinander wird ein Gymnastikprogramm zusammengestellt und nach Möglichkeit täglich durchgeführt. Hierbei gilt es, langandauernde statische Übungen zu vermeiden, da sich diese erfahrungsgemäß nachteilig auf die Schnelligkeit des
Läufers auswirken. Die Dehnübungen sollen kurz und schnell durchgeführt werden. Es ist zum Beispiel falsch, längere Zeit im Hürdensitz zu

verweilen. Der Gymnastik soll eine gründliche Erwärmung des Körpers vorausgehen, damit Verletzungen vermieden werden. Das Gymnastikprogramm steht daher nicht am Anfang des Trainings.

Ziele der speziellen Hürdengymnastik sind die Beweglichmachung des Beckens, die Schnellkräftigung der Bauch- und Rumpfmuskeln sowie die Dehnung der beim Hürdenlauf benötigten Bein- und Hüftmuskeln. Letzteres trägt zusätzlich dazu bei, Muskelverletzungen zu vermeiden. Den Läufern aller Hürdenstrecken können folgende Übungen empfohlen werden, welche sich auch in der Trainingspraxis weltbester Athleten bewährt haben.

Übung	*Wirkung*
Beinachterkreisen (Foto 2, Seite 110)	Dehnung und Lockerung der Hüftmuskeln
Taschenmesser (Zusammenklappen) (Foto 3, Seite 110)	Schnellkräftigung der Bauchmuskeln
Hürdensitz – Grätschsitz im Wechsel (Foto 4, Seite 110)	Dehnung von Bein- und Hüftmuskeln
Nackenstand – Vorrollen zum Hürdensitz (Foto 5, Seite 111)	Kräftigung und Lockerung von Bauch-, Rücken-, Rumpf-, Hüft-, und Beinmuskeln
Rückenlage – schnelles Aufrichten zum Hürdensitz	Schnellkräftigung von Bauch- und Dehnung der Beinmuskeln
Beinhochschwingen in der Rükkenlage (Foto 6, Seite 111)	Dehnung der Bein- und Hüftmuskeln
Beinseitschwingen in der Rückenlage (Foto 7, Seite 111)	Schnellkräftigung, Lockerung und Dehnung von Rumpf-, Hüft-, Rükken-, Bauch- und Beinmuskeln
Schrittausfall – wechselseitig (Foto 8, Seite 112)	Dehnung der Bein- und Hüftmuskeln
Bauchlage – Hochwinden zum Hürdensitz (Foto 9, Seite 112)	Schnellkräftigung, Lockerung und Dehnung von Rumpf-, Hüft-, Rükken-, Bauch- und Beinmuskeln
Nachziehbeinschulung an der Hürde mit Hilfe des Partners (Foto 10, Seite 112)	Lockerung und Dehnung des Hüftgelenks

2

3

4

5

6

7

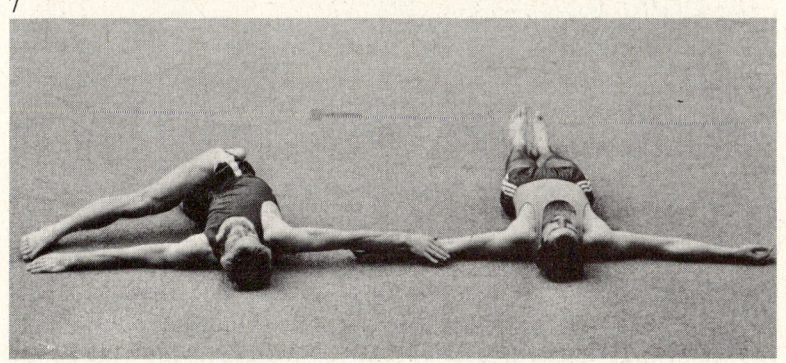

8

9

10

Renntaktik-Analysen

Der 110-Meter-Hürdenlauf
Der 110-Meter-Hürdenlauf läßt bezüglich des Geschwindigkeitsverlaufs zwei Abschnitte erkennen, sofern Anlauf und Auslauf außer acht gelassen werden:
- den ersten Abschnitt der maximalen Geschwindigkeit, der bis zu fünf Hürdenabschnitte umfassen kann;
- den zweiten Abschnitt mit einem deutlichen Geschwindigkeitsabfall über vier und mehr Hürdenabstände.

Die Länge der beiden Abschnitte hängt von den läuferischen, technischen und anthropometrischen (auf die Maßverhältnisse am menschlichen Körper bezogenen) Voraussetzungen des jeweiligen Läufers ab.

Zwischen den einzelnen Hürdenabständen schwankt die Geschwindigkeit ebenfalls leicht. Im Gegensatz zum 100-Meter-Lauf, bei dem die Beschleunigungsphase bis circa 60 Meter reichen kann, wird also beim 110-Meter-Hürdenlauf die höchste Geschwindigkeit zwischen der ersten und zweiten Hürde erzielt. Dieser Wert kann bei den nächsten Hürdenabständen erneut erreicht werden. Am geringsten ist die Geschwindigkeit zwischen der neunten und zehnten Hürde, um dann im Auslauf wieder in den Bereich der Geschwindigkeit zwischen Hürde eins und zwei anzusteigen.

Im Hürdenschritt selbst ist die Geschwindigkeit am niedrigsten, was die unabdingbare Forderung nach sich zieht, diesen so schnell wie möglich auszuführen (siehe *Abbildung 1*, Seite 114).

Der 100-Meter-Hürdenlauf
Neuere Untersuchungen bei den Olympischen Spielen 1976 haben gezeigt, daß Weltklasse-Hürdenläuferinnen ihre Geschwindigkeit bis zur zehnten Hürde steigern können.

Der 400-Meter-Hürdenlauf
Die Leistung im 400-Meter-Hürdenlauf ist weitaus mehr als beim 110-Meter-Hürdenlauf abhängig von der Renntaktik, dem Geschwindigkeitsverlauf während der gesamten Laufstrecke. Dessen ungeachtet deckt ein Vergleich der Geschwindigkeitsverhalten von Kurzhürdlern gegenüber den Langhürdlern wesentliche Unterschiede auf. Bei guten 400-Meter-Hürdenläufern ist eine Steigerung der Geschwindigkeit nur bis zur 1. Hürde feststellbar. In allen untersuchten Fällen ist schon nach etwa 45 Metern die Höchstgeschwindigkeit erreicht, welcher dann ein ziemlich gleichmäßiger Abfall bis zur letzten Hürde folgt, der auch im Auslauf nicht mehr aufgefangen werden kann.

Abbildung 2 (Seite 114) zeigt einen typischen Geschwindigkeitsabfall nach der sechsten Hürde, der daraus resultiert, daß die meisten Klasseläufer nach der sechsten Hürde einen Wechsel im Schrittrhythmus (von 13 auf 15 Schritte) vornehmen. Dieser Wechsel der Schritte kann große Zeiteinbußen mit sich bringen und muß daher im Training häufig geschult werden.

Abbildung 3 (Seite 115) zeigt den Endlauf über 400 Meter Hürden bei den Olympischen Spielen 1972 in München. Die Kurven G1, G2 und G3 zeigen einen annähernd gleichen Verlauf. Bereits zwischen der ersten und zweiten Hürde wird die höchste Geschwindigkeit erreicht; im Auslauf ist sie dagegen am geringsten. Der große Zeitgewinn von Olympiasieger Akii Bua (G1) resultiert hauptsächlich aus dem geringen Nachlassen der Geschwindigkeit zwischen der sechsten und achten Hürde. Sorin (G4) hat das Rennen viel zu schnell begonnen und muß

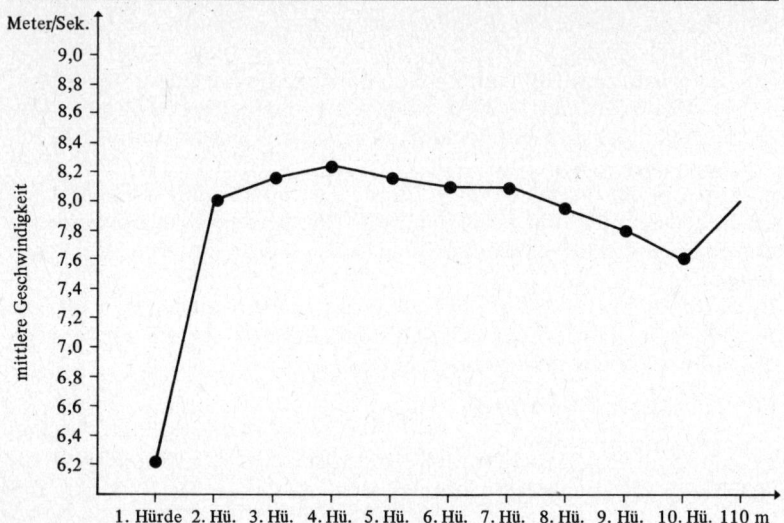

Abb. 1: Durchschnittlicher Geschwindigkeitsverlauf beim 110-m-Hürdenlauf
(acht Endlaufteilnehmer bei den Olympischen Spielen 1972 in München)

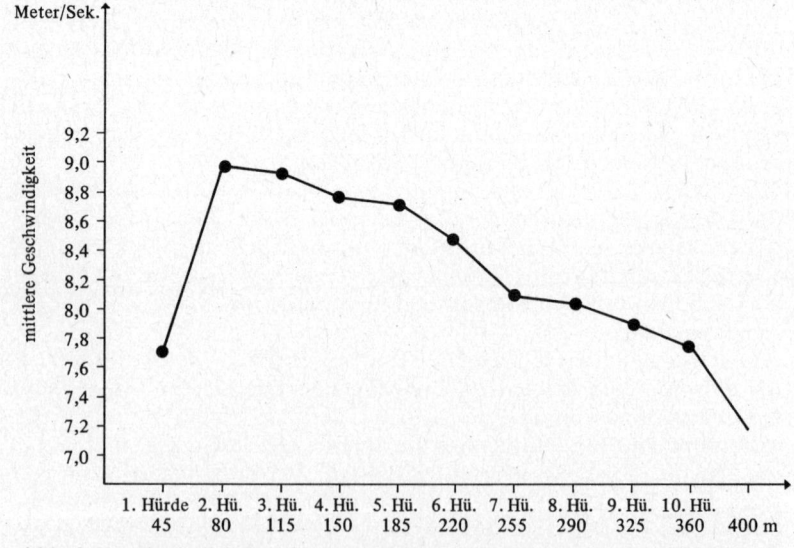

Abb. 2: Durchschnittlicher Geschwindigkeitsverlauf beim 400-m-Hürdenlauf

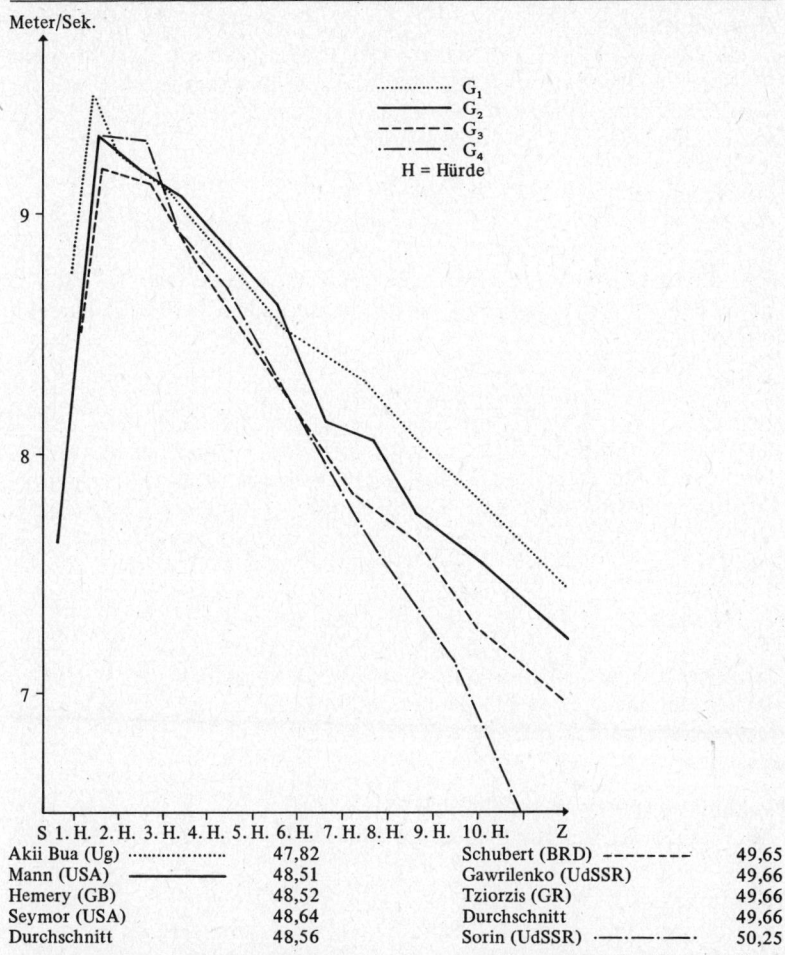

Meter/Sek.

....	G_1	
———	G_2	
– – –	G_3	
–·–·–	G_4	
H = Hürde		

S 1. H. 2. H. 3. H. 4. H. 5. H. 6. H. 7. H. 8. H. 9. H. 10. H.   Z

Akii Bua (Ug)	....	47,82	Schubert (BRD) – – – –	49,65
Mann (USA)	———	48,51	Gawrilenko (UdSSR)	49,66
Hemery (GB)		48,52	Tziorzis (GR)	49,66
Seymor (USA)		48,64	Durchschnitt	49,66
Durchschnitt		48,56	Sorin (UdSSR) –·–·–·–	50,25

Abb. 3: Geschwindigkeitsverlauf beim 400-m-Hürdenendlauf der Olympischen Spiele 1976

das mit einem größeren Geschwindigkeitsverlust bereits nach der dritten Hürde büßen.
Die Renntaktik im 400-Meter-Hürdenlauf ähnelt der des 400-Meter-Flachlaufs. Zur Ermittlung der möglichen 400-Meter-Hürdenzeit rechnen wir etwa drei Sekunden Unterschied zur 400-Meter-Bestzeit.
Beispiel: 50,0 Sekunden Flachlaufzeit plus 3,0 Sekunden gleich mögliche 400-Meter-Hürdenzeit 53,0 Sekunden.

Renntaktikregel
Folgende Taktikregel hat sich in der Praxis bewährt, nach der ein
400-Meter-Hürdenrennen ablaufen kann. In unserem Beispiel soll ein
Läufer mit einer 400-Meter-Bestzeit von 50,0 Sekunden die 400-Me-
ter-Hürdenstrecke in 53,0 Sekunden laufen.

200-m-Bestzeit   = 23,0 Sek.
plus Schonzeit   =   2,0 Sek.
                     ─────────────
                       25,0 Sek. = Durchgangszeit für die
                                   ersten 200 Meter

Für die zweite 200-Meter-Strecke rechnen wir weitere 2,5 bis 3,0
Sekunden infolge Ermüdung, so daß sich folgende mögliche Endzeit
ergibt:

1. 200 Meter   25,0 Sek.
2. 200 Meter   27,5 bis 28,0 Sek.
                    ──────────────────
                    52,5 bis 53,0 Sek. mögliche Endzeit

Tatsächlich haben die Zwischenzeitkontrollen der meisten weltbesten
Athleten diese Regel bestätigt. Der langjährige deutsche Europare-
kordmann Helmut Janz hatte zum Beispiel bei seinem Europarekord-
lauf bei den Olympischen Spielen 1960 in Rom folgende Renneintei-
lung:

1. 200 Meter   23,9 Sek.
2. 200 Meter   26,0 Sek. = 2,1 Sek. Schonzeit
                    ──────────
                    49,9 Sek. = Europarekord

Janz war der erste Europäer, der unter 50 Sekunden lief. Bei einer
400-Meter-Bestzeit von 47,8 Sekunden hatte er nur 2,1 Sekunden
Unterschied zur Hürdenzeit, was für einen ausgeglichenen Rennverlauf
spricht.

Technik- und Rhythmusschulung
Zu Beginn der Schulung niedrige Hindernisse und kurze Abstände
benutzen.

Kurzhürdler
● *Übungsschwerpunkt:* Start und Anlauf an die erste Hürde
Das Abstoß-(Nachzieh-)bein steht beim Start vorn. Der erste Lauf
führt zur Sicherheit an der Hürde vorbei. Ein Beobachter zählt die acht
Laufschritte bis zur Hürde und kontrolliert das ‹Abkommen› vor der
Hürde. Anfangs niedrige Hindernisse (eventuell Kinderhürden) über-
laufen.
● *Übungsschwerpunkt:* Schwungbeineinsatz
Übergehen mehrerer Hürden. Das Schwungbein schwingt gebeugt,
Knie voraus, mit lockerem Unterschenkel geradlinig in die Hürde. Zur
Kontrolle des geradlinigen Schwungbeineinsatzes steht die Hürde auf
einer Linie.

● *Übungsschwerpunkt:* Fußballenabstoß vor der Hürde
Mit kurzen Schritten an die Hürde herantrippeln. Das Fußgelenk feststellen und weich mit dem Fußballen den Abstoß vor der Hürde voll-
führen. Es darf dabei kein Abstoßgeräusch entstehen.

● *Übungsschwerpunkt:* Armeinsatz beim Überlaufen der Hürde
Beim Überlaufen der Hürde ‹sticht› der Gegenarm gleichzeitig mit dem
Vorhochschleudern des Schwungbeins vor–tief. Hierdurch wird die
Körpervorlage verbessert. Der Arm der Schwungbeinseite bleibt passiv
am Rumpf angelegt. Beim Niederdrücken des Schwungbeins wird der
Gegenarm unter Schulterhöhe rückwärts geführt.

● *Übungsschwerpunkt:* Nachziehbeinschulung
Auf ein niedriges Hindernis (Turnbank oder Kasteneinsatz) wird ein
Medizinball gelegt. Seitlich am Ball vorbeilaufen (Foto 11). Dabei wird
das Nachziehbein seitlich abduziert. Später an der Hürde vorbeigehen
(-laufen) und das Nachziehbein gut abgespreizt über die Hürde führen.
Zur Vorbereitung und Ergänzung empfehlen sich Gymnastikübungen
zur Beweglichmachung des Hüftgelenks (siehe Gymnastik des Hürdenläufers, Foto 10, Seite 112).

● *Übungsschwerpunkt:* Schwungbeinlandung
Damit das Schwungbein nahe hinter der Hürde landen kann, muß der
Abstoß weit vor der Hürde erfolgen ($^2/_3$ des Überlaufschritts liegen vor,
$^1/_3$ hinter der Hürde). Diese Abstände werden mit je einem Strich vor
und hinter der Hürde markiert.
Aufgabe: Abstoß und Landung erfolgt vor der Markierung.

11

● *Übungsschwerpunkt:* Antritt hinter der Hürde
Start und Überlaufen zunächst einer, später mehrerer Hürden. 15
Meter hinter der letzten Hürde ist ein Zielband gespannt. Ein kräftiger
Antritt nach der Hürde mit einem Sprint ins Zielband intensiviert den
ersten Schritt sowie den Armeinsatz nach der Hürde.

● *Übungsschwerpunkt:* Sprintbeschleunigung zwischen den Hürden
Beim Überlaufen mehrerer Hürden wird schon bald (siehe *Abbildung
1*, Seite 114) die Laufgeschwindigkeit eingebüßt. Um die Einbuße
möglichst gering zu halten, werden zunächst fünf bis acht Hürden mit
normalen Abständen aufgestellt und überlaufen. Beim Überlaufen der
Hürden wird dann die dritte, später die vierte usw. aus der Bahn
genommen und der Abstand als Flachstrecke durchlaufen.
Aufgabe: Überlauf von drei Hürden, weiterlaufen und überlaufen der
fünften, sechsten Hürde usw.
Die Technikverbesserung ist ständig anhand von Tempokontrollen der
verschiedenen Hürdenabschnitte zu überprüfen. Gestoppt wird das
Aufsetzen des Schwungbeins nach der jeweilig überlaufenen Hürde.
Tabelle 1 gibt eine Übersicht über mögliche Zwischen- und Endzeiten
beim 110-Meter-Hürdenlauf.

Tabelle 1: Zwischenzeiten im 110-m-Hürdenlauf

Leistung (Sek.)	14,5–15,0	15,0–15,5	15,5–16,0	16,0–16,5	16,5–17,0
1. Hürde	2,6	2,6	2,7	2,7	2,8
2. Hürde	3,7	3,8	4,0	4,3	4,6
3. Hürde	4,9	5,0	5,2	5,4	5,7
4. Hürde	6,0	6,2	6,4	6,6	6,9
5. Hürde	7,2	7,4	7,7	8,1	8,4
6. Hürde	8,3	8,6	8,9	9,2	9,6
7. Hürde	9,5	9,8	10,1	10,4	10,8
8. Hürde	10,7	11,0	11,4	11,8	12,2
9. Hürde	11,9	12,3	12,7	13,2	13,7
10. Hürde	13,1	13,6	14,1	14,6	15,1
Endzeit circa	14,8	15,3	15,8	16,3	16,8

Langhürdler
Das Üben der Technik erfolgt wie beim Kurzhürdler. Hierzu werden
fünf bis acht 91,4 Zentimeter hohe Hürden mit 14 bis 16 Meter Zwi-
schenräumen aufgestellt. Die Abstände werden mit sieben Schritten
durchlaufen. Schulung der Hürdentechnik und des -rhythmus gehen so
Hand in Hand.

● *Übungsschwerpunkt:* Anlauf und Überlaufen der ersten Hürde
Anlauf zuerst im Hochstart. Das Abstoßbein steht vorn. Der erste Lauf

führt zunächst als Kontrolle an der Hürde vorbei. Erst wenn die erste Hürde ganz erreicht wird, soll sie überlaufen werden. Anlaufschritte: 22; der 23. Schritt führt über die Hürde. Ein durchschnittlich großer Läufer erreicht die erste Hürde mit 22 Schritten im allgemeinen ohne große Schwierigkeiten. Kurzbeinige Hürdenläufer können das Startbein wechseln und haben so 23 Schritte bis zur ersten Hürde. Jetzt führt der 24. Schritt über die Hürde.

Mitzählen: Sowohl der Läufer als auch der Übungsleiter sollen anfangs die (Doppel-)Schritte mitzählen. So wird gezählt: «Und» (Schwungbein «eins» (Abdruckbein) «und zwei» «und drei» usw.; bei «elf» (22. Schritt) erfolgt der Abstoß vor der Hürde.

● *Übungsschwerpunkt:* Anlauf und Überlaufen der ersten beiden Hürden

Das Weiterlaufen zur zweiten Hürde ergibt sich von selbst. Es kann erst dann erfolgen, wenn die erste Hürde richtig genommen worden und so ein ungehindertes Weiterlaufen möglich ist. Auch jetzt wird wieder gezählt: «und» (Landebein) «eins» (Abstoßbein) usw. Bei «acht» erfolgt der Abstoß vor der zweiten Hürde; das sind 15 Schritte zwischen den Hürden. Treten bei kurzbeinigen Läufern Schwierigkeiten mit dem 15-Schritt-Rhythmus auf, so sollte zunächst versucht werden, die Schritte ein wenig länger zu ziehen. Wird die nächste Hürde auch jetzt noch nicht erreicht, so muß der Läufer mit 17 Schritten zwischen den Hürden laufen.

Anmerkung: Rhythmusschwierigkeiten treten anfangs infolge einer schlechten Hürdentechnik und einem damit verbundenen Verlust an Laufgeschwindigkeit auf. Bei geringen Rhythmusschwierigkeiten ist daher nicht sofort der 17er-Rhythmus zu schulen. Vielmehr soll man versuchen, durch eine Verbesserung der Hürdentechnik ein ungehindertes Weiterlaufen zur nächsten Hürde zu erreichen. Der Wechsel vom 15er- in den 17er-Hürdenrhythmus wird so – wenigstens zwischen den ersten Hürden – vermieden.

● *Übungsschwerpunkt:* Anlauf und Überlaufen der ersten drei bis fünf Hürden

In der geschilderten Weise versucht nun der Läufer, den Lauf über mehrere Hürden fortzusetzen. Das reibungslose Überlaufen einer Hürde erleichtert dabei das Erreichen der nächsten. Jetzt kann der Übungsleiter bereits die ersten Streckenabschnitte mit der Stoppuhr kontrollieren. Gestoppt wird das Überlaufen der ersten und dritten Hürde beim Aufsetzen des Landebeins nach der Hürde.

Später kann die 200-Meter-Zeit gestoppt werden: Fünfte Hürde = 185 Meter plus 15 Meter = 200 Meter. Die Zwischenzeitenkontrollen der im Renntempo gelaufenen Teilstrecken sollen häufig wiederholt werden. Sie fördern das Tempogefühl des Läufers und bilden die Voraussetzung zum gleichmäßigen Durchlaufen der Wettkampfstrecke.

Zu beachten sind: rechtzeitiger Wechsel vom 15er- in den 17er-Schrittrhythmus oder – wenn der 15er-Rhythmus beibehalten wird – frühzeitiges Langziehen der Schritte.

Zusammenfassung: Die Trainingsläufe in diesem Lernabschnitt sollen dem Läufer zeigen, welche der beiden Möglichkeiten er im Wettkampf wählt. Ein gleichmäßiger Rennverlauf ist erst dann möglich, wenn im Training regelmäßige Tempokontrollen erfolgen. Hierzu stoppt der Übungsleiter zunächst das Überlaufen der ersten, später der dritten Hürde. Gestoppt wird das Aufsetzen des Landebeins nach der Hürde. Schließlich erfolgen regelmäßige Tempokontrollen der 200-Meter-Teilstrecke (fünfte Hürde plus 15 Meter). Die Zwischenzeiten sollen dem späteren Rennverlauf auf den verschiedenen Teilstrecken simulieren.

Tabelle 2: 400-m-Hürdenlauf (empfohlene Zwischenzeiten)

Hürdennummer	1.	2.	3.	4.	5.	erste und zweite 200 m		400 m
Abstand (m)	45	80	115	150	185	200	200	400
48–49 (Sek.)	6,0	9,8	13,6	17,4	21,2	23,5	25,5	49,0
49–50 (Sek.)	6,1	10,0	14,0	18,0	22,0	23,8	26,2	50,0
50–51 (Sek.)	6,2	10,2	14,2	18,2	22,2	24,0	27,0	51,0
51–52 (Sek.)	6,3	10,4	14,5	18,6	22,7	24,5	27,5	52,0
52–53 (Sek.)	6,4	10,6	14,8	19,0	23,2	25,0	28,0	53,0
53–54 (Sek.)	6,5	10,8	15,1	19,4	23,8	25,5	28,5	54,0
54–55 (Sek.)	6,6	11,0	15,4	19,8	24,3	26,0	29,0	55,0
55–56 (Sek.)	6,7	11,2	15,7	20,2	24,9	26,5	29,5	56,0

Trainingsplan des Hürdenläufers

Die hier aufgezeigten Trainingsrahmenpläne legen vor allem Schwerpunkte fest. Sie gehen von der Voraussetzung aus, daß der jugendliche Athlet bereits eine allgemeine körperliche Grundausbildung erhalten hat. 100-Meter- und 400-Meter-Hürdenläuferinnen trainieren im wesentlichen wie ihre männlichen Kollegen; es empfiehlt sich allerdings bezüglich Trainingsumfang und -intensität eine Reduzierung um circa 30 Prozent.

Rahmentrainingsplan für Kurzhürdler(-innen)
Vorbereitungsperiode (November bis April)

Tag	Übungsschwerpunkte	Min.	Trainingsbeispiel
1. Tag im Freien (Bahn oder Wald)	Beweglichkeit allgemeine aerobe Ausdauer allgemeine anaerobe Ausdauer Koordination	15 15 15 15	Einlaufen allgemeine Gymnastik Fahrtspiel Dauerlauf
2. Tag in der Halle	Beweglichkeit Schnelligkeit Hürdentechnik Kraft	10 15 20 15 15 20	Einlaufen Hürdengymnastik 10 Starts 5 Koordinationsläufe hürdentechnische Schulung Krafttraining Spiel
3. Tag im Freien (Bahn oder Wald)	Beweglichkeit allgemeine anaerobe Ausdauer Koordination	10 15 45 15	Einlaufen allgemeine Gymnastik 15 Steigerungsläufe über 150 m Tempoläufe über 150–200–250–300–250–200 m (200–300 m Gehpausen) Dauerlauf
4. Tag in der Halle	Beweglichkeit Schnelligkeit Hürdentechnik Sprungkraft	10 15 25 20 15	Einlaufen Hürdengymnastik Starts und Sprints über 20–30–40–50 m hürdentechnische Schulung Sprungkrafttraining (Matten-, Hürden- oder Kastensprünge)

Rahmentrainingsplan für 110-m-Hürdenläufer
Wettkampfperiode (Mai bis September)

Tag	Übungsschwerpunkte	Min.	Trainingsbeispiel
1. Tag auf der Laufbahn (eventuell im Wald)	Koordination Schnelligkeit Hürdentechnik allgemeine anaerobe Ausdauer	20 15 20 15 20	ruhiges Einlaufen Hürdengymnastik Hürdenschulung auf dem Rasen (Rhythmusarbeit) 5 × 150 m (200 m Gehpausen) Spiel
2. Tag auf der Laufbahn	Beweglichkeit Hürdentechnik Schnelligkeit Kraft	10 35 30 15 10	intensive Hürdengymnastik hürdentechnische Schulung 3 Formkontrolläufe über 5, 6 und 8 Hürden 5–8 Starts und Sprints über 60–80–100–120–150 m, 2–3 Tempoläufe über 250 m Krafttraining ruhiges Traben
3. Tag auf der Laufbahn	Beweglichkeit Koordination Schnelligkeit Hürdentechnik allgemeine anaerobe Ausdauer Sprungkraft	15 15 20 20 15 10	Einlaufen Hürdengymnastik 5–8 Starts und Sprints über 30 m 5 Koordinationsläufe über 80 m 3 × 100 m (fliegender Start) hürdentechnische Schulung Hürdenschlußsprünge über 6–8 Hürden Auslaufen
4. Tag	Wettkampf oder Testlauf		

Rahmentrainingsplan für Langhürdler(-innen)
Vorbereitungsperiode (November bis April)

Tag	Übungsschwerpunkte	Min.	Trainingsbeispiel
1. Tag im Wald	Beweglichkeit Koordination allgemeine aerobe Ausdauer	10 10 30 40	Einlaufen allgemeine Gymnastik Tempowechselläufe Dauerlauf
2. Tag in der Halle	Beweglichkeit Hürdentechnik Schnelligkeit Kraft	10 10 30 20 15 20 15	Einlaufen Hürdengymnastik hürdentechnische Schulung 10 Starts und Sprints über 30–60 m Circuittraining Krafttraining Spiel
3. Tag auf der Laufbahn	Beweglichkeit Koordination Sprungkraft allgemeine anaerobe Ausdauer allgemeine aerobe Ausdauer	10 10 60 25	Einlaufen allgemeine Gymnastik 5–8 × 60 m Sprunglauf 5 × 60 m Kniehebelauf Tempoläufe über: 150–200–250–300– 250 m (200 m Geh- pausen) 1 × 500 m 3–5 3-Minutenläufe (2 Min. Trabpausen)
4. Tag in der Halle oder im Wald	Beweglichkeit Koordination allgemeine anaerobe Ausdauer allgemeine aerobe Ausdauer	10 15 30 10 10	falls in der Halle trai- niert wird, wie am 2. Tag; sonst: Einlaufen 5 × 60 m Kniehebelauf Fahrtspiel Hügellaufen Austraben

Rahmentrainingsplan für Langhürdler(-innen)
Wettkampfperiode (Mai bis September)

Tag	Übungsschwerpunkte	Min.	Trainingsbeispiel
1. Tag im Wald oder auf der Laufbahn	Beweglichkeit Schnelligkeit allgemeine anaerobe Ausdauer allgemeine aerobe Ausdauer	10 10 20	Einlaufen Hürdengymnastik 6 × 120 m *wind sprints* 2 × 300 m Tempolauf 1 × 500 m Tempolauf ruhiges Traben
2. Tag auf der Bahn	Beweglichkeit Schnelligkeit Hürdentechnik Hürdenrhythmus allgemeine anaerobe Ausdauer	10 15 10 10 30 10 10	Einlaufen Hürdengymnastik Starts und Sprints über 60 m hürdentechnische Schulung Hürdenrhythmusschulung: 3 Läufe über die 1. Hürde 3 Läufe über die 3. Hürde 1 Lauf über 5 Hürden (200 m) Kraftarbeit oder Sprungkraftschulung Auslaufen
3. Tag auf der Bahn	Beweglichkeit Hürdentechnik Hürdenrhythmus allgemeine anaerobe Ausdauer	10 10 10 30 10	Einlaufen Hürdengymnastik hürdentechnische Schulung Formkontrolläufe über: 3 × 3 Hürden 2 × 5 Hürden (200 m) 1 × 8 Hürden (300 m) Auslaufen
4. Tag	Wettkampf oder Testlauf		

Lernkontrollen

Kontrolliere selbst:
Hürdentechnik und Rhythmusgefühl über Teilstrecken für die verschiedenen Hürdendistanzen

110-Meter-Hürdenläufer
Testzeiten für die verschiedenen Hürdenstrecken (gestoppt beim Fußaufsetzen hinter der jeweiligen Hürde)

zu erwartende Leistung in Sek.:	Zeit an der 3. Hürde:	Zeit an der 5. Hürde:
14,0	4,4	6,8
14,5	4,6	7,1
15,0	4,8	7,3
15,5	5,0	7,6
16,0	5,2	7,9
16,5	5,4	8,2
17,0	5,6	8,5

400-Meter–Hürdenläufer
Testzeiten für die verschiedenen Hürdenstrecken (gestoppt beim Fußaufsetzen hinter der jeweiligen Hürde)

zu erwartende Leistung in Sek.	Zeit an der 3. Hürde:	Zeit an der 5. Hürde:	Zeit bei 300 m:
49–50	14,0	22,0	36,0
50–51	14,2	22,3	37,0
51–52	14,5	22,7	38,0
52–53	14,8	23,2	39,0
53–54	15,1	23,8	40,0
54–55	15,4	24,3	41,0
55–56	15,7	24,9	42,0
56–57	16,0	25,6	43,0

Hürdenmaße und Streckenlängen

Die Mitgliedstaaten des Internationalen Leichtathletik-Verbandes
(IAAF) benutzen, vornehmlich im Bereich der Jugendleichtathletik,
unterschiedliche Hürdenmaße und Streckenlängen. Für den Bereich
des Deutschen Leichtathletik-Verbandes (DLV) haben die in nachste-
hender *Tabelle 3* aufgeführten Hürdenmaße und Streckenlängen Gültigkeit (siehe auch *Abbildung 4*).

Tabelle 3: Hürdenmaße und Streckenlängen nach den Wettkampfbestimmungen des DLV und der Bundesjugendspiele (Stand 1. 1. 1977)

	Anzahl	Höhe	Anlauf	Abstand	Auslauf
Männer 110 m	10	1,067	13,72	9,14	14,02
Männer 200 m	10	0,762	18,29	18,29	17,10
Männer 400 m	10	0,914	45,00	35,00	40,00
Jugend					
männl. A 110 m	10	1,000	13,72	8,90	16,18
männl. A 400 m	10	0,914	45,00	35,00	40,00
männl. B 110 m	10	0,914	13,50	8,60	19,10
männl. B 300 m	7	0,840	50,00	35,00	40,00
Schüler A 80	8	0,840	12,00	8,00	17,00
Schüler B 60 m	6	0,762	11,50	7,50	11,00
Frauen 100 m	10	0,840	13,00	8,50	10,50
Frauen 400 m	10	0,762	45,00	35,00	40,00
Jugend					
weibl. A/B 100 m	10	0,840	12,00	8,00	16,00
Schülerinnen A 80 m	8	0,762	12,00	8,00	12,00
Schülerinnen B 60 m	6	0,762	11,50	7,50	11,00

Der Hürdenlauf bei den *Bundesjugendspielen*

Männliche Jugend:

Alter	Strecken- länge	Anzahl	Höhe in cm	Abstand der Hürden	Strecke bis zur 1. Hürde
10	40 m	4	40	6,00 m	
11	40 m	4	40	6,50 m	
12	40 m	4	50	6,50 m	
13	60 m	6	50	7,00 m	13,50 m
14	60 m	6	60	7,00 m	für alle
15	60 m	6	60	7,50 m	Altersstufen
	80 m	8	60	7,50 m	
16	80 m	8	70	7,50 m	
17–20	80 m	8	80	8,00 m	

Weibliche Jugend:

Alter	Strecken-länge	Anzahl	Höhe in cm	Abstand der Hürden	Strecke bis zur 1. Hürde
10	40 m	4	40	6,00 m	
11	40 m	4	40	6,00 m	
12	40 m	4	40	6,00 m	13,50 m
13	60 m	6	50	6,50 m	für alle
14	60 m	6	50	6,50 m	Altersstufen
15–20	60 m	6	60	7,00 m	

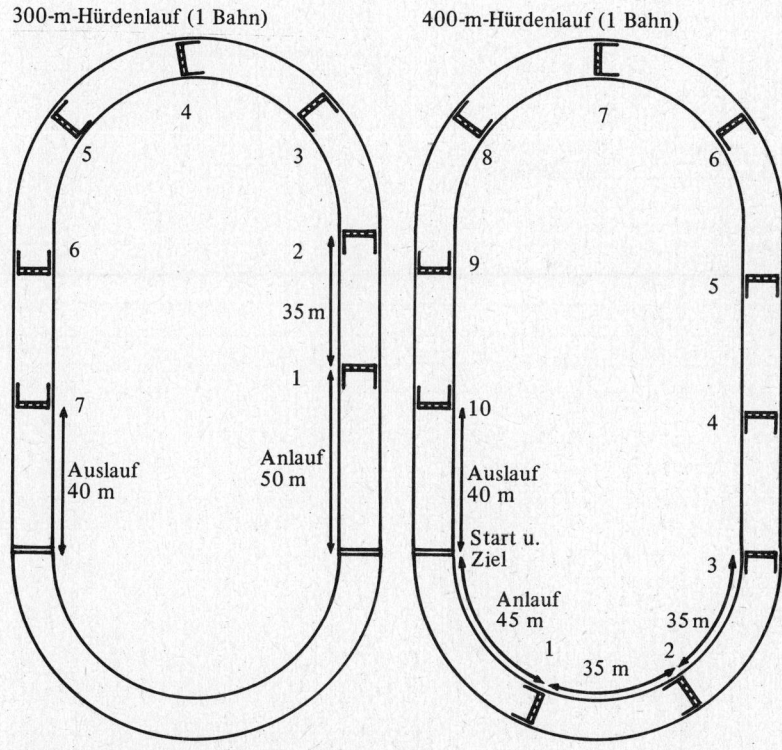

Abb. 4: 300- und 400-m-Hürdenlaufstrecke

Die wichtigsten Wettkampfbestimmungen
Die Hürden dürfen weder mit dem Fuß noch mit den Händen absicht-
lich umgestoßen werden.
Das Nachziehbein darf nicht an der Hürde vorbeigezogen werden.

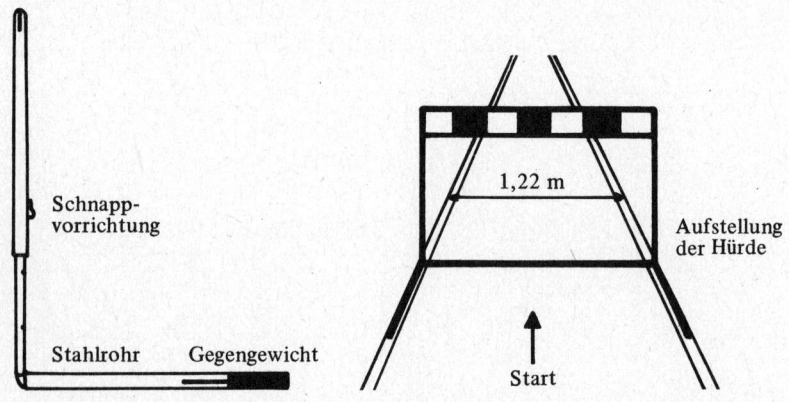

Abmessungen – Gewichte

Breite der Hürde	höchstens 1,20 m
Länge des Fußes	höchstens 70 cm
Breite der Querlatte	7 cm
Gewicht der Hürde	mind. 10 kg

Abb. 5: Wettkampfhürde

Der Hindernislauf

Wettkampfstrecken:
3000 Meter Männer und Junioren (28 Hindernisse, 7 Wassergräben)
2000 Meter männliche Jugend A (18 Hindernisse, 5 Wassergräben)
1500 Meter männliche Jugend B (12 Hindernisse, 3 Wassergräben)

Nurmi im Wasser
Bei den Olympischen Spielen 1928 in Amsterdam fiel Paavo Nurmi beim ersten Überqueren des Grabens ins Wasser. Dem Franzosen Duchesne, der Nurmi folgte und ihn normalerweise nicht hätte bezwingen können, eröffnete sich plötzlich eine ungeahnte Siegeschance. Aber Duchesne dachte nicht an den eigenen Vorteil, sondern half Nurmi aus dem Wasser. Da beide Läufer den anderen überlegen waren, holten sie schnell wieder auf und hatten in der letzten Runde viele Meter Vorsprung. Nurmi führte auf der Zielgeraden vor Duchesne. Sein Sieg war nicht gefährdet; doch unmittelbar vor dem Ziel stoppte er ab, um Duchesne gewinnen zu lassen. Aber auch dieser verlangsamte das Tempo, um sich den Sieg nicht schenken zu lassen. Schließlich zerrissen beide gemeinsam das Zielband.
Bereits im 16. und 17. Jahrhundert soll in Deutschland das ‹Barrlaufen›, ein Hindernislauf, gepflegt worden sein. In England ist 1837 der erste Hindernislauf veranstaltet worden; und nach 1845 war er an den Universitäten Cambridge und Oxford sehr beliebt.
Seit den Olympischen Spielen 1928 wird der Hindernislauf in der heute gültigen Form über 3000 Meter gelaufen; vorher wurden Strecken zwischen 2500 (Olympische Spiele 1904) oder sogar 8000 Meter (Olympische Spiele 1912) zurückgelegt.

Die Technik des 3000-Meter-Hindernislaufs

Der Hindernislauf verbindet Merkmale des Hürdenlaufs und Langstreckenlaufs. Die Hindernisse werden im Hürdenschritt, ähnlich dem
des 400-Meter-Hürdenlaufs, überquert, wobei die Höhe des Hindernisses (91,1 Zentimeter bis 91,7 Zentimeter) der der Hürden (91,4
Zentimeter) entspricht.
Der Läufer darf sich mit den Füßen vom Hindernis abstoßen und es mit
den Händen berühren; doch ist das Überqueren ohne Berührung die
zeitlich und kräftemäßig rationellste Methode.
Das Tempo im 3000-Meter-Hindernislauf ist mit 6,15 Meter pro Sekunde (beim Weltrekord von 8 : 08,02 Minuten) langsamer als das
beim 400-Meter-Hürdenlauf mit 8,40 Meter pro Sekunde (Weltrekord
47,67 Sekunden). Die 1000-Meter-Durchschnittsgeschwindigkeit liegt
beim derzeitigen 3000-Meter-Hindernislauf-Weltrekord bei 2 : 42,67
Minuten; damit ist das Tempo nur etwas langsamer als die 1000-Meter-
Durchschnittszeit des 5000-Meter-Läufers (2 : 38,6 – Weltrekord
13 : 13 Minuten) und etwas schneller als die 1000-Meter-Durch-
schnittszeit des 10000-Meter-Läufers (2 : 45,08 – Weltrekord
27 : 30,8 Minuten).

Das Überqueren des Hindernisses

In Abweichung zum 400-Meter-Hürdenlauf wird der Hürdenschritt
über das Hindernis mit einem geringeren Tempo ausgeführt. Das allgemeine Tempo im 3000-Meter-Hindernislauf wird 10 bis 15 Meter
(sechs bis acht Schritte) vor dem Hindernis etwas beschleunigt; der
Abstoß erfolgt, je nach Größe des Athleten, etwa 1,50 bis 1,80 Meter
vor dem Hindernis, die Landung etwa 1 bis 1,20 Meter dahinter. Diese
Beschleunigung gewinnt vor allem mit zunehmender Rundenzahl und
Ermüdung an Bedeutung, damit der Hürdenschritt immer aus dem
gleichen Tempo und mit gleicher Technik ausgeführt werden kann.
Zwischen den einzelnen Hindernissen, die bei einer 390-Meter-Bahn –
wenn der Graben innerhalb der Laufbahn liegt – im Abstand von 78
Metern entfernt stehen, kann kein bestimmter Laufrhythmus durchge-
halten werden. Deshalb braucht der Läufer für das Heranlaufen an das
Hindernis ein Gefühl für den räumlichen Abstand, um im gleichen
Laufrhythmus das Hindernis überqueren zu können, ohne zu trippeln.
Anfänger benutzen häufig vor dem Wassergraben eine Zwischenmarke
für die letzten sechs bis acht Schritte.
Es erweist sich als Vorteil, wenn der Hindernisläufer beide Beine als
Abstoß- oder Nachziehbein benutzen kann. Beim Überqueren eines
Hindernisses mit mehreren Läufern gleichzeitig und besonders im End-
spurt gewinnt die ‹Beidbeinigkeit› große Bedeutung, weil es zu keiner
Laufrhythmusunterbrechung kommt.

Die Technik am Wassergraben
Der Sprung über den Wassergraben erfordert eine gute Technik, wenn der Laufrhythmus nicht unterbrochen oder zu viel Kraft verbraucht werden soll.
Allgemein gilt die Forderung, den Körperschwerpunkt (KSP) möglichst tief zu halten und ihn in einer durchgehenden Kurve – anstatt in zwei kurzen Kurven mit einem Absenken über dem Hindernis – über den Wassergraben zu bringen (*Abbildung 1*).
Etwa 10 bis 15 Meter vor dem Wassergraben muß der Läufer das Tempo erhöhen, da das Durchschnittstempo für das Überqueren nicht ausreicht.
Das Angehen des Hindernisses soll weniger als Sprung, sondern als Auflaufen aus dem Laufrhythmus geschehen. Wie bei den Hürden stößt das Abstoßbein 1,50 bis 1,80 Meter vor dem Hindernis ab. Der Oberkörper geht in Vorlage, und das ein wenig gebeugte Schwungbein setzt mit dem vorderen Teil des Fußes im Bereich der Mittelfußknochen auf dem Balken auf. Das weitere Abducken des Oberkörpers und Nachgeben im Kniegelenk bis zur etwa 90 Grad Beugung bewirken eine tiefe Führung des KSP über das Hindernis.
Die Beugung im Kniegelenk (90 Grad) wird bis zum Absprung beibehalten; ein noch stärkeres Nachgeben würde dagegen den Absprung erschweren.

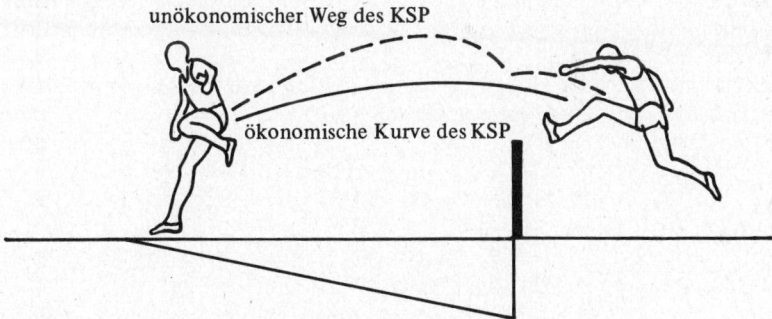

Abb. 1: Kurve des Körperschwerpunkts über dem Wassergraben

Wenn der KSP über das Stützbein hinweggeht, rollt der aufgesetzte Fuß über den Balken ab und greift mit den Dornen um die vordere Kante des Hindernisses (*Abbildung 2*, Seite 132). Wenn der KSP weiter nach vorn gerückt ist, wird so der kräftige Absprung nach vorn, weniger nach oben, vorbereitet.

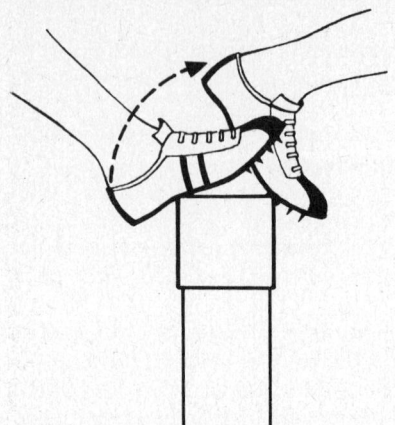

Abb. 2: Greifen mit den Dornen
um die Kante des Hindernisses

Das Nachziehbein unterstützt durch einen Schwung nach vorn den
weiten Sprungschritt über den Wassergraben. Im Moment des Absprungs wird die Landestelle, die etwa 30 Zentimeter vor dem hinteren
Ende des Wassergrabens liegt, als Ziel ins Auge gefaßt. Bei der Landung gibt das beinahe gestreckte Bein im Knie- und Fußgelenk zum
Abfangen des Sprungs nach, wobei der Körperschwerpunkt über dem
Bein und nicht davor liegen soll. Das Abstoßbein vor dem Hindernis
überholt das Landebein und setzt zum ersten etwas kürzeren Schritt
hinter dem Wassergraben auf.
Die Arme folgen gegengleich dem Rhythmus der Beine und helfen,
etwas seitlich abgehoben, das Gleichgewicht zu halten.

6   5   4

Das Vorbild
Bronislaw Malinowski (Polen)
Silbermedaillengewinner bei den Olympischen Spielen 1976
in Montreal
(8:09,11 Minuten)

(obere Bildreihe)
Vor dem Wassergraben stößt Malinowski zu einem weiten, flachen
Schritt ab (Foto 1 und 2). Der Gegenarm wird weit nach vorn geführt,
der Körper befindet sich in guter Vorlage. Beim Aufsetzen auf dem
Hindernis gibt er im Kniegelenk weich nach bis zu einer Beugung von
circa 90 Grad (Foto 3). Auf Foto 4 bleibt Malinowski weiter abgeduckt
unter Beibehaltung der Beugung im Kniegelenk und tiefer Schwer-
punktführung, bis der Körperschwerpunkt das Hindernis überquert
hat.
Foto 5 zeigt den kräftigen Sprungschritt nach vorn zur Landestelle am
Ende des Wassergrabens. Der Körperschwerpunkt liegt bei der Landung etwa über dem Landebein. Die seitlich abgehobenen Arme unterstützen das Halten des Gleichgewichts. Zum ersten Schritt aus dem
Wassergraben schwingen die Arme gegengleich zum Rhythmus der
Beine (Foto 6).

7   8   9

3   2   1

(untere Bildreihe)
Malinowski stößt weit vor dem Hindernis vom Fußballen ab (Foto 7).
Der Oberschenkel des Schwungbeins wird hoch angerissen, der Unterschenkel zeigt nach unten. Auf Foto 8 hat er den Unterschenkel nach
vorn geschwungen; dabei bleibt aber eine Beugung im Kniegelenk
erhalten. Der Gegenarm (rechts) wird etwas zu hoch nach vorn geführt
und unterstützt die gute Körpervorlage mit einem nicht zu starken
Abducken. Das Abstoßbein, auf Foto 8 noch weit hinten, wird verzögert und stark abgewinkelt nach vorn gebracht (Foto 9 und 10). Gleichzeitig wird das Schwungbein nach unten gedrückt (Foto 10 und 11) und
die Körperhaltung wieder aufrechter (Foto 11). Malinowski landet
hinter dem Hindernis auf dem ganzen Fuß. Das energisch, mit hohem
Knieeinsatz nach vorn geführte Nachziehbein wird im Rhythmus von
dem linken, nach vorn schwingenden Arm wieder unterstützt (Foto 12).

10   11   12

Fehler beim Hindernislauf	*Korrekturhilfen*
• zu kurzer oder zu langer Schritt vor dem Hindernis und Wassergraben	häufiges Anlaufen an die Hindernisse; Schulung des Entfernungsgefühls, eventuell mit Hilfe von Zwischenmarken
• Aufspringen auf den Balken des Hindernisses vor dem Wassergraben	flaches Anlaufen und nicht zu kurzer Schritt vor dem Hindernis; Tiefhalten des KSP durch Beugung im Hüft- und Kniegelenk
• zu kurzer Sprung in den Wassergraben	höhere Anlaufgeschwindigkeit an den Graben, kräftiger Abstoß vom Balken mit Schwungbeineinsatz und Unterstützung des Gegenarms; Krafttraining in Form eines Sprungtrainings und Übungen zur Verbesserung der Bewegungsvorstellung
• zu hoher Sprung in oder über den Wassergraben	Sprung nach vorn–unten nach Abrollen des Fußes und Greifen der Rennschuhe mit den Dornen um den Balken

Fehler zur Hürdentechnik, die nicht spezifisch mit dem Hindernislauf in Verbindung zu sehen sind, siehe unter «Fehler beim Hürdenlauf», Seite 106 f.

Wie trainiere ich den Hindernislauf?

Das Trainingsprogramm umfaßt das Training eines 5000-Meter-Läufers, die Technikschulung des 400-Meter-Hürdenläufers und das Training der Wassergrabentechnik.

Im folgenden wird nur auf das Training zur Überquerung des Wassergrabens eingegangen; ein weiterführendes Training mit seinen speziellen Trainingsformen und Trainingsplänen kann den vorangegangenen Kapiteln entnommen werden (Dauerläufe, Hügelläufe, Fahrtspiel, Intervalläufe von 400 bis 3000 Meter, Tempoläufe auch über Hindernisse oder Hürden, Kraft- und Circuittraining).

• *Übungsschwerpunkt:* Erlernen der Technik am Wassergraben

Die Technik am Wassergraben kann bereits in der Halle durch ein vielseitiges Sprungtraining zur allgemeinen Kräftigung sowie zur Erhöhung der Sprungkraft und Sprunggewandtheit vorbereitet werden (siehe auch «Sprungtraining» im Kapitel «Weitsprung» und «Dreisprung»).

Einen techniknahen Bewegungsablauf erreichen wir durch einen Rundlauf, bei dem abwechselnd zwei Hürden und ein etwa ein Meter hoher Kasten überwunden werden müssen (siehe *Abbildung 3*).

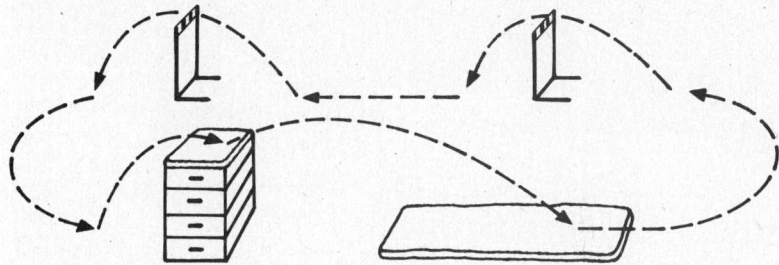

Abb. 3: Rundlauf zum Erlernen der Hindernis- und Wassergrabentechnik

Der Sprungkasten wird in steigendem Anlauf genommen. Der flache Niedersprung führt auf eine Matte, auf der durch einen Kreidestrich die hintere Begrenzung des Wassergrabens gekennzeichnet ist. Als Nachteil ist bei dieser Übung anzusehen, daß weder der kräftige Abstoß erfolgen noch der Fuß abgerollt werden kann. Das muß am Hindernisbalken erlernt werden.

Zur Verbesserung der Sprungkraft eignen sich das Aufspringen auf Kästen aus dem Niedersprung von unterschiedlich hohen Kästen (Foto 1) sowie Tiefsprünge von einem Kasten sofort auf den nächsten (Foto 2, Seite 138).

1

2

● *Übungsschwerpunkt:* Training der Technik am Wassergraben
Da auf den meisten Sportplätzen kein Wassergraben vorhanden ist,
kann als Behelf seitlich an einer Sprunggrube ein Hindernis in der
entsprechenden Höhe fest im Boden verankert werden; von diesem
lassen sich Sprünge in die Sandgrube ausführen. Das hintere Ende des
Wassergrabens wird mit Hilfe einer Schnur oder Linie markiert.
Beim Training ist auf folgende technische Merkmale besonders zu
achten:

● Steigerndes Tempo beim Anlauf an das Hindernis mit einem Min-
  destanlauf von 20 bis 25 Meter (räumliche Koordinierung der Laufbewegung mit dem Hürdenschritt).
● Abstoß circa 1,50 bis 1,80 Meter vor dem Hindernis vom Fußballen,
  nicht durch Abrollen des Fußes.
● Zwischenmarken können zu Beginn für das zu erwerbende Raumge-
  fühl benutzt werden.
● Bereits im Training mit mehreren Läufern gleichzeitig an das Hin-
  dernis heranlaufen, da Drängeleien starken Einfluß auf die Technik
  nehmen können.
● Flüssige Verbindung von Lauf und Hürdenschritt ohne Trippeln.
● Vor dem Hindernis nicht aufrichten, sondern Körpervorlage beibe-
  halten und über dem Hindernis noch stärker abducken.
● Aufsetzendes Bein im Knie nicht stärker als 90 Grad beugen.
● Abrollen des Fußes über den Balken und Greifen um die Kante des
  Hindernisses mit den Dornen.

- Nach Verlagerung des KSP über das Hindernis hinaus erfolgt ein flacher Schrittsprung nach vorn–unten mit dem Ziel etwa 30 Zentimeter vor Ende des Wassergrabens.
- Energischer erster Schritt nach der Landung mit Unterstützung der Arme.

Die Taktik im Hindernislauf
Die Taktik im Hindernislauf folgt den Prinzipien zur Taktik im Mittel- und Langstreckenlauf (siehe Kapitel «Der Mittel- und Langstreckenlauf»). Da Hindernisse zusätzliche Kraft kosten, ist besonders auf eine rationelle Technik und ein gleichmäßiges Tempo zu achten. Der Hindernisläufer sollte keine Bogen laufen und vor dem Hindernis nicht zu nah an den Vordermann heranlaufen. Weiterhin sollte er sich nicht von anderen Läufern einschließen lassen, da das Überqueren der Hindernisse dann sehr schwierig ist.

Lernkontrollen
Kontrolliere selbst die
- Technik zur Überquerung des Hindernisses
Die Lernkontrollen aus dem Kapitel «Hürdenlauf» (Seite 125) können zur Überprüfung der Technik übernommen werden.
- Technik am Wassergraben
Ähnlich der 30-Meter-Zeitnahme zur Kontrolle der Wechselzeit (siehe Kapitel «Der Staffellauf») werden 15 Meter vor und 15 Meter hinter dem Wassergraben Malstangen aufgestellt. Die Zeit für diese Strecke wird gestoppt und mit den bisherigen Leistungen verglichen.

Rahmentrainingsplan für Hindernisläufer
Vorbereitungsperiode (November bis April)

Tag	Übungsschwerpunkte	Min.	Trainingsbeispiel
1. Tag Wald	aerobe Ausdauer Sprungkraft	15	Aufwärmen Gymnastik
		60	Fahrtspiel mit besonderer Berücksichtigung von Übungen zur Verbesserung der Sprungkraft
		15	Traben

Tag	Übungsschwerpunkte	Min.	Trainingsbeispiel
2. Tag Halle	Beweglichkeit Schnelligkeit Hindernistechnik Kraft	20 20 30 15 15	Aufwärmen Hürdengymnastik Schulung der Hinder- nistechnik über Hürden 10 Starts 10 × 20 m Skippings Krafttraining Spiel
3. Tag Wald	aerobe Ausdauer anaerobe Ausdauer Schnelligkeit	20 60 15	Einlaufen und Gymna- stik zügiger Dauerlauf mit Tempoverschärfungen (6 × 500 m), 3 Bergaufläufen, 3 Steigerungsläufen über 150 m, 3 × 150 m Tempo- wechselläufen ruhiges Traben
4. Tag Halle	Beweglichkeit Schnelligkeit Wassergrabentechnik Sprungkraft	20 25 15 15	Aufwärmen Hürdengymnastik Schulung der Technik am Wassergraben mit Kasten 10 Starts und Sprints über 20–30 m Kniehebelauf Sprungkrafttraining: Tiefsprünge zwischen Kästen, Aufspringen auf Kästen im Schritt- sprung Spiel

Rahmentrainingsplan für Hindernisläufer
Wettkampfperiode (Mai bis September)

Tag	Übungsschwerpunkte	Min.	Trainingsbeispiel
1. Tag Bahn	anaerobe Ausdauer Beweglichkeit Schnelligkeit Hindernistechnik Sprungkraft	10 10 10 20 30 10 10	Einlaufen Hürdengymnastik 3 Koordinationsläufe (100 m) Schulung der Hindernistechnik an Hindernissen oder Hürden Tempoläufe: 500–800–1200–500 m Übungen zur Verbesserung der Sprungkraft ruhiges Traben
2. Tag Wald	aerobe Ausdauer anaerobe Ausdauer Schnelligkeit	60 20	Fahrtspiel: Aufwärmen und Gymnastik, häufiger Tempowechsel, Hüpf- und Sprungübungen, 3–4 Bergaufläufe, 3–5 Steigerungsläufe (150 m) Traben
3. Tag Bahn	aerobe Ausdauer Beweglichkeit Wassergrabentechnik Sprungkraft	10 10 20 15 25 10	Einlaufen Hürdengymnastik Schulung der Wassergrabentechnik (evtl. über Hindernis in Sandgrube) Übungen zur Verbesserung der Sprungkraft 3 Minuten-Läufe (5, 7, 5 Min.) in flottem Tempo Traben
4. Tag	Wettkampf oder Testläufe/Kontrollübungen		

Die wichtigsten Wettkampfbestimmungen

● Abstände der Hindernisse

Je nach Lage des Wassergrabens (in oder außerhalb der 400-Meter-Bahn) sind die Rundenlängen unterschiedlich und damit auch die Abstände. Nach den Amtlichen Leichtathletik-Bestimmungen (ALB) sind feste Maße für die Länge der Hindernisbahn und die Standpunkte der Hindernisse nur teilweise vorgeschrieben. Ausgangspunkt für das Aufstellen der Hindernisse ist das fünfte Hindernis, dessen Abstand zum Ziel 68 Meter betragen soll. Das erste Hindernis soll möglichst zehn Meter oder etwas weiter hinter der Ziellinie stehen. Der Wassergraben ist immer das vierte Hindernis der Rundbahn. Maße für die Hindernisbahn mit Innengraben sind *Abbildung 4* zu entnehmen.

● Hindernisse

Die Hindernisse sind aus 12,7 mal 12,7 Zentimeter starken Balken gefertigt und haben eine Höhe von 91,1 bis 91,7 Zentimeter und eine Breite von 3,96 Meter. Ihr Gewicht von 80 bis 100 Kilogramm und die beiden 1,20 bis 1,40 Meter langen Füße gewähren einen festen Stand (*Abbildung 5*).

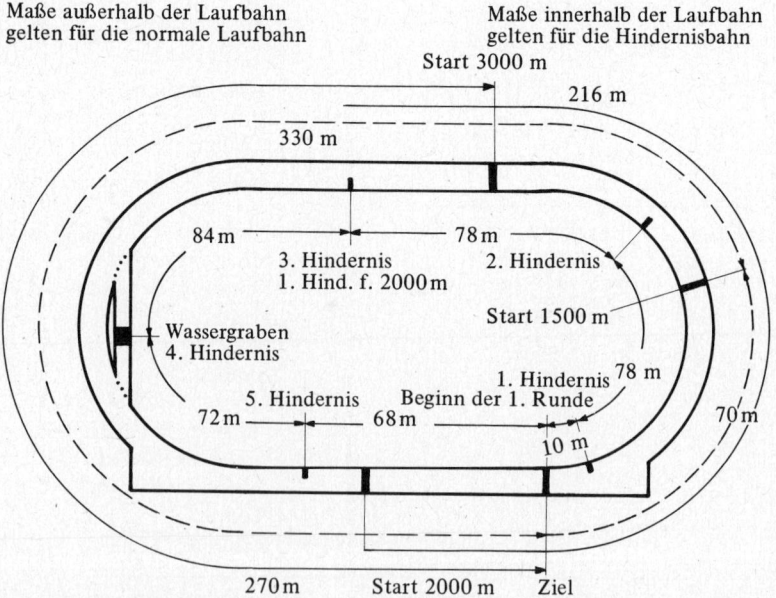

Abb. 4: Hindernisbahn

● **Wassergraben**

Der Wassergraben ist einschließlich des Hindernisses 3,66 Meter lang und ebenso breit. Die Wassertiefe an der Hindernisseite beträgt 70 Zentimeter und vermindert sich stetig bis zum Bodenniveau. Am flachen Ende des Wassergrabens soll die Aufsprungfläche mit einer Matte aus weichem Material bedeckt sein, die mindestens 2,50 Meter lang, 3,66 Meter breit und 30 Millimeter stark sein muß. Das Hindernis vor dem Wassergraben muß sicher befestigt sein und die gleiche Höhe haben wie die übrigen Hindernisse (*Abbildung 6*).

● **Disqualifikation**

Wer an der Seite des Wassergrabens vorbeiläuft oder den Fuß oder das Bein an einem Hindernis vorbeiführt, wird disqualifiziert.

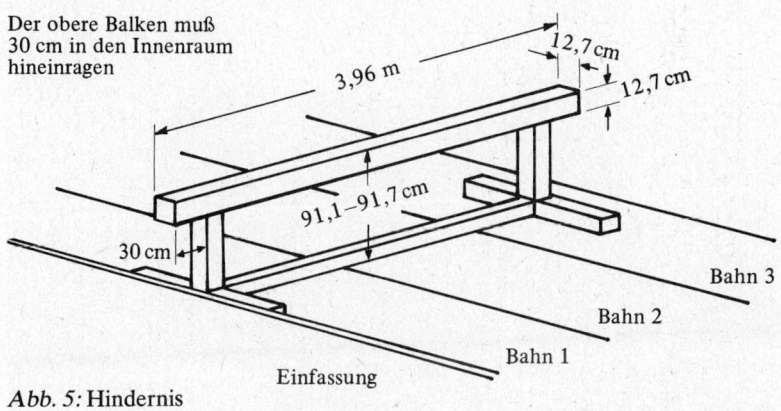

Der obere Balken muß 30 cm in den Innenraum hineinragen

3,96 m

12,7 cm

12,7 cm

91,1–91,7 cm

30 cm

Bahn 3

Bahn 2

Bahn 1

Einfassung

Abb. 5: Hindernis

Hindernis

127 mm x 127 mm

914 mm

Laufbahn →

Wasserspiegel

700 mm

3,66 m

Abb. 6: Wassergraben

Der Staffellauf

Olympische Strecken
Männer: 4 × 100 m
            4 × 400 m
Frauen: 4 × 100 m
(Weitere deutsche Staffelstrecken
siehe unter «Wettkampfbestimmungen»)

Begeisterungssturm und jähes Entsetzen
Schon im Vorlauf hatte die deutsche Frauenstaffel bei den Olympischen
Spielen 1936 in Berlin über 4 × 100 Meter in 46,4 Sekunden einen
neuen Weltrekord und neuen olympischen Rekord aufgestellt. Sie war
damit klarer Favorit. Im Endlauf betrug der Vorsprung beim dritten
Wechsel etwa zehn Meter; die Goldmedaille war eigentlich nicht mehr
zu verlieren. Da passierte es: Ilse Dörffeldt, die den Stab von Marie
Dollinger übernimmt, hält den Stab nicht fest genug, und er fällt auf die
Aschenbahn. Damit war die sichere Goldmedaille verloren.
Staffeln gehören zu den spannendsten und beliebtesten Disziplinen der
Leichtathletik. Sie werden in vielfacher Form und an unterschiedlichen
Orten gelaufen, im Stadion, als Straßenstaffel oder auch im Gelände.
Ihren Ursprung haben Staffeln in der Arbeitsteilung. Dort, wo das
Überbringen einer Nachricht die Kräfte eines einzelnen überfordert
hätte, mußten mehrere Läufer diese Aufgabe übernehmen. Bekannt
sind die Laufstaffetten der Azteken, Inkas und Mayas zur Übermittlung
von Nachrichten. In Griechenland gab es Fackelstaffetten im Zusammenhang mit dem Totenkult und zur Weitergabe des heiligen Feuers in
die neuen Kolonien. Das olympische Feuer, das vom Stadion in Olym-

pia erstmals 1936 in Form eines Staffellaufs nach Berlin getragen wurde, geht auf griechische Traditionen zurück.

Die 4 × 100-Meter- und die 4 × 400-Meter-Staffeln in der heutigen Form wurden erstmals 1912 bei den Olympischen Spielen in Stockholm gelaufen. In der 4 × 100-Meter-Staffel lag damals die deutsche Mannschaft vorn, wurde aber disqualifiziert, da der Läufer Rau die Wechselmarke überschritten haben soll.

Die Technik des Staffellaufs

Ziel im Staffellauf ist das sichere Übergeben und Übernehmen des Staffelstabs im höchstmöglichen Tempo. Ein Raumgewinn kann durch das Vorstrecken bzw. Zurückführen der Arme sowie durch Laufen auf den kürzesten Wegen (siehe «Wechselarten») erreicht werden. Das Vor- und Zurückstrecken des Arms darf aber nicht so übertrieben geschehen, daß es den Laufrhythmus stört. Bei optimalen Wechseln kann gegenüber der Summe der Bestzeiten der vier Staffelläufer durch die fliegenden Starts ein Zeitgewinn von 2 bis 2,2 Sekunden erzielt werden. Die Sollzeit einer gut eingewechselten Staffel errechnet man durch die Addition der Bestzeiten minus zwei Sekunden.

● Der Start zur 4 × 100-Meter-Staffel beginnt an den Markierungen zum 400-Meter-Lauf, das heißt mit Kurvenvorgabe. Der Startblock wird weit rechts auf der Bahn montiert, damit der Läufer die ersten Meter gerade (tangential zur Kurve) anlaufen kann (siehe *Abbildung 1*).

● Ablaufen an den Wechselmarken

Der den Stab übernehmende Läufer darf bis zu zehn Meter vor dem eigentlichen Wechselraum im sogenannten Anlaufraum starten (siehe *Abbildung 2*).

Dieser Läufer beginnt seinen Lauf, wenn der den Stab überbringende Läufer eine Markierung (Ablaufmarke) erreicht hat. Der übernehmende Läufer muß loslaufen, ehe der den Stab überbringende Läufer an ihn herangekommen ist, damit im Wechselraum bei möglichst hohem Tempo der Stab übergeben und übernommen werden kann.

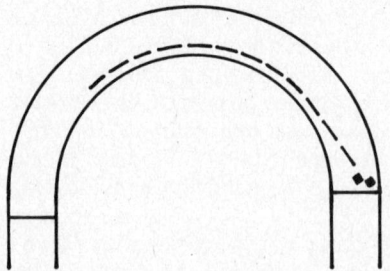

Abb. 1: Lage des Startblocks bei der 4 × 100-m-Staffel (1 Bahn)

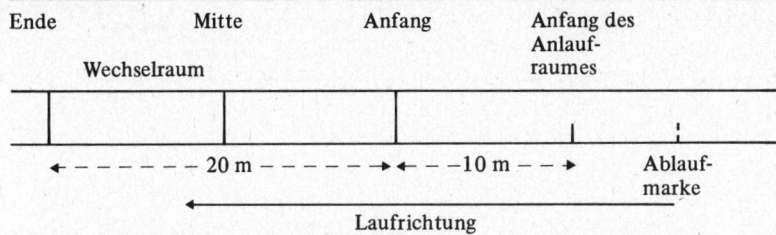

Abb. 2: Wechselraum und Anlaufraum bei der 4 × 100-m-Staffel

Die Ablaufmarkierung ist zwischen den beiden Läufern individuell festzulegen. Dabei müssen sowohl die Geschwindigkeit des ankommenden als auch die Beschleunigungsfähigkeit des übernehmenden Läufers aufeinander abgestimmt werden. Mit zunehmender Erfahrung sollte der übernehmende Läufer sich nicht nur auf die Ablaufmarkierung konzentrieren, sondern auch ein Gefühl für das Loslaufen aus dem Abschätzen der Geschwindigkeit des ankommenden Läufers entwickkeln. Der übernehmende Läufer beginnt, ohne nach hinten zu schauen, mit kräftiger Armarbeit und kraftvollen Schritten seinen Lauf.

● Die Stabübergabe im Wechselraum bei der 4 × 100-Meter-Staffel
Beim Eintritt in den Wechselraum gewinnt der übernehmende Läufer an Geschwindigkeit, während der den Stab bringende Läufer durch seine höhere Geschwindigkeit näher kommt. Der Stabwechsel sollte nach 12 bis 16 Meter innerhalb des Wechselraumes, am besten bei 16 Meter, erfolgen, und zwar in zwei bis höchstens vier Schritten. Der übernehmende Läufer darf sich dabei nicht umschauen, sondern sollte auf ein Rufzeichen des übergebenden Läufers die Hand zurückführen und den Stab mit dem weit von den geschlossen gehaltenen Fingern abgespreizten Daumen übernehmen.

● Wechselarten
Je nach Laufweg und bevorzugter Hand zur Übergabe/Übernahme des Staffelholzes gibt es verschiedene Wechselarten.
Beim *Innenwechsel* läuft der Stab bringende Läufer innen (auf der linken Seite der Bahn) an den übernehmenden Läufer heran. Der Stab wird mit der rechten Hand übergeben und mit der linken (inneren) Hand übernommen. Jeder Läufer, mit Ausnahme des Startläufers, muß nach der Stabübernahme das Staffelholz von der linken in die rechte Hand wechseln (siehe *Abbildung 3*, Seite 148).
Beim *Außenwechsel* läuft der übergebende Läufer von außen (auf der rechten Seite der Bahn) an den übernehmenden Läufer heran. Der Stab wird mit der linken Hand übergeben und mit der rechten angenommen. Danach erfolgt ein Wechsel von der rechten in die linke Hand (siehe *Abbildung 4*, Seite 148).

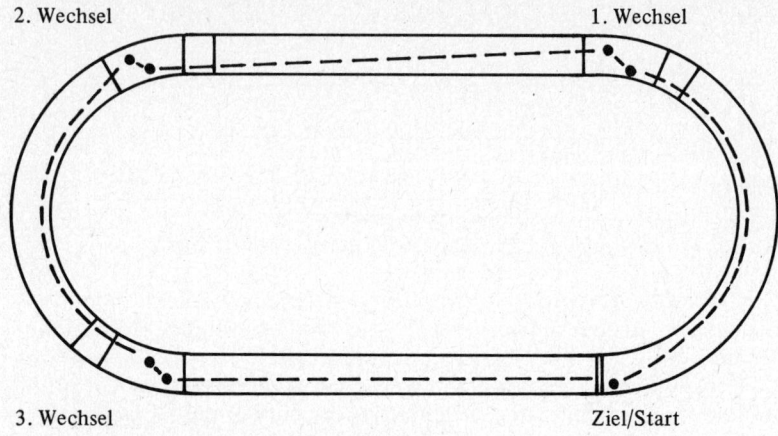

Abb. 3: Laufwege beim Innenwechsel (1 Bahn)

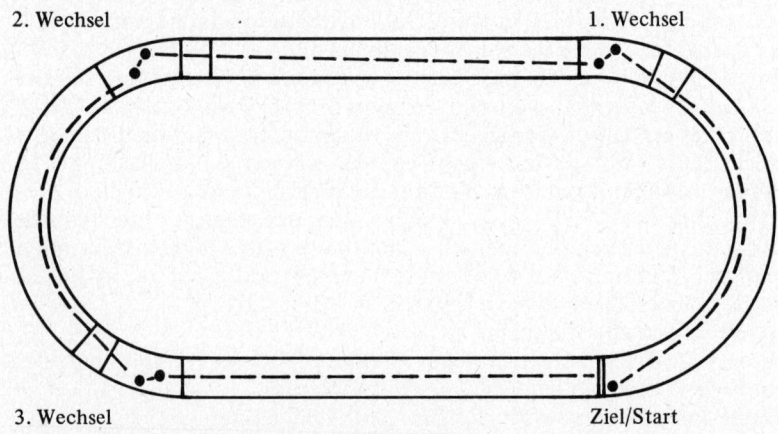

Abb. 4: Laufwege beim Außenwechsel (1 Bahn)

Der gemischte oder ‹*Frankfurter Wechsel*› ist eine Kombination aus Innen- und Außenwechsel. Der Startläufer trägt den Stab in der rechten Hand und läuft zum ersten Wechsel innen an den übernehmenden Läufer heran (Innenwechsel). Der zweite Läufer übernimmt mit der linken Hand und behält ihn dort bis zur Übergabe an den dritten Läufer, der von außen (Außenwechsel) mit der rechten Hand den Stab übernimmt. Auch dieser Läufer behält den Stab in der rechten Hand

2. Wechsel   1. Wechsel

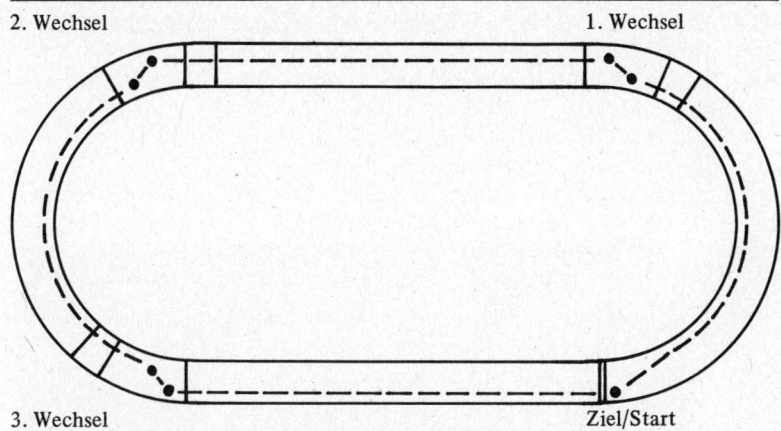

3. Wechsel   Ziel/Start

Abb. 5: Laufwege beim ‹Frankfurter Wechsel› (1 Bahn)

und übergibt ihn von innen (Innenwechsel) an den mit der linken Hand
übernehmenden vierten Läufer (siehe *Abbildung 5*).
Merke: Die Kurvenläufer tragen den Stab in der rechten, die Läufer auf
der Geraden in der linken Hand.

Vor- und Nachteile der einzelnen Wechsel
Kriterien für den Vorzug einer bestimmten Wechseltechnik sind die
Länge des Laufweges und die bevorzugte Hand.
● Innenwechsel
Vorteil: Auf den ersten und dritten 100 Metern wird die kürzeste
Strecke an der Innenkante der Bahn gelaufen.
Nachteil: Auf der zweiten 100-Meter-Strecke wird ein längerer Weg
gelaufen. Der Stab wird mit der meist ungeschickteren linken Hand
angenommen.
● Außenwechsel
Vorteil: Der Stab wird mit der rechten, meist geschickteren Hand
angenommen.
Nachteil: Die Kurvenläufer legen einen weiten Weg auf der Außenseite
der Laufbahn zurück.
● ‹Frankfurter Wechsel›
Vorteil: Es wird auf allen Strecken der kürzeste Weg gelaufen.
Nachteil: Der Stab muß beim ersten und dritten Wechsel wie beim
Innenwechsel mit der ‹ungeschickteren› linken Hand angenommen
werden. Da der Stab nicht in die andere Hand übergeben wird, müssen

von oben nach unten vier Hände nacheinander Platz zum Greifen
haben. Das kann leicht zum Verlieren des Stabs führen.
Foto 1 zeigt das Greifen der Hände nacheinander beim ‹Frankfurter
Wechsel›.

● Möglichkeiten der Stabübergabe (Foto 2 bis 4)
Der Stab kann von unten nach oben (Foto 2) oder von oben nach unten

1

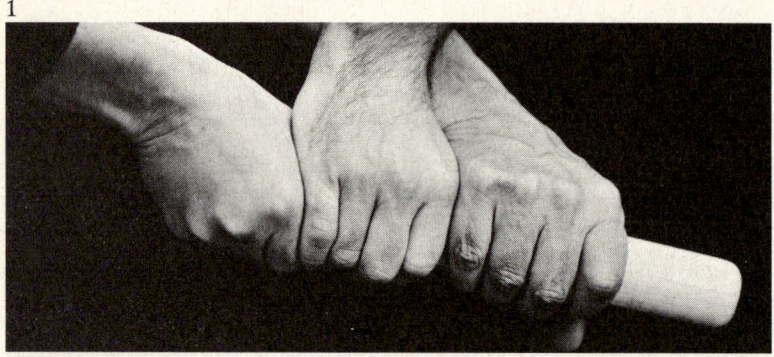

2

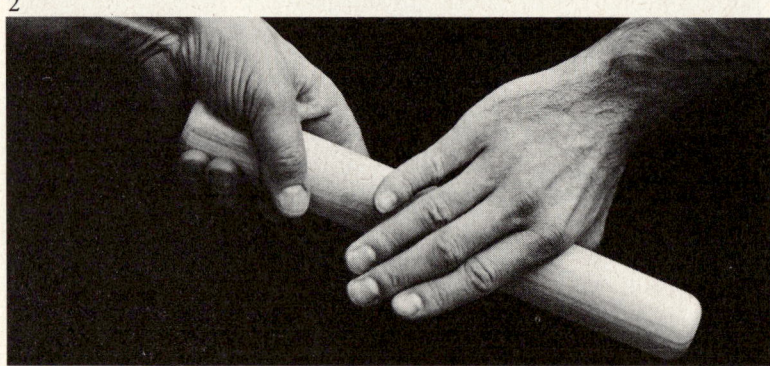

3

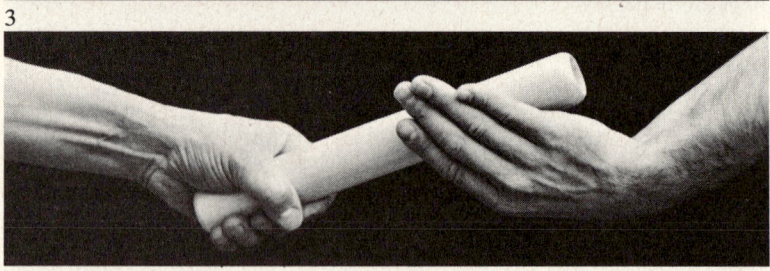

(Foto 3) in die Hand gelegt werden. Eine Variante ist die Stabübergabe mit *Henkelgriff* (Foto 4).

Die Stabübergabe von unten nach oben hat sich allgemein durchgesetzt. Bei der Übergabe von oben nach unten (*Fackelträgerübergabe*) macht sich nachteilig bemerkbar, daß der Arm sehr hoch nach hinten zurückgestreckt werden muß, wodurch es zu Laufrhythmusstörungen kommen kann.

● Stabübergabe bei der
4 × 400-Meter-Staffel
Durch das geringere Tempo des ankommenden Läufers wird «auf Sicht» gewechselt, das heißt, der den Stab übernehmende Läufer schaut sich um. – Foto 5 zeigt den Wechsel ‹auf Sicht› bei der 4 × 400-Meter-Staffel.

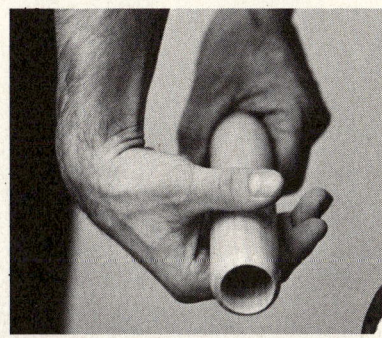

4

5

6   5   4

Das Vorbild
DDR-Frauenstaffel 1974 in Rom
beim Weltrekord in 42,51 Sekunden
(erster Wechsel Maletzki–Stecher)

Beide Läuferinnen zeigen vor dem Wechsel eine schwungvolle Armarbeit und den gleichen Schrittrhythmus (Foto 1). Die Stab bringende Läuferin (Maletzki) läuft als Kurvenläuferin wegen des kürzeren Weges innen auf der Bahn, die übernehmende Läuferin (Stecher) am äußeren Rand (Foto 2). Maletzki schwingt auf Foto 2 die Hand nur bis zur Höhe des Rumpfes zurück. Dadurch hat sie den Stab schon nach vorn gebracht, ehe Stecher die Hand zurückführt (Foto 3 und 4). Diese befindet sich hier mit der Armarbeit gegengleich zum Rhythmus der Beine und führt in diesem Rhythmus die Hand zum Stabfassen zurück (Fotos 3 bis 6).
Maletzki ist inzwischen bis auf etwa einen Meter herangekommen. Stecher hat den Daumen der übernehmenden linken Hand weit von den

12   11   10

3   2   1

Fingern abgespreizt (Foto 6 und 7). Die Stabübergabe erfolgt von unten nach oben.

Auf Foto 7 bekommt Stecher den ersten Kontakt mit dem Stab. Sie ergreift sehr sicher den in die Hand geführten Stab nahe an Maletzkis Hand, um noch Platz für die Hände der beiden folgenden Läuferinnen (zweiter und dritter Wechsel) zu lassen.

Während des Wechselvorgangs kommt es bei Renate Stecher zu einer Rhythmusstörung zwischen Armen und Beinen, die auf Foto 9 deutlich zu erkennen ist. Hier müßte die linke Hand gegengleich zum rechten Bein vorn sein. Diese nicht zu vermeidende Rhythmusstörung ist aber optimal kurz, da der Wechsel auf nur zwei Laufschritten (Fotos 6 bis 10) vollzogen wird.

Mit dem Ende des Wechsels (Foto 10) ist der normale Rhythmus zwischen Armen und Beinen wiederhergestellt; auf dem nächsten Foto (11) ist bereits eine kräftige Armarbeit zu erkennen. Die Stabübergabe ist bei circa 16 Metern beendet; der Wechselraum ist also optimal ausgenutzt.

9   8   7

Fehler beim Staffellauf	*Korrekturhilfen*
• der Stabübernehmende läuft vorzeitig ab, so daß der Stabbringende im Wechselraum nicht herankommt	Ablaufmarke verkürzen; Wechsel bei hohem Tempo mit kürzerer Ablaufmarke üben
• der Stabübernehmende läuft zu spät ab, so daß der Stabbringende aufläuft	Verlängern der Ablaufmarke und Üben des Wechsels bei hohem Tempo mit der weiteren Ablaufmarke
• Umschauen beim Stabwechsel	Dafür sorgen, daß der Stab auch ohne Umschauen sicher übergeben werden kann durch Üben des Wechsels bei geringem Tempo auf Rufzeichen hin; dabei konzentriert nach vorn schauen
• zu frühes Zurückführen des Arms	erst auf das Rufzeichen des Stabbringenden den Arm zurückführen; bis dahin unterstützen die Arme den Laufrhythmus
• zu frühes Vorstrecken des Arms	den Abstand zum Vordermann nicht durch zu weites oder frühes Vorstrecken des Arms zu überbrücken versuchen (meist aufgrund von Ermüdung oder der Furcht, den Vordermann nicht mehr zu erreichen), sondern durch Laufen versuchen, näher zu kommen

Wie trainiere ich den Staffellauf?
Voraussetzung für ein Staffeltraining und eine gute Staffelzeit ist zunächst die Grundschnelligkeit der einzelnen Staffelläufer, die durch das Sprinttraining erworben werden muß. Erst darauf kann das Training der Wechsel aufbauen.

Spielformen zum Erlernen des Staffellaufs sind:
• Staffel um zwei Wendepunkte
  Die nachfolgenden Läufer stehen seitwärts und rücken an die Ablösestelle vor (siehe *Abbildung 6*)
• Übergabe des Staffelholzes als Partnerübung. Der Stab wird von links nach rechts übergeben; die Partner überholen sich fortwährend und wechseln immer wieder in der beschriebenen Weise.

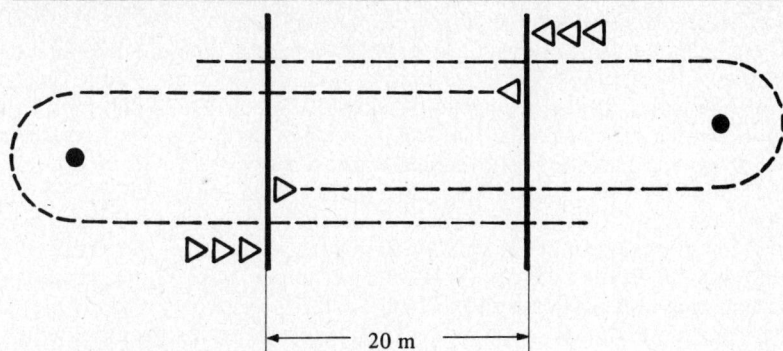

Abb. 6: Staffel um zwei Wendepunkte

- Loslaufen aus dem Hochstart, wenn ein gerollter Ball die Marke «Los» erreicht hat (siehe *Abbildung 7*)

Eine Gruppe steht nebeneinander in Hochstartstellung. Ein Junge rollt den Ball an den Marken «Fertig» und «Los» vorbei. Wenn der Ball die Marke «Los» erreicht hat, laufen alle los. Der Ball darf die Gruppe nicht erreichen.

- In der gleichen Aufstellung läuft jetzt jeweils ein Schüler an den Marken vorbei und wechselt mit dem Partner.

Beachte: Lauf mit vollem Armeinsatz los!

Schau dich nicht um! Ein Beobachter kann dich auf Fehler aufmerksam machen, etwa ob du zu früh oder zu spät losgelaufen bist.

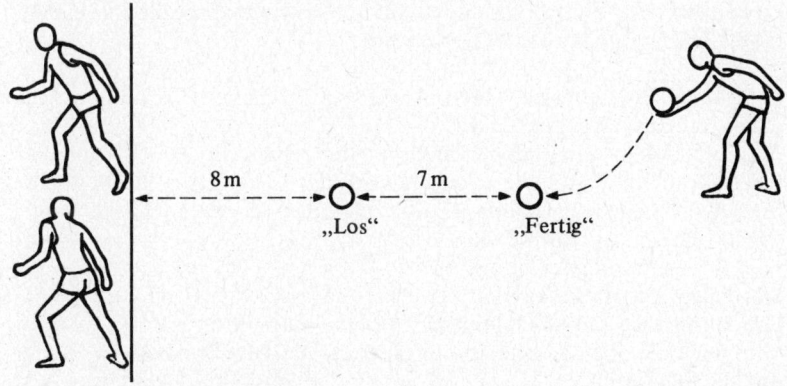

Abb. 7: Spielform ‹Staffellauf›

● *Übungsschwerpunkt:* Festlegen der Ablaufmarken
Der Ablauf geschieht meist aus dem Hochstart, wobei der Läufer so
stehen sollte, daß er beim Umschauen auf die Ablaufmarke die geringste Verwringung (den geringsten Blickwinkel) zeigt. Die Ablaufmarke
muß jeweils zwischen zwei Läufern individuell festgelegt werden. Der
Übergabepunkt sollte bei optimalen Wechseln etwa bei 16 Meter innerhalb des Wechselraumes liegen. Im Training wird durch Verlängerung
oder Verkürzung der Ablaufmarke herausgefunden, wann dieser günstigste Übergabepunkt bei 16 Metern sicher erreicht wird. Der Wechsel
muß bei der Festlegung der Anlaufmarke immer unter Wettkampfbedingungen, also mit höchstmöglichem Tempo, gelaufen werden. Wegen
der starken Ermüdung können daher in einer Trainingseinheit nur
wenige Wechsel durchgeführt werden.

● *Übungsschwerpunkt:* Wechsel auf Zuruf
Der Stab bringende Läufer nähert sich unter Höchsttempo dem übernehmenden Läufer auf circa einen bis 1,5 Meter und gibt ein Rufzeichen. Daraufhin führt der übernehmende Läufer den Arm zurück und
wechselt auf zwei bis höchstens vier Schritten. Durch häufigeres Wechseln muß der übernehmende Läufer die Gewißheit erhalten, daß er den
Stab sicher bekommt, auch ohne sich umzuschauen.

● *Übungsschwerpunkt:* Ablauf ohne Ablaufmarke
Verschiedene Bedingungen wie Nervosität, Müdigkeit, Gegenwind
usw. können dazu führen, daß die Ablaufmarke nicht ihren Zweck
erfüllt, weil der heranlaufende Läufer weder die erwartete Geschwindigkeit hat noch der übernehmende Läufer mit der üblichen Startge-
schwindigkeit loslaufen kann. Hier empfiehlt es sich, ohne Ablaufmarke den Wechsel zu trainieren, wobei der übernehmende Läufer lernen
muß, Geschwindigkeiten abzuschätzen.

● *Übungsschwerpunkt:* Wechsel auf verschiedenen Positionen ein-
gangs und ausgangs der Kurve
Da der Lauf in der Kurve langsamer und durch die Zentrifugalkraft
(‹Fliehkraft›) auch schwieriger ist als auf der Geraden, sollten die ein-
zelnen Wechsel unter Wettkampfbedingungen an den entsprechenden
Wechselmarken geübt werden.

Die Taktik im Staffellauf
Die Besetzung der einzelnen Positionen nach ihren Anforderungen
oder nach der Schnelligkeit der Läufer bestimmt den Verlauf der Staffel
und die Staffelzeit.

Die zu laufenden Strecken sind nicht alle gleich lang. Der Startläufer muß 110 Meter, die Läufer auf den Positionen zwei und drei müssen 130 Meter (mit 10 Meter Ablaufraum) und der Schlußläufer 120 Meter (mit Anlaufraum) laufen. Die Positionen zwei und drei sollten also von solchen Läufern besetzt werden, die 120 bis 130 Meter am besten durchhalten.

Bei der Aufstellung wird ferner nach Kurvenläufern und Läufern auf der Geraden unterschieden. Die Kurvenläufer sind meist kleinere, leichte Läufer, während die Läufer mit langen Beinen die Gerade bevorzugen. Ein Test über 120 bis 130 Meter in der Kurve ergibt Hinweise auf die späteren Einsatzmöglichkeiten. Der Startläufer sollte über einen reaktionsschnellen Start verfügen und ein guter Kurvenläufer sein.

Auch die Wechselqualitäten können von ausschlaggebender Bedeutung für die Staffelaufstellung sein. Die Läufer auf der Position eins und der Schlußläufer brauchen nur einmal zu übergeben bzw. zu übernehmen, während die beiden anderen Läufer zweimal wechseln müssen. Weniger sichere oder nervöse Läufer sollten dann auf Position eins oder vier gesetzt werden. Den Schlußläufer zeichnet Kampfkraft und Kampfwillen aus.

Die Aufstellung der Läufer nach ihrer unterschiedlichen Schnelligkeit beeinflußt ebenfalls den Staffellauf. So kann eine Staffel die beiden schnellsten Läufer auf Position eins und zwei setzen, um auf diese Weise einen frühzeitigen Vorsprung zu erreichen und damit Sicherheit für die nächsten Wechsel zu schaffen. In dieser Hinsicht gibt es mehrere Möglichkeiten für die Gestaltung des Rennverlaufs, die sich nicht zuletzt nach der Aufstellung der gegnerischen Mannschaft richtet.

Der Trainingsplan des Staffelläufers

Das Training des Staffelläufers besteht zunächst aus dem Sprinttraining (siehe dazu den Rahmentrainingsplan für Sprinter, Seite 68ff). Zweimal in der Woche sollte das Training des Stabwechsels nach Absprache zusätzlich oder während des Sprinttrainings durchgeführt werden.

Lernkontrollen

Zur Kontrolle der Wechselzeit dient die Zeitnahme über die Strecke von 30 Meter, die der Länge des Wechselraums mit dem Anlaufraum entspricht. Anfang und Ende der Strecke werden durch je eine Malstange markiert. Eine dritte Stange wird senkrecht auf der Mitte der Strecke in einem Abstand von 20 bis 25 Meter aufgestellt. Von dieser Stange werden jeweils Anfang und Ende der 30-Meter-Strecke angepeilt (siehe *Abbildung 8*, Seite 158).

Die Zeit vom Passieren des Übergebenden an der ersten Stange bis zum

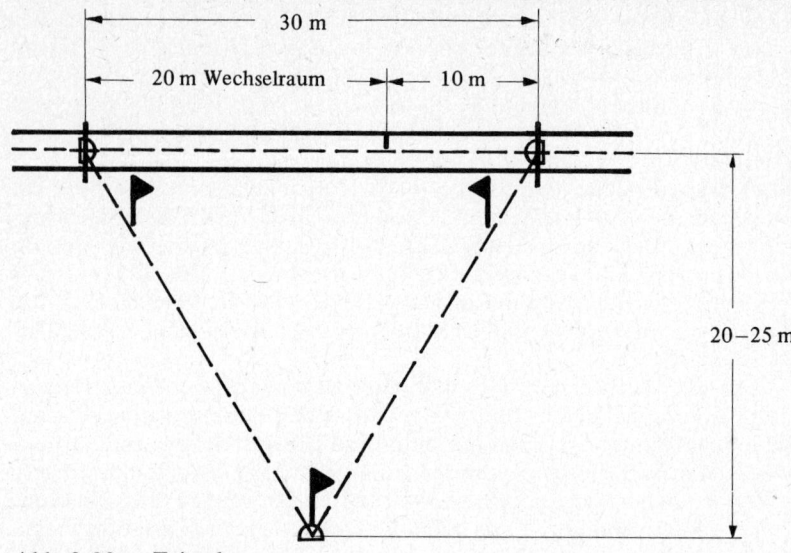

Abb. 8: 30-m-Zeitnahme

Passieren des Übernehmenden an der zweiten Stange wird mit der Stoppuhr festgehalten. Bei häufiger Kontrolle kann diese Zeit Aufschluß über einen guten oder schlechten Wechsel geben.

Die wichtigsten Wettkampfbestimmungen
Die Wechselräume bei der 4 × 100-m-Staffel sind 20 Meter lang, und zwar zehn Meter vor und zehn Meter hinter der jeweiligen 100-m-Marke. In diesem Wechselraum muß der Staffelstab übergeben werden. Die Übergabe des Staffelstabs außerhalb des Wechselraums führt zur Disqualifikation. Der Staffelstab muß während des gesamten Rennens in der Hand getragen werden.
Läßt ein Läufer den Stab fallen, darf nur er selbst ihn wieder aufnehmen. Um andere Läufer nicht zu behindern, müssen die abgebenden Läufer so lange in ihren Bahnen oder Wechselräumen verbleiben, bis die Laufbahn frei ist. Behindert ein Läufer nach Stabübergabe absichtlich durch Verlassen seines Platzes oder seiner Bahn ein Mitglied einer anderen Mannschaft, ist seine Mannschaft auszuschließen.
Unterstützung eines Läufers durch Abstoßen oder ähnliches bedingt den Ausschluß der Mannschaft.
Nach dem Vor-, Zwischen- oder Vorentscheidungslauf darf eine Mannschaft für einen späteren Lauf in ihrer Besetzung nicht mehr geändert

werden, außer bei Verletzung oder Krankheit eines der Läufer. In diesem Fall muß der für die Veranstaltung aufgerufene Arzt bescheinigen, daß eine weitere Teilnahme des verletzten oder kranken Läufers nicht möglich ist. Erst dann kann mit Genehmigung des Schiedsrichters ausgewechselt werden.

Wettkampfstrecken

Männer	4 × 100 m	männliche	4 × 100 m
und Junioren:	4 × 200 m	Jugend B:	3 × 1000 m
	4 × 400 m	weibliche	4 × 100 m
	4 × 800 m	Jugend A:	3 × 800 m
	3 × 1000 m	weibliche	4 × 100 m
	4 × 1500 m	Jugend B:	3 × 800 m
Frauen:	4 × 100 m	Schüler A:	4 × 100 m
	4 × 200 m		3 × 1000 m
	4 × 400 m	Schüler B:	4 × 75 m
	3 × 800 m		3 × 800 m
	4 × 800 m	Schüler C:	4 × 50 m
männliche	4 × 100 m		3 × 600 m
Jugend A:	4 × 400 m	Schülerinnen A:	4 × 100 m
	3 × 1000 m		3 × 800 m
	Olympische Staffel: 800, 200, 200, 400 m	Schülerinnen B:	4 × 75 m
			3 × 600 m
		Schülerinnen C:	4 × 50 m
	Schwedenstaffel: 400, 300, 200, 100 m		3 × 600 m

Der Volkslauf

Laufen ohne zu schnaufen

Mit diesem Motto will die Trimmwelle jung und alt aktivieren. «Komm mit uns auf Trab» lädt ein zum neuen Freizeitsport, ‹Trimm-Trab›. Selbst 80- und 90jährige nehmen heute an Marathonläufen teil, und die Frauen wollen es den Männern gleichtun.

Sportärzten und Sportlehrern erscheinen die Leistungen älterer Menschen nicht erstaunlich; denn gerade Ausdauerleistungen, nicht aber Kraft und Schnelligkeit, können bis ins hohe Alter erworben oder erhalten werden. Nach Hollmann entsprechen die Leistungswerte von Herz und Kreislauf ausdauertrainierter Personen im sechsten Lebensjahrzehnt den Mittelwerten von 30 Jahre jüngeren Personen. Diem formulierte: «Durch ein entsprechend körperliches Training gelingt es, zwanzig Jahre lang 40 Jahre alt zu bleiben.»

Durch ein Ausdauertraining wie längere Läufe wird die Muskulatur besser durchblutet. Diese Wirkung ist 15- bis 20mal stärker als die wirksamsten Arzneimittel. Die stärkere Durchblutung führt zu einer Kapillarisierung (Ausbildung von kleinsten Äderchen), was eine bessere Sauerstoffversorgung, einen besseren Abtransport von Stoffwechselprodukten, eine geringere Ermüdbarkeit und somit eine größere Leistungsfähigkeit nach sich zieht.

Belastungen oberhalb der Ausdauergrenze von 125 bis 130 Pulsschlägen pro Minute führen zu einer Herzvergrößerung. Dieses Herz ist aber nicht krankhaft geschädigt, sondern paßt sich den steigenden Anforderungen an. Durch das größere Herzvolumen (Inhalt) kann das Herz mit weniger Schlägen die gleiche Blutmenge befördern. Es muß auch bei

der Belastung nicht mehr so schnell schlagen, da es mehr Blut in die
Adern pumpen kann. Auch in Ruhe schlägt das Herz langsamer, verbraucht weniger Sauerstoff und arbeitet somit ökonomischer.
Neben dem Herz-Kreislauf-System wird auch die Lungentätigkeit verbessert. Der Atemgrenzwert läßt sich nahezu verdoppeln, und die
Atmungsökonomie verbessert sich bis zu 50 Prozent. Ausdauertraining
wirkt darüber hinaus positiv auf das vegetative Nervensystem, reduziert
den Blutfettspiegel und verhindert durch die Stoffwechselanregung den
Fettansatz.

Vorbeugen ist besser als heilen
Der erschreckend hohe Anteil der Herz-Kreislauf-Krankheiten mit
Todesfolge fordert aus gesundheitlichen und volkswirtschaftlichen Gesichtspunkten nachhaltig zu Vorbeugungsmaßnahmen auf. Die Ursachen liegen nicht zuletzt im Bewegungsmangel. Da Belastungsreize
fehlen, kommt es zu einer allgemeinen Verkümmerung der Organe,
wobei der Zustand durch erhöhten Fettansatz und Übergewicht zusätzlich erschwert wird.
Bewegungsreize in Form eines *Ausdauertrainings* sind am besten geeignet, Herz-Kreislauf-Schäden vorzubeugen und eine allgemeine organische Funktionsverbesserung zu erreichen.

Hinweise zur Durchführung des Ausdauer-Lauftrainings
- Die ersten Schritte führen zum Arzt, der Herz und Lunge untersucht.
- Die Läufe sollten zur Schonung von Muskeln, Sehnen und Gelenken
  im Gelände (Wald, Park) auf weichem Boden und in frischer Luft
  durchgeführt werden.
- Mit Läufen in langsamem Tempo beginnen. Wenn man sich beim
  Laufen noch unterhalten kann und nach dem Lauf das Gefühl hat,
  daß man noch viel schneller hätte laufen können, dann war das
  Tempo zunächst richtig.
- Allmählich und behutsam zunächst die Streckenlänge und dann das
  Tempo steigern. Die Broschüre zum Trimm-Trab gibt dem Anfänger
  Trainingsanleitungen für die Zeit vom ersten bis zum fünfunddreißigsten Übungstag (siehe den *Trainingsplan* auf Seite 163).
- Die Belastung (Anstrengung) – auch in diesem Trainingsplan – kann
  nach folgender Formel dosiert werden: 180 minus Lebensalter =
  Pulsschläge pro Minute während des Laufens.
  Beispiel: Ein 40jähriger sollte nur so schnell laufen, daß er nicht
  mehr als (180 minus 40=) 140 Pulsschläge pro Minute zählt. Wer
  gesund ist, braucht beim Einhalten der Werte nach dieser Formel
  keine Schädigung des Herz-Kreislauf-Systems zu befürchten.

1.– 5. Übungstag	X●●●X●●●XX●●●XX
6.–10. Übungstag	XX●●●●XX●●●●XX●●●●XX
11.–15. Übungstag	XXXX●●●●XXXX●●●●XXXX
16.–20. Übungstag	XXXXX●●●●●XXXXX●●●●●XXXXX
21.–25. Übungstag	XXXXX●●●●XXXXXXX●●●●XXXXXXXXXX
26.–30. Übungstag	XXXXXXXXXXXX●●●XXXXXXXXXXXX
31. Übungstag	XXXXXXXXXXXXXXXX = 1. Stufe DLV-Lauf-Abzeichen
32.–35. Übungstag	XXXXXXXXXXXXXXXX●●XXXXXXXXXXXX

X = 1 Minute Trimm Trab   ● = 1 Minute Gehpause

Trainingsplan zum Trimm-Trab für Anfänger . . .

- Eine sinnvolle Lebensweise mit ausreichendem Schlaf und mäßigem, vitaminreichem Essen fördert die Leistungsfähigkeit.
- Lauf-Treffs bieten die Möglichkeit zum Traben in Gesellschaft. Sie stehen unter fachkundiger Leitung und sind kostenlos. Auskunft geben die Sportvereine und das Stadtsportamt.
  Wer ein regelmäßiges Lauftraining betreibt, wird sein körperliches Wohlbefinden stärken, durch die Stoffwechselanregung weniger Probleme mit der Figur haben, sein Selbstvertrauen steigern und eine allgemeine größere Leistungsfähigkeit erreichen.
- Das «DLV-Lauf-Abzeichen» vergibt der Deutsche Leichtathletik-Verband (DLV) seit 1975 in drei Leistungsstufen. Diese Abzeichen für jedermann können ein zusätzlicher Anreiz sein, regelmäßig zu laufen. Jedes Abzeichen weist den Träger als ausdauertrainiert im Sinne der Aktion ‹Trimm-Trab› aus.
  Stufe 1 (silbernes ‹L› auf grünem Grund) – 15 Minuten
  Stufe 2 (silbernes ‹L› auf orange Grund) – 30 Minuten
  Stufe 3 (goldenes ‹L› auf blauem Grund) – 60 Minuten
  (Laufen ohne Pause, Tempo beliebig)
  Die Abzeichen werden mit einem Ausweis als Anstecknadel und Stoffabzeichen verliehen.

Teilnahme an Volksläufen
Wer seine Leistungsfähigkeit überprüfen möchte, kann an den vom Deutschen Leichtathletik-Verband veranstalteten Volksläufen teilnehmen. Teilnahmeberechtigt ist jeder, ohne Mitglied in einem Verein oder Verband sein zu müssen.
Dabei werden nach einer differenzierten Klasseneinteilung nach dem Lebensalter unterschiedlich lange Strecken gelaufen.

Auszeichnungen, meist in Form einer Medaille, bekommt jeder Teilnehmer beim Erreichen bestimmter Mindestleistungen (Sollzeiten). Volkslaufkalender mit allen Terminen in der Jahresübersicht können vom Deutschen Leichtathletik-Verband, Geschäftsstelle, Rheinstraße 20a, 6100 Darmstadt, angefordert werden. Kostenlose Broschüren zum Trimm-Trab und zu den Lauf-Treffs können bezogen werden vom Deutschen Sportbund, 6000 Frankfurt 71, Postfach. – Ausführliche Informationen gibt das Taschenbuch «Trablaufen – Ein Ausdauersport für Herz und Kreislauf. Training, Technik, Taktik» von Manfred Blödorn und Paul Schmidt (= rororo sachbuch 7007).

Der Orientierungslauf (OL)

Körper und Geist
Wer behauptet, daß Sportler nur stark sein müssen, der muß zumindest den Orientierungsläufer ausnehmen; denn dieser braucht den Geist für die Orientierung (O) und den Körper für das Laufen (L). Jeder kann an diesem Lauf teilnehmen, wenn er gelernt hat, mit Karte und Kompaß umzugehen – und das kann jeder lernen.

Beim Orientierungslauf werden im Gelände Punkte (Posten) aufgesucht, die vorher auf der Karte oder als Kompaßrichtung durch eine Marschzahl angegeben werden. Das erfolgreiche Anlaufen eines Postens wird durch Stempel, Lochen einer Karte, Zeichen, Schlüsselwörter oder dergleichen bestätigt.

Die Geschichte des Orientierungslaufs läßt sich bis Guts Muths zurückverfolgen. Seine Orientierungsübungen können als Anfänge des Orientierungssports betrachtet werden, wenn sie auch hauptsächlich für die Wehrertüchtigung gedacht waren und lange Zeit nur im militärischen Bereich Anwendung fanden.

Die neue Bewegung des Orientierungslaufs als nichtmilitärische Sportart geht von Skandinavien aus, wo bei Bergen in Norwegen 1897 der erste Orientierungslauf stattfand. In Deutschland förderte man im Dritten Reich den Orientierungslauf dann wieder für militärische Zwecke. Er geriet dann in Vergessenheit, bis er 1958 einen neuen Anfang durch eine Veranstaltung des Westdeutschen Skiverbandes in Arnsberg nahm. Die erste Deutsche Meisterschaft fand 1963 statt.

Der 1961 gegründete Internationale Orientierungssport-Verband vergibt Europa- und Weltmeisterschaften.

Die Technik des Orientierungslaufs

Der Orientierungslauf besteht aus zwei ausgeprägten Teilbereichen:
Orientierung (O) und Laufen (L). Schwächen auf dem einen Teilgebiet
können durch das andere Teilgebiet ausgeglichen werden; gute Leistungen sind aber nur durch die Verbindung von läuferischen Qualitäten mit guten Orientierungskenntnissen zu erreichen.
Die *Orientierung* geschieht anhand von Karte und Kompaß. Der Läufer muß die Karte lesen und auf das Gelände übertragen können. Dazu
benötigt er die Kenntnisse von Kartenzeichen, Höhenlinien und Maß-
stäben. Um einen Posten im Gelände zu finden, muß der Orientierungsläufer ständig die Karte mit der Umwelt vergleichen, etwa Bodenfor-
men und Bewuchs erkennen, Entfernungen nach dem Maßstab abschätzen und übertragen oder nach einer Gradzahl eine Marschrichtung
einhalten können.
Für das *Laufen* wird die Technik und Ausdauer des Langstreckenläufers gefordert. Hinzu kommen eine besondere Beweglichkeit im Gelände und die Anpassung von Kraft und Tempo an Steigungen, an unterschiedliche Oberfläche des Bodens und an Hindernissen.

Übungs- und Trainingsformen
zum Erlernen und Trainieren des Orientierungslaufs

Erste Übungen sind Spaziergänge mit der Familie nach Karte und
Kompaß. Der Spaziergang wird auch für Kinder reizvoller, wenn sie
selbst die Posten auswählen oder als Aufgabenstellung nach der Karte
suchen. Auswählen und Suchen der Posten geschieht abwechselnd von
verschiedenen Familienmitgliedern. Bei diesem ‹Spiel› werden Kartenzeichen ‹nebenbei› gelernt und letztlich die Natur intensiver erlebt.
Nach diesen spielerischen Anfängen wird die Zeit als Wettkampfkriteri-
um hinzugenommen. Automatisch entwickelt sich aus dem Spazieren-
gehen ein Lauf, weil die Aufgaben möglichst schnell erfüllt werden
sollen.
Mit zunehmend schwierigerer Aufgabenstellung wird das Kartenver-
ständnis systematisch erarbeitet und verbessert.
Für die *Orientierung* müssen folgende Fertigkeiten geübt und trainiert
werden:

- Bestimmung eines oder mehrerer Posten nach der Karte oder gege-
  bener Marschzahl nach dem Kompaß.
- Bestimmung der Himmelsrichtung nach Kompaß, Sonnenstand oder
  Schlagwetterseite (Nord-Westen) an Bäumen.
- Orientierung an markanten Punkten oder Verlauf von Wegen und
  Gewässern.
- Nach der Karte Aussagen über das Gelände treffen wie Bewuchs
  (Wald, Dickicht, Weide), Steigungen, Verlauf der Wege usw.

- Abschätzen von Entfernungen nach dem Maßstab auf der Karte, besonders in hügeligem oder steil ansteigendem Gelände; die Wege erscheinen auf der Karte kürzer als in der Natur.
- Umgehen von Hindernissen (Beibehaltung der Richtung, Neuorientierung).
- Entwicklung des Distanzgefühls durch ein Schrittmaß. Dafür bieten sich zwei Möglichkeiten: Nach dem Abschätzen oder Messen der Strecke auf der Karte wird nach dem Maßstab die Meterzahl geschätzt und errechnet. Im Training muß der Läufer seine Schrittzahl auf 100 Meter in verschiedenem Tempo (Gehen, Traben, Laufen) ermitteln und nun auf die geschätzte oder errechnete Entfernung übertragen. Macht er zum Beispiel im Gehen auf 100 Meter 60 Doppelschritte, so muß er bei einer errechneten Strecke von 300 Meter 180 Doppelschritte gehen. Diese Schrittzahl ändert sich im Traben und Laufen. Auch hierfür wird der Läufer im Training ein Schrittmaß und Entfernungsgefühl entwickeln.

Eine weitere Möglichkeit der Entfernungsmessung nach dem Schrittmaß ist die Umrechnung der Schrittzahl pro Millimeter auf der Karte. Hat ein Läufer eine Schrittlänge von circa 80 Zentimeter, so wird er bei einem Maßstab von 1 : 25 000 auf einen Millimeter etwa 30 Schritte (oder 15 Doppelschritte) machen. Auch hier muß er für ein schärferes Tempo die Schrittzahlen ermitteln.

Das *Laufen* wird allgemein nach dem Programm des Langstreckenläufers trainiert (siehe den Abschnitt «Wie trainiere ich den Mittel- und Langstreckenlauf», S. 80ff). Trainingsschwerpunkte und Streckenlängen können übernommen werden. Die Wahl des Weges wird sich aber von der des Langstreckenläufers unterscheiden. Der Orientierungsläufer sollte auch durch unwegsames Gelände ‹quer durch Wald und Heide› laufen und dabei Hindernisse und Steigungen überwinden.

Zur Beweglichkeit bieten sich gymnastische Übungen und das Circuittraining an.

Wettkampfformen des Orientierungslaufs
Bahn-Orientierungslauf
Diese Vorform des wettkampfmäßigen Orientierungslaufs wird auf einer mit vielen auffällig angebrachten Zeichen markierten Strecke veranstaltet, wobei Kontrollposten aufgesucht werden müssen.
Linien-Orientierungslauf
Die Strecken zu den Kontrollstellen werden auf der Karte durch Linien gekennzeichnet und in dieser Reihenfolge angelaufen. Dazu ist ein ständiger Kartenvergleich mit dem Gelände notwendig. Laufzeit und Vollständigkeit der Kontrollstellen-Kennzeichen entscheiden den Wettbewerb.

Fähnchen-Orientierungslauf
Im Gelände versteckte Fähnchen sind aufzusuchen und der Standort auf der Karte einzutragen. Maximalzeit angeben!

Punkt-Orientierungslauf (Abbildung 1)
Bei diesem klassischen Orientierungslauf wird die Lage der Kontrollpunkte auf einer Karte angegeben. Diese Kontrollposten sind bei freier Wegwahl möglichst schnell zu erreichen.

Kreuzjagd-Orientierungslauf
Zwei Läufer (oder Gruppen) starten aus entgegengesetzter Richtung. Die Gruppe, die zuerst das Ziel erreicht, hat gewonnen.

Kompaß-Orientierungslauf
Beim Start wird eine bestimmte Kompaßrichtung bekanntgegeben, bei der ersten Kontrollstelle die nächste Marschzahl (Richtung) usw. – oder: Alle Teilstreckenrichtungen und Teilstrecken werden zu Beginn bekanntgegeben (vier bis sechs Richtungsänderungen auf 500 bis 1000 Meter).

Postnetz-Orientierungslauf
Beim Start werden alle Kontrollposten angegeben; die Reihenfolge der Kontrollstellen liegt in eigener Entscheidung. Die Maximalzeit wird angegeben.

Stern-Orientierungslauf (Abbildung 2)
Start und Ziel befinden sich im Zentrum des Laufgeländes. Nach Anlaufen einer Kontrollstelle kommen die Läufer zum Start zurück und erhalten eine neue Aufgabe. Dieser Wettbewerb kann durchgeführt werden als Bahn-Orientierungslauf, Linien-Orientierungslauf, nach Marschrichtungszahl und Entfernungsangabe usw.

Punktbewertungs-Orientierungslauf (Score-Lauf)
In einer bestimmten Zeit sollen möglichst viele nach Entfernung und Schwierigkeit unterschiedlich hoch mit Punkten bewertete Kontrollposten aufgesucht werden.

Gedächtnis-Orientierungslauf
Nach kurzzeitigem Kartenstudium vor dem Start muß der Läufer aus dem Gedächtnis eine bestimmte Strecke oder mehrere Posten anlaufen.
Alle Wettkämpfe können als Einzelkonkurrenz, als Mannschafts- oder Staffelwettbewerbe ausgetragen werden.
Bei der Durchführung sollte man folgendes beachten:

● Der Schwierigkeitsgrad des Orientierungslaufs sollte durch die Wahl der Posten und des Geländes dem Können der Läufer angepaßt werden.

● Die Posten sollen eindeutig gekennzeichnet sein (farbiges Krepppapier, rot-weiße Postenplakate, Postenflagge, Stoffstreifen oder Stofflaternen). Sie müssen einwandfrei erkennbar, bestimmbar und von allen Seiten auf 30 bis 50 Meter sichtbar sein.

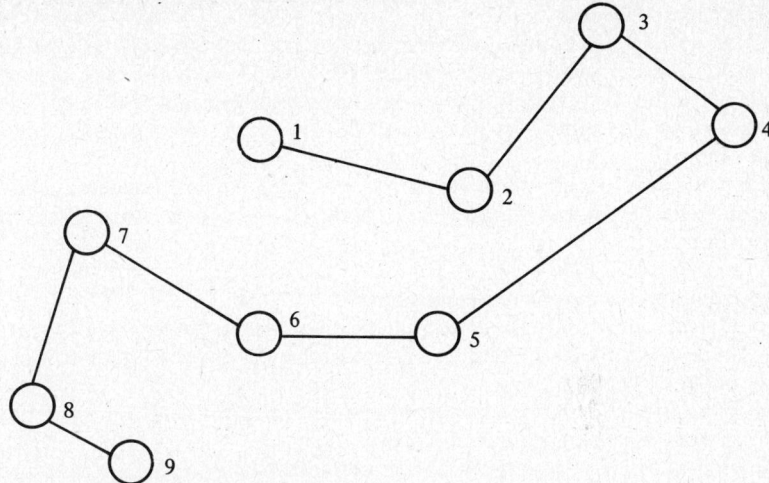

Abb. 1: Punkt-Orientierungslauf

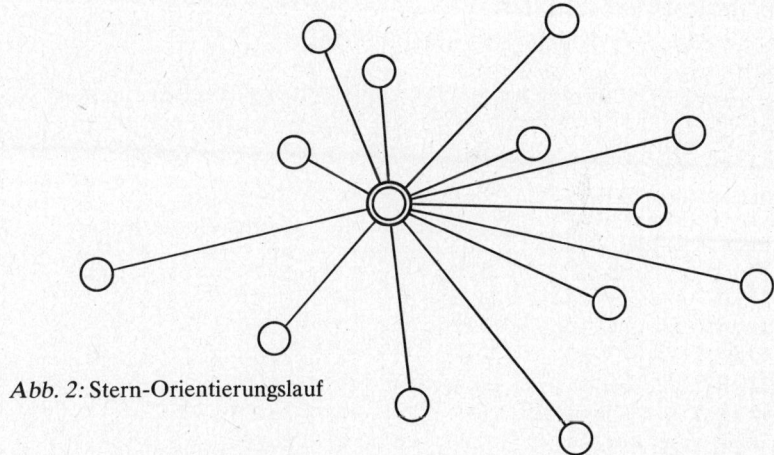

Abb. 2: Stern-Orientierungslauf

- Der Start kann einzeln im Abstand von einigen Minuten oder als Gruppenstart mit Möglichkeiten zur Aufteilung im Gelände (Score-Lauf) erfolgen.
- Bei der Routenwahl sollten keine Teilstrecken in spitzen Winkeln zusammenlaufen, da sich dann die Läufer leicht begegnen oder sehen können.

Taktische Hinweise

Taktische Überlegungen spielen eine Rolle bei der freien Routenwahl, wenn zum Erreichen einer möglichst hohen Punktzahl eine eigene Route unter Berücksichtigung von Geländeschwierigkeiten festgelegt wird. Das Lauftempo ist dann nach der Dauer des Wettkampfs abzustimmen.

Der Orientierungsläufer sollte nicht auf einen Kontrollposten zustürzen, wenn ein anderer Läufer in der Nähe ist und dadurch einen Vorteil erringt.

Argumente für den Orientierungslauf

● Der Orientierungslauf dient neben seiner Eigenständigkeit als Wettkampfsport auch bei anderen Sportarten zur Abwechslung im (Ausdauer-)Training.

● Der Orientierungslauf ist eine sinnvolle Freizeitbeschäftigung für die ganze Familie in der freien Natur.

● Er fordert eine geistige Auseinandersetzung mit dem Gelände und führt zur Bewegung in frischer Luft.

● Das Finden der Posten wird zum Erlebnis, das nicht zuletzt das Selbstbewußtsein stärkt.

Tabelle: Internationale Klasseneinteilung beim Orientierungslauf

Damen (D)			
Klasse	Alter	Streckenlänge in Kilometern	Zahl der Kontrollposten
D 12	bis 12	4–5	5–7
D 13	13–14	4–5	5–7
D 15	15–16	5–6	8–10
D 17	17–18	5–6	8–10
D 19 E	Elite	ca. 9	ca. 12
D 19 A	Allgemein	ca. 7	ca. 10
D 35	ab 35	5–6	8–10
D 43	ab 43	4–5	5–7

Herren (H)

Klasse	Alter	Streckenlänge in Kilometern	Zahl der Kontrollposten
H 12	bis 12	4–5	5–7
H 13	13–14	4–5	5–7
H 15	15–16	5–6	8–10
H 17	17–18	ca. 8	ca. 12
H 19	19–20	ca. 10	ca. 15
H 21 E	Elite	ca. 13	ca. 18
H 21 A	Allgemein	ca. 10	ca. 15
H 35	ab 35	ca. 9	ca. 12
H 43	ab 43	ca. 7	ca. 9
H 50	ab 50	ca. 5	ca. 7

Das Gehen

Wettkampfstrecken

Männer:	3, 5, 10, 15, 20, 25, 30, 35, 50 km;
	1 Stunde, 2 Stunden
Junioren:	3, 5, 10, 15, 20 km; 1 Stunde
männliche Jugend A:	3, 5, 10 km
männliche Jugend B:	3, 5 km
Schüler A:	1, 3 km
Schüler B:	1 km

Schön auf dem Boden bleiben!
Große Sprünge oder gar Höhenflüge sind den ‹erdverbundenen› Gehern nicht erlaubt. Sie haben nach den Regeln stets auf der Erde zu bleiben, und zwar muß mindestens ein Bein immer Kontakt mit dem Boden haben.

Mancher Spaziergänger wird sich über die so komisch watschelnden Geher wundern, und der unbefangene Fernsehzuschauer am Bildschirm fragt sich, ob das Gehen eine ernst zu nehmende Disziplin im Rahmen der Olympischen Spiele ist.

Mit dieser Einstellung sollte er aber nicht versuchen, mit den Athleten mithalten zu wollen; denn beim Zehn-Kilometer-Weltrekord im Gehen (41:36,2 Minuten) wurde eine Durchschnittsgeschwindigkeit von 14,493 Kilometer pro Stunde erzielt. Dieser Geher würde mühelos die Zeit für das Sportabzeichen beim 5000-Meter-Lauf erreichen.

Gehen ist durchaus eine ernst zu nehmende Sportdisziplin. Die ersten Meisterschaften wurden 1867 in London ausgetragen. 1912 wurde das Zehn-Kilometer-Bahngehen als olympische Disziplin eingeführt. In der jüngeren olympischen Geschichte war von 1936 bis 1972 das 50-Kilometer-Gehen die längste Strecke der leichtathletischen Disziplinen. Bei den Olympischen Spielen 1976 stand nur noch das 20-Kilometer-Gehen im Programm, das seit 1956 olympische Disziplin ist.

Die Technik des Gehens

Das sportliche Gehen umfaßt die Technikelemente:
- Beinarbeit
- Hüfteinsatz
- Schultergürtel- und Armarbeit

Die *Beinarbeit* kann man nach ihrem zyklischen Bewegungsablauf in fünf Phasen einteilen:
- vordere Stützphase
- hintere Stützphase
- Zweistützphase
- hintere Schwungphase
- vordere Schwungphase

Die *vordere Stützphase* beginnt mit dem Aufsetzen der Ferse des vorschwingenden Beins und endet, wenn es sich als Stützbein senkrecht unter dem Körperschwerpunkt befindet. Um eine Stemmwirkung zu vermeiden, darf das Bein nicht gestreckt aufgesetzt werden. Im Knie ein wenig gebeugt, fängt es nun als Stützbein das Körpergewicht auf. Bis zum vertikalen Stütz ist das Bein im Kniegelenk gestreckt.

Die *hintere Stützphase* beginnt bei der senkrechten Stellung des Stützbeins unter dem Körperschwerpunkt und endet mit dem Lösen des Fußes vom Boden. Nach den Regeln muß das Bein vor dem Abheben zur vollen Streckung gelangen. Besondere Bedeutung gewinnt diese Phase durch den starken Abdruck vom hinteren Bein, der hauptsächlich die Schrittlänge und die Geschwindigkeit bestimmt. Das geschieht durch ein Abrollen des Fußes von der Ferse bis zu den Zehenspitzen, wodurch auch der Bodenkontakt für längere Zeit gewahrt bleibt.

Die *Zweistützphase* ist für kurze Zeit erkennbar, wenn das vorschwingende Bein mit der Ferse aufsetzt und das hintere Bein sich mit den Zehen noch am Boden befindet. Sie ist das Merkmal einer nach den Regeln einwandfreien Gehtechnik.

Die, *hintere Schwungphase* beginnt, wenn die Zehen den Boden verlassen, und endet, sobald das Schwungbein die Höhe des sich in der Vertikalen befindlichen Stützbeins erreicht hat. Die Aufgabe dieser Phase besteht in der Erholung und Entspannung des Beins. Es soll leicht gebeugt, locker und flach über den Boden nach vorn schwingen.

Die *vordere Schwungphase* erstreckt sich von der Vertikalstellung des Schwungbeins auf Höhe des Stützbeins bis zum Aufsetzen der Ferse.

Der Oberschenkel sollte nur so hoch gehoben werden, daß der Unterschenkel flach über den Boden nach vorn pendeln kann. Das Bein wird vor dem Aufsetzen mit der Ferse nicht vollkommen gestreckt (siehe vordere Stützphase). Diese Phase hat ebenfalls Einfluß auf die Schrittlänge. Der Geher sollte den Schritt aber nicht zu weit ‹ziehen›, da ein zu großer Schritt zu einer unökonomischen Senkung des Körperschwerpunkts führt. Damit kommt es zu einer Stemmwirkung und zu erhöhtem Energieverbrauch.

Der *Hüfteinsatz* führt zu einem Heben und Senken der Hüfte, ähnlich einer Wellenbewegung. Die Hüfte befindet sich in der tiefsten Position, wenn das vorgeschwungene Bein mit der Ferse den Boden berührt; die höchste Position ist im vertikalen Stütz erreicht. Diese vertikale Verlagerung in Verbindung mit der Vorwärtsbewegung führt zu einem Rollen in der Hüfte, der sogenannten ‹Paddelbewegung› (siehe *Abbildung*). Da der Geher seine Beine geradlinig voreinander aufsetzt, wird die Hüfte zusätzlich als Ausgleichsbewegung zur Seite des vorschwingenden Beins verlagert. Der Hüfteinsatz unterstützt das Vorbringen der Beine und trägt somit zur Verlängerung des Schritts bei.

Die *Schultergürtel*- und *Armarbeit* erfolgt gegengleich zur Beinarbeit mit Hüfteinsatz.

Wenn die Ferse den Boden berührt, wird zu Beginn der vorderen Stützphase die zum aufsetzenden Bein entgegengesetzte Schulter als Ausgleichsbewegung weit nach vorn genommen. Dadurch zeigt der Schultergürtel die stärkste Verwringung zur Beckenachse während der gesamten Gehbewegung. Die Arme werden mit der Schulter nach vorn gebracht, wobei die Hände nach vorn–oben zur Brustmitte schwingen. Der Winkel zwischen Oberarm und Unterarm vergrößert sich beim Vorschwingen bis zum stumpfen Winkel und verkleinert sich beim Rückschwingen bis auf etwa 90 Grad.

Die Hand sollte nicht bis hinter den Rumpf zurückgenommen werden.

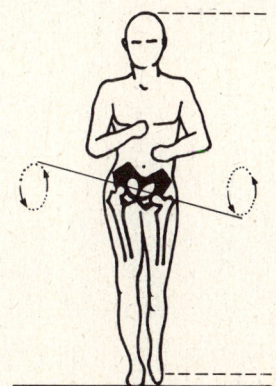

Abb.: Hüfteinsatz beim Gehen (nach Whitlock)

1   2   3

Das Vorbild
Bernd Kannenberg (Bundesrepublik Deutschland)
Olympiasieger 1972 im 50-km-Gehen
und Inhaber mehrerer Weltrekorde

Kannenberg wird in drei Schritten (Fotos 1 bis 5; 5 bis 8; 8 bis 12)
vorgestellt, die den zyklischen (sich wiederholenden) Ablauf des Gehers verdeutlichen.
In der Zweistützphase (Foto 1) beginnt die vordere Stützphase des
rechten Beins, die mit dem senkrechten Stütz (Foto 3) beendet ist. Vom
linken Bein in der hinteren Stützphase erfolgt der kräftige Abstoß, an
den sich die Entlastung – die hintere Schwungphase des linken Beins –
anschließt. Diese geht in Foto 3 bereits in die vordere Schwungphase
über und erstreckt sich bis zum Aufsetzen der Ferse (Foto 5). Während
der vorderen Schwungphase des linken Beins befindet sich das rechte
Bein in der hinteren Stützphase (Fotos 3 bis 5).
Aus dieser Zweistützphase nach Beendigung des ersten Schritts beginnt
der neue Schritt, nun umgekehrt mit der hinteren (Foto 5 und 6) und
der vorderen Schwungphase (Foto 7 und 8) des rechten Beins und der

7   8   9

4   5   6

vorderen (Foto 5 und 6) und der hinteren Stützphase (Foto 7 und 8) des linken Beins. Aus der Zweistützphase (Foto 8) schließt sich der dritte Schritt an (bis Foto 12), der dem ersten Schritt (Fotos 1 bis 5) entspricht. Der Oberkörper ist im allgemeinen aufrecht mit zwischenzeitlich geringer Vorlage (Foto 4 und 7) bzw. Rücklage (Foto 1, 6 und 9).

Bei der Armarbeit ist die stärkste Beugung im Ellbogengelenk im Punkt der weitesten Rückführung (Foto 1, 5 und 8) zu erkennen. Dagegen vergrößert sich der Winkel etwas, wenn der Arm nach vorn–oben mit der Hand bis in die Höhe des Brustbeins schwingt.

Die Verwringung des Schultergürtels zur Beckenachse ist ebenfalls im Zeitpunkt des weitesten Ausschwingens der Arme (Foto 1, 5 und 8) zu erkennen. Das Heben und Senken sowie Verlagern der Hüfte wird durch die seitliche Aufnahme weniger deutlich. Auf der rechten Seite hat die Hüfte ihren höchsten Punkt auf den Fotos 3 und 10, links auf Foto 7. Den tiefsten Punkt hat die rechte Hüfte auf den Fotos 1 und 8, die linke Hüfte auf den Fotos 5 und 12.

Selbst bei Kannenberg ist ein technischer Fehler zu erkennen (Foto 5); hier haben für kurze Zeit beide Füße den Bodenkontakt verloren.

10   11   12

Fehler beim Gehen	*Korrekturhilfen*
● Verlust des Bodenkontakts durch eine Flugphase oder Springen	Geschwindigkeit reduzieren, Arme nicht so stark gebeugt, sondern tief halten; Schulter nicht hochziehen; Abstoß erst nach Abrollen des hinteren Fußes
● betontes Anheben der Schulter mit der Folge einer Verschiebung des Körperschwerpunkts und eines Verlusts an Bodenkontakt	Gehen mit vor der Brust oder hinter dem Rücken verschränkten Armen; ruhige und tiefe Führung der Arme in nicht so starker Beugung
● ein im Knie gebeugtes Stützbein	Gehen bergauf mit Betonung der Kniestreckung; Dehnübungen für die rückseitige Beinmuskulatur; Kräftigung der Beinmuskulatur
● zu großer Schritt mit starker Senkung des Körperschwerpunkts	Technikschulung zum Herausfinden der optimalen, ökonomischen Schrittlänge
● hartes Gegenstemmen in der vorderen Stützphase	Bein nicht vollständig gestreckt aufsetzen; vom hinteren Fuß vollständig abrollen
● zu starke Neigung des Oberkörpers nach hinten	Korrektur der Bewegungsvorstellung; Kräftigung der Bauch- und Rückenmuskulatur; Gehen mit verschränkten Armen hinter dem Kopf
● seitliche Schwankungen des Rumpfes als Folge eines zu weiten Schritts	kürzere Schritte, Herausfinden der optimalen Schrittlänge
● zu kurze Schritte bei hohem Tempo	Kräftigung der Beinmuskulatur; Dehnübungen der rückseitigen Beinmuskulatur; kräftige, unterstützende Armarbeit

Wie trainiere ich das Gehen?
Das Training des Gehers beinhaltet die Technikschulung, das Krafttraining sowie das Schnelligkeits- und Ausdauertraining. Das *Schema* zeigt Aufgaben und Ziele der vier Trainingsgebiete beim Gehen.

Technikschulung	Krafttraining	Schnelligkeitstraining	Ausdauertraining
Sie ist das Fundament der Leistungen und Erfolge. Eine schlechte Technik hemmt die weitere Entwicklung. Für den Anfänger liegt der Schwerpunkt auf der Technikschulung, weniger auf der Kondition. Er soll die Bewegungen ausführen, ohne zu verkrampfen.	Das Krafttraining hat im sportlichen Gehen die Aufgabe, die Muskeln so weit zu kräftigen, daß sie langdauernden Beanspruchungen genügen. Die Gewichtsbelastung soll daher gering und die Wiederholungszahl groß sein. Da die Bewegungen des Gehers alle Muskelgruppen beanspruchen, sind allgemeinkräftigende Übungen für die Bein-, Bauch-, Rücken- und Armmuskulatur durchzuführen. Als Geräte eignen sich Medizinball und Hantel.	Schnelligkeit kann nur über eine gute Technik in Verbindung mit der Kondition erreicht werden.	Für die langen Strecken des Gehers schafft die Ausdauer die wichtigsten Voraussetzungen für gute Leistungen. Der Anfänger sollte zunächst eine allgemeine Ausdauer erwerben, während der Fortgeschrittene hauptsächlich die Trainingsformen zum Training der speziellen Ausdauer wählt. Das Ausdauertraining führt zur
		Die maximale Schnelligkeit wird durch Gehen über 100 bis 200 Meter trainiert.	• Vergrößerung der aeroben Kapazität
Ziele der Techniksschulung:		Für Tempostrecken von 400 bis 600 Meter muß die Geschwindigkeit größer sein als das Durchschnittstempo der Wettkampfstrecken.	• Verbesserung der Stoffwechselprozesse
Anfänger			• Gewöhnung der Muskulatur an langwährende Ausdauerarbeit
• Beherrschung der technischen Bewegungen ohne Verkrampfung, auch bei höheren Geschwindigkeiten		Die Gefahr beim Schnelligkeitstraining liegt im Verlust des Bodenkontaktes durch zu hohes Tempo. Sobald eine Flugphase zu erkennen ist, muß das Tempo reduziert werden.	• Erhöhung der Widerstandsfähigkeit des Nervensystems für langandauernde Anstrengungen
• Finden der ökonomischen Schrittlänge und optimalen Schrittzahl pro Zeiteinheit			• Ausbildung eines ökonomischen Bewegungsstereotyps
• Einhalten des ständigen Bodenkontaktes nach den Regeln			
• Beweglichmachung durch Gymnastik			
• Kräftigung			
Fortgeschrittene			
Spezielle Schulung			
• der Beinarbeit			
• des Hüfteinsatzes			
• der Schultergürtel- und Armarbeit			

Schema: Aufgaben und Ziele der vier Trainingsgebiete beim Gehen

● *Übungsschwerpunkt:* Vorbereitende Übungen zur Gehtechnik
Gehen über kurze Strecken mit verschiedenen Aufgabenstellungen:
achten auf ständigen Bodenkontakt, betonte Armarbeit, aktive Hüftbewegung usw.; bergauf- und bergabgehen; Marschieren mit weitaus-
schreitendem Schritt; Gehen in unterschiedlichem Tempo; gymnastische Übungen zur Beweglichkeit der Hüfte und des Schultergürtels, zur
Dehnung der Beinmuskulatur und zur Kräftigung der Bein-, Bauch-
und Rückenmuskulatur
Grundsätzlich sollen alle Übungen ganzheitlich, also im vollen Bewegungsablauf, ausgeführt und dabei einzelne Elemente geübt und gegebenenfalls korrigiert werden

● *Übungsschwerpunkt:* Schulung der Beinarbeit
Gehen mit verschiedenen Aufgabenstellungen wie ständigem Vor- und
Rückwärtsbeugen während des Gehens; Gehen mit vorgebeugtem
Rumpf; bei jedem Schritt durch die entgegengesetzte Hand den Fuß
berühren; Gehen mit unterschiedlich großen Schritten bei Temposte-
gerungen (je höher das Tempo, desto größer die Schritte); Gehen mit
betonter Kniestreckung; Gehen mit besonders betontem kräftigem
Abstoß vom hinteren Bein; bergauf- und bergabgehen
Besonders zu beachten sind: Streckung im Kniegelenk, Bodenkontakt,
flache Schwungbeinführung, Aufsetzen des Fußes mit der Ferse, Abrollen des Fußes über die Zehenspitzen, kräftiger Abstoß vom hinteren
Bein

● *Übungsschwerpunkt:* Gymnastik zur Kräftigung und Dehnung
Sprungübungen und Drücken aus der tiefen Hocke zur Verbesserung
der Streckung im Kniegelenk; Heben in den Ballenstand und Senken
zur Kräftigung der Fußgelenke; wechselseitiges Durchdrücken der
Knie als Gehimitation auf der Stelle oder im Stütz gegen die Wand
(Foto 1 und 2); elastisches Durchfedern im weiten Ausfallschritt
(Foto 3, Seite 182)

● *Übungsschwerpunkt:* Schulung der Hüftbewegung
Gehen auf einer Linie; Gehen auf einer Linie mit zusätzlichen Aufgabenstellungen wie Rumpfdrehen, mit verschränkten Armen usw.; Gehen mit starker Verwringung, wobei die Füße über Kreuz über die Linie
hinaus auf der Gegenseite aufgesetzt werden; Gehen in Schlangenli-
nien; Verlagerung des Körpergewichts von einem auf das andere Bein
(auch auf der Stelle); Gehen mit weiten Schritten unter besonderer
Betonung der Beckenbewegung um die Vertikalachse
Der Beweglichkeit der Hüfte kommt im Gehen besondere Bedeutung

1   2

zu. Durch den Hüfteinsatz werden Verwringung, Größe des Schritts und Schwerpunktverlagerung bewirkt
Übungen zur Beweglichmachung der Hüfte (siehe auch im Kapitel «Hürdenlauf», Seite 109)

● *Übungsschwerpunkt:* Schulung der Schultergürtel- und Armarbeit
Gehen mit starker Armarbeit bis zur Übertreibung; Gehen mit starkem Mitschwingen der Schulter und kräftiger Armarbeit; Gehen mit verschränkten Armen auf dem Rücken, hinter dem Kopf oder vor der Brust; Gehen mit einem Stab zwischen Ellbogen und Rücken oder auf der Schulter; Imitationsübung im Stand gegengleich zu den Bewegungen der Beine

Gymnastik
Klappmesser mit Verwringung zur Kräftigung der geraden und schrägen Bauchmuskulatur; Rumpfdrehen aus der Grundstellung; desgleichen mit Stab; wechselseitiges Hoch- und Rückschlagen der Arme; Pendeln und Kreisen der Arme; Dehnung der Arm- und Brustmuskulatur durch Partner (Foto 4, Seite 182)

● *Übungsschwerpunkt:* Krafttraining
Kniebeugen, Rumpfbeugen und Rumpfdrehen mit leichter Scheibenhantel auf der Schulter; Medizinball vor-, rück- und seitwärts werfen; im Liegen Medizinball zwischen den Beinen anheben und senken; Gehen in schwierigem Gelände (etwa auf Sand, bei Gegenwind, bergauf); Sprungübungen zur Verbesserung der Streckkraft der Beine; Heben in den Zehenstand und Senken mit Bleiweste

3   4

● *Übungsschwerpunkt:* Schnelligkeitstraining
Gehen in unterschiedlichem Tempo bis zum Höchsttempo (Achtung: Bodenkontakt halten); Temposteigerungen; schnelles Gehen (ein wenig bergab); schnelles Gehen mit besonderer Betonung des Abdrucks vom hinteren Bein; schnelles Gehen über kurze Strecken nach dem Intervallprinzip

● *Übungsschwerpunkt:* Ausdauertraining
Allgemeine Ausdauer
Märsche in erhöhtem Tempo (Jugendliche bis 20 Kilometer, 20-Kilometer-Geher bis 35 Kilometer, 50-Kilometer-Geher bis zu 60 Kilometer); Gehen im mittleren Tempo über lange Strecken (20 bis 60 km); dabei sollte auf einen lockeren und technisch einwandfreien Bewegungsablauf geachtet werden; Gehen und Marschieren im Wechsel (je nach Geländebeschaffenheit und Kondition); lange Läufe (15 bis 20 Kilometer im Gelände, jedoch erst dann, wenn die Gehtechnik gefestigt ist)
Spezielle Ausdauer
Gehen nach dem Intervallprinzip im Wettkampftempo oder etwas schneller, zum Beispiel 10- bis 20mal 500 bis 1000 Meter mit Pausen von ein bis zwei Minuten oder viermal 5000 Meter oder zweimal 10 000 Meter mit längeren Erholungspausen; Gehen nach der Ausdauermethode, zum Beispiel 50 bis 75 Prozent der Länge der Wettkampfstrecke im Wettkampftempo; Wettkämpfe über kürzere Strecken als der speziellen Wettkampfstrecke; Geherfahrtspiel, das ähnlich dem Fahrtspiel der Läufer im Gelände durchgeführt wird. Der Vorteil liegt in der verhältnismäßig kleinen psychischen Belastung im Verhältnis zur phy-

sischen. Das abwechslungsreiche Gelände reduziert das Müdigkeitsgefühl, belastet nicht in dem Maße wie eine monotone Laufbahn und belebt den Bewegungsstereotyp. Das Geherfahrtspiel verbindet Schnelligkeit, Ausdauer, Tempo, Rhythmus und allgemeine Gewandtheit. Es setzt sich aus vier Teilen zusammen:

- Aufwärmen (circa 30 Minuten) mit Gymnastik, Sprüngen und Wurfübungen
- Übungen des Geherrhythmus mit Schnelligkeitscharakter, locker mit ¾ Krafteinsatz auf leicht abfallender Strecke; dazu einige Kraftübungen, Ausfallschritte u. a.
- Tempoarbeit nach dem Intervallprinzip
- lockere Gangart mit Marsch, Lockerungsübungen und schnellen rhythmischen Abschnitten von 200 bis 300 Meter als Beendigung des Fahrtspiels (circa 30 Minuten).

Rahmentrainingsplan für Geher
Vorbereitungsperiode (November bis April)

Tag	Übungsschwerpunkt	Min.	Trainingsbeispiel
1. Tag Straße/ Wald Halle	allgemeine Ausdauer Beweglichkeit Kraft	10	lockeres Gehen Gymnastik zur Beweglichkeit und Dehnung
		15	Krafttraining mit leichter Scheibenhantel zur Verbesserung der Streckkraft der Beine und Kräftigung der Fußgelenke
		15	Übungen mit dem Medizinball zur Kräftigung der Rumpf- und Armmuskulatur
		60– 90	Dauergehen über 10 bis 15 km

Tag	Übungsschwerpunkte	Min.	Trainingsbeispiel
2. Tag Aschen- bahn	spezielle Ausdauer Technikschulung	10	lockeres Gehen; Gymnastik
		20	Gehen mit verschiedenen Aufgabenstellungen zur Technikschulung
		60	Gehen nach dem Intervallprinzip 2 × 2000 m 2 × 5000 m
		10	ruhiges Traben
3. Tag Wald	allgemeine Ausdauer spezielle Ausdauer Kraft	90	Geherfahrtspiel (wie vorn beschrieben)
4. Tag Aschen- bahn Wald	allgemeine Ausdauer Technikschulung	10	lockeres Gehen; Gymnastik
		20	Technikschulung der Bein-, Hüft- und Armarbeit
		60	10 km Dauergehen
		15	Spiel

Rahmentrainingsplan für Geher
Wettkampfperiode (Mai bis September)

Tag	Übungsschwerpunkt	Min.	Trainingsbeispiel
1. Tag Aschen- bahn	spezielle Ausdauer	10 10 60 10	lockeres Gehen Gymnastik Gehen nach dem Intervallprinzip: $10 \times 500\,m$ $5 \times 1000\,m$ $5{-}10 \times 500\,m$ lockeres Traben
2. Tag Wald	allgemeine Ausdauer spezielle Ausdauer	90 10	Geherfahrtspiel mit verstärkter Tempo- arbeit oder: Gehen nach dem Inter- vallprinzip: $3 \times 2000\,m$ $2 \times 3000\,m$ lockeres Traben
3. Tag Bahn/ Wald	allgemeine Ausdauer Schnelligkeit	20 20 50 10	intensive Erwärmung und Gymnastik $5 \times 100\,m$ $5 \times 200\,m$ 8 km Dauergehen lockeres Traben
4. Tag	Wettkampf oder Testgehen		

Lernkontrollen
Kontrolliere selbst:

Maximale Schnelligkeit:	Testgehen in vierwöchigem Abstand über 100 und 200 Meter in maximalem Tempo nach Zeit
Schnelligkeitsausdauer:	Testgehen in vierwöchigem Abstand über 3000 Meter nach Zeit
Ausdauer:	Testgehen in vierwöchigem Abstand über 20 Kilometer

Die wichtigsten Wettkampfbestimmungen

Beim Gehen darf der Kontakt mit dem Boden nicht unterbrochen werden.

Bei jedem Schritt muß der ausschreitende Fuß des Gehers den Boden berühren, bevor der hintere Fuß den Boden verläßt. Im Verlauf eines jeden Schritts, während also nur ein Fuß auf dem Boden ist, muß das Bein wenigstens für einen Augenblick gestreckt (nicht im Knie gebeugt) sein – vor allem das stützende Bein im Augenblick der vertikalen, aufrechten Stellung.

Ein Geher kann verwarnt werden, wenn durch die Art seiner Fortbewegung eine ständige Berührung mit dem Boden nicht gewährleistet ist. Er kann für sich nicht beanspruchen, vor einer Disqualifikation ein zweites Mal verwarnt zu werden. Die Disqualifikation wird durch zwei Gehrichter (ein Gehrichter und ein Hauptgehrichter) oder drei Gehrichter (ohne Hauptgehrichter) ausgesprochen.

Bei allen Gehwettbewerben von mehr als 20 Kilometer haben die Veranstalter bei 10 Kilometer und von da ab alle 5 Kilometer Verpflegungsstellen einzurichten. Daneben kann der Veranstalter nach eigenem Ermessen sogenannte Wasserstellen nach 20 Kilometern einrichten, an denen nur Wasser und Schwämme bereitgehalten werden, um bei etwaigen Schwächeanfällen der Teilnehmer zu helfen.

Die Teilnehmer dürfen nur die vom Veranstalter gereichte Verpflegung zu sich nehmen. Sie können jedoch dem Veranstalter – der Ort und Zeit der Entgegennahme bestimmt – eigene Verpflegung zur Überprüfung und Genehmigung vorlegen. Der Veranstalter hat die Verpflegung an den vom Teilnehmer bezeichneten Verpflegungsstellen bereitzuhalten. Die Verpflegung ist so aufzustellen, daß sie vom Teilnehmer leicht erreicht werden oder ihm in die Hand gegeben werden kann.

Nimmt ein Teilnehmer Verpflegung außer an den vom Veranstalter errichteten Stellen an, wird er disqualifiziert. Jeder Geher muß mit seiner Meldung für einen Wettbewerb über 50 Kilometer oder längere Strecken das Attest eines approbierten Arztes einreichen, mit dem bestätigt wird, daß seine körperliche Verfassung die Teilnahme an diesem Wettbewerb zuläßt. Dieses Attest darf nicht früher als höchstens 30 Tage vor dem Wettkampf ausgestellt sein.

Die Sprungdisziplinen
Technik – Taktik – Training

Der Weitsprung

8,90 Meter, oder wie vergesse ich einen Weltrekord?
Der Ehrgeiz, am weitesten zu springen, ist sicherlich so alt wie die Geschichte der Leichtathletik selbst. Das Springen wird seit dem Altertum in vielfältiger Weise gepflegt. Bei den Griechen erfolgte der Absprung von einer Art Schwelle (Bater), von Steinen auf ebenem Boden (Skamma) oder mit Hilfe von Sprunggewichten (Halteren). Diese Gewichte, zwischen zweieinhalb und zehn Pfund schwer, halfen besonders den Fünfkämpfern der damaligen Zeit, bessere Ergebnisse im Weitsprung zu erzielen. Bei den asiatischen Völkern gehörte der Weitsprung mit Anfersen, aus dem Stand oder mit Anlauf schon immer zu den sportlichen Wettbewerben. Verschiedene Sprünge sind auch im Mittelalter, gekoppelt mit Lauf- und Hochsprüngen, zu finden. Leistungen von über neun Metern und immer neue Ideen zur Verbesserung der Sprungtechniken führten 1886 zur Einführung des Sprungbalkens, der bis heute umstritten ist und schon manchem Athleten zum Verhängnis wurde.
Bei den Olympischen Spielen in Helsinki 1952 gab es im Weitsprung nur einen Favoriten: den farbigen Amerikaner George Brown, der in 41 Wettkämpfen ungeschlagen geblieben war. Dreimal landete er in der Nähe der Acht-Meter-Markierung, dreimal hob der Kampfrichter die rote Fahne – übergetreten und damit ungültig. Helfer mußten den völlig fassungslosen George aus der Grube tragen, wo er minutenlang regungslos liegen geblieben war. Die Goldmedaille wurde mit 7,57 Metern gewonnen.
Seitdem wird immer wieder eine Absprungzone gefordert, wie sie für Schüler bereits eingeführt wurde. Dem Leistungssport aber würde sie

den Reiz, die Spannung nehmen. In dieser Gefahr befindet sich der
Weitsprung seit Olympia 1968, als Bob Beamon 8,90 Meter weit sprang
– eine Verbesserung des Weltrekords um 54 Zentimeter! Dieser
‹Sprung ins nächste Jahrtausend› ist zu einem Alptraum all derer geworden, die von einem Weltrekord träumen. Ein schwedischer Computer
ist da nüchterner: Er hat bereits für 1980 eine Weite von 9,75 Metern
vorausgesagt.

Die Technik des Weitspringens

Merkmale und Probleme der Weitsprungtechniken
«Er muß schnell wie ein Sprinter sein, die Sprungkraft eines Hochsprin-
gers und den Bewegungsrhythmus eines Hürdenläufers haben» – diese
Charakterisierung eines idealen Weitspringers durch den sowjetischen
Trainer W. Popow sagt einiges über die vielseitigen Anforderungen an
einen guten Springer aus:

Schnelligkeit	+	Sprungkraft spezifische Beweglichkeit Kondition Gewandtheit Rhythmusgefühl	+	Technik Anlauf Absprung Flugphase Landung

In technischer Hinsicht hat sich seit vielen Jahren nicht viel geändert.
Schon die Springer vor der Jahrhundertwende verwendeten neben der
reinen *Hocktechnik* den *Hang-* und *Laufsprung* in den verschiedensten
individuellen Ausprägungen. Die Forderung nach gelösten Bewegungen, vor allem während des Flugs, nach höheren Anlaufgeschwindigkei-
ten sowie hohen Absprunggeschwindigkeiten führten zur sogenannten
Hitch-kick-Technik, bei der während des Flugs eine günstige Landung
vorbereitet wird (Landeökonomie). Erhöhte physische Kraft, Gelöst-
heit und Schnelligkeit sowie eine weitere Verbesserung der Sprunganlagen werden auch in Zukunft zu Leistungssteigerungen führen. Neue-
ste Untersuchungen haben zu dem Ergebnis geführt, daß $2/3$ der Weitsprungleistung vom Anlauf und nur $1/3$ von der Sprungkraft abhängen.
Die einzelnen Phasen der Weitsprungtechnik sind daher in hohem
Maße von den Elementen der Kondition geprägt.
Der Weitsprung gliedert sich in Anlauf, Absprung, Flug und Landung.
Der *Anlauf* ist bei allen Weitsprungtechniken ein Steigerungslauf aus
dem Hochstart. Bei guten Springern der Seniorenklasse hat er eine
Länge von 30 bis 45 Metern; leistungsschwächere Jugendliche und

Schüler laufen kürzer an. Frequenz und Länge der Anlaufschritte nehmen bis zur *Absprungvorbereitung* zu; der Rumpf des Springers richtet sich dabei allmählich auf.

Während der letzten drei bis fünf Schritte (Zwischenmarke 3) bereitet sich der Springer auf das Übersetzen des Anlaufs (Horizontalgeschwindigkeit) in den Absprung (Vertikalgeschwindigkeit) vor. Wichtig ist hierbei, daß die Geschwindigkeit nicht geringer wird. Der vorletzte Schritt ist um 20 bis 30 cm kürzer als der vorhergehende und der letzte. Dadurch wird der Körperschwerpunkt ein wenig gesenkt und der vertikale Kraftstoß vergrößert (siehe *Abbildung 1*).

Bei nachlassender Geschwindigkeit ist der verkürzte vorletzte Schritt allerdings nicht von Vorteil; überhaupt ist ein Treibenlassen auf den letzten Schritten vor dem Absprungbalken falsch und führt zu einem Leistungsrückgang. Die Knie werden auf den letzten drei bis fünf Schritten etwas über normal angehoben, so daß sich der Oberkörper in der günstigen aufrechten Haltung befindet.

Der *Absprung* (siehe *Abbildung 2*, Seite 192) läuft bei guten Springern in 0,12 bis 0,13 Sekunden ab. Diese technisch wichtige Phase muß daher genau betrachtet werden. Sie setzt sich aus

- dem Aufsetzen des Sprungbeins (Figur 1)
- der Amortisationsphase (Figur 2) und
- der Absprungbewegung (Figur 3)

zusammen. Der Springer setzt sein fast gestrecktes Sprungbein mit der

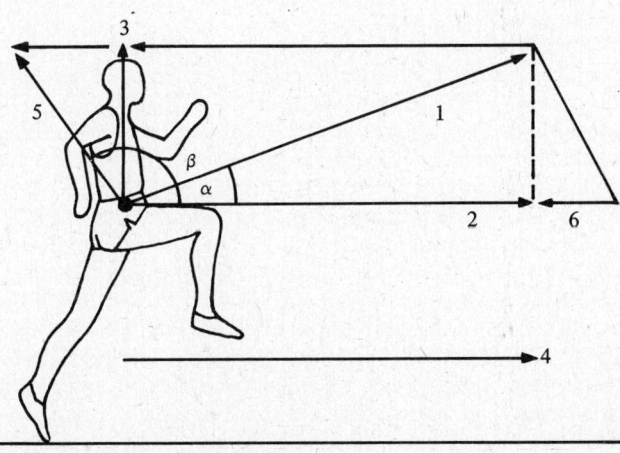

Abb. 1: Kraftstoßrichtungen beim Weitsprung

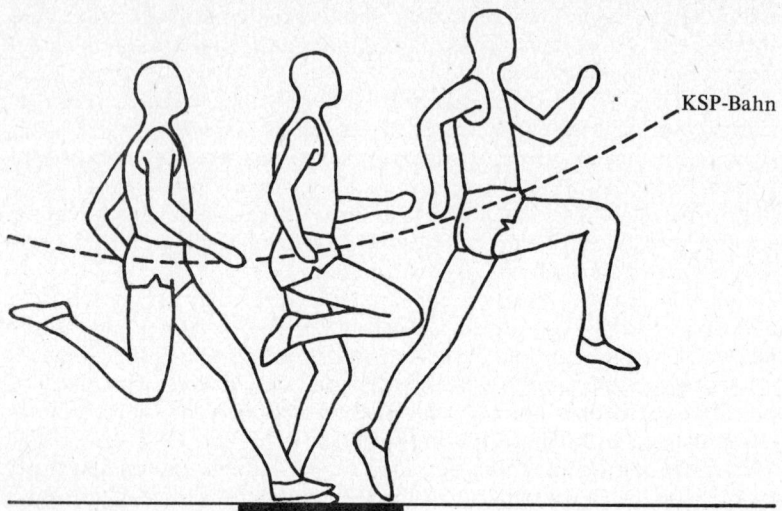

KSP-Bahn

Abb. 2: Absprungverhalten

Ferse vor dem Absprungbalken auf; der Rumpf ist in einer leichten
Rücklage. Eine geringe Verwringung des Rumpfes (Arm der Sprungbeinseite und Schwungbein sind hinter dem Rumpf, der angewinkelte
Arm der Schwungbeinseite davor) und eine aufrechte Oberkörperhal-
tung gewährleisten ein optimales Umsetzen der Anlauf- in die Absprunggeschwindigkeit.
Die biomechanische Forderung an den Weitspringer lautet, den ‹Körperschwerpunkt optimal zu treffen›. Dabei soll sich die Kraftstoßrich-
tung (vgl. *Abbildung 1,* Seite 191) der Abflugkurve des KSP (vgl.
Abbildung 2) optimal nähern. Damit stellt sich gleichzeitig die Frage
nach der besseren Technik: *Hang-* oder *Laufsprungtechnik?*
Beim Absprung entstehen Drehungen um alle drei Körperachsen (siehe auch Kapital «Hochsprung», *Abbildung 4,* Seite 240). Interessant ist
in diesem Zusammenhang die Drehung um die Querachse. Ideal wäre
ein zentrales ‹Treffen des Körperschwerpunkts›; dabei entstünden keine Rotationen. Nähert sich ein Springer diesem Ideal beim Absprung,
so wird eine Diskussion um die beste Technikvariante gegenstandslos.
Denn ist der Springer erst einmal in der Luft, hat er keine Möglichkeit
mehr, den Verlauf der KSP-Kurve zu beeinflussen. Ein fehlerhafter
Absprung kann also während der Flugphase kaum ausgeglichen und
schlechte Landungen können nur durch Verbesserung des Absprungs
korrigiert werden. Bewegungen während der Flugphase dienen ledig-

lich dazu, das Gleichgewicht zu halten und eine gute Landung vorzubereiten.

Eine Überlegenheit der einen oder anderen Technik ließ sich bisher nicht beweisen. Die Entscheidung für die Hangtechnik oder für die Laufsprungtechnik hängt weitgehend von den individuellen, hauptsächlich konditionellen Fähigkeiten des Springers ab.

In der *Amortisationsphase* wird der Absprung vorbereitet. Der Sprungbeinfuß rollt über die ganze Sohle ab, das Sprungbein wird etwas gebeugt (bis circa 150 Grad) und vom Schwungbein überholt, während beide Arme den Beinen entgegengesetzte Bewegungen ausführen. Wichtig ist in dieser Phase, daß der Oberkörper aufrecht und der Blick geradeaus bleiben. Hier liegt eine häufige Fehlerquelle, die nicht nur bei Anfängern zu beobachten ist.

Die *Absprungbewegung* beginnt mit der Streckung des Knie- und Fußgelenks im Sprungbein. Der Oberschenkel des Schwungbeins hat fast die Horizontale erreicht, während der Unterschenkel senkrecht herabhängt. Der Rumpf ist aufrecht; eine leichte Rücklage ist jedoch kein Fehler. Die Arme unterstützen die Absprungbewegung (nach vorn–oben bzw. hinten–oben). Zieht der Springer beim Abdruck beide Schultern hoch, werden die Arme plötzlich abgebremst. So entsteht eine günstige Übertragung der Schwungkräfte – die wichtigste Voraussetzung für eine gute Sprungleistung.

Die Bewegungen des Körpers in der *Flugphase* dienen der Stabilisierung des Körpers und der Landevorbereitung.

Wir unterscheiden drei Haupttechniken im Weitsprung: Schritt-, Hang- und Laufsprung (auch *Hitch-kick*-Technik genannt).

Beim *Schrittsprung* wird der Unterschenkel des Sprungbeins nach hinten–oben, der Oberschenkel weit nach vorn (Winkel im Kniegelenk etwa 90 Grad) genommen. Diese Haltung soll möglichst lange beibehalten werden. Die Armbewegungen stabilisieren den Flug, meistens werden sie von vorn–oben nach hinten–unten im Halbkreis geführt. Der Oberkörper wird zuerst aufgerichtet, später zur Landung nach vorn geneigt, nachdem das Sprungbein vorgeschleudert und das Kniegelenk des Schwungbeins gestreckt worden sind. Die Arme befinden sich nun meistens hinter dem Körper.

Bei der *Hangtechnik* senkt der Springer das Schwungbeinknie, bis die Unterschenkel und Oberschenkel einen Winkel von 90 Grad bilden. Gleichzeitig wird das Schwungbein nach vorn unter den Rumpf gezogen; der Springer ‹kniet in der Luft› (siehe Figur 3 von *Abbildung 3*, Seite 195). Das Becken ‹zieht› den Sprung, und die Landung wird durch diese Vorspannung vorbereitet. Diese Hanghaltung wird etwa bis zur Hälfte der Flugparabel gehalten, wobei die Arme bogenförmig nach hinten schwingen. Die Landung selbst wird durch gleichzeitiges Vorschwingen beider Oberschenkel, durch Vorneigen des Oberkörpers und Vorstrecken beider Arme eingeleitet. Ein Heben der Unterschenkel schließt die Landevorbereitung ab (siehe *Abbildung 3*).

Bei der *Laufsprungtechnik* (*Hitch-kick*) wird das Schwungbein energisch nach vorn–oben geführt; der Unterschenkel eilt voraus. Je nach Gestaltung dieser Flugphase werden eineinhalb bis dreieinhalb Laufschritte bei Leistungen über 7,50 Meter ausgeführt. Das gestreckte Sprungbein wird hinter den Rumpf geführt und stark angewinkelt, während das Schwungbein nach vorn schwingt. Dabei wird der Oberschenkel fast parallel zum Boden angehoben; der Unterschenkel hängt herab. Die Laufschritte werden von entgegengesetzten Kreisbewegungen der Arme begleitet. Der Oberkörper ist ein wenig nach hinten geneigt und wird erst zur Landung wieder nach vorn gebracht.

Es ist nun wichtig, daß das Schwungbein extrem eingesetzt, gleichzeitig gestreckt (‹gekickt›) und lange durchgeschwungen wird, damit das Trägheitsmoment möglichst groß ist (siehe *Abbildung 4*). Kurz vor der Landung zeigen die Arme senkrecht nach unten; die gestreckten Beine sind dazwischen fixiert. Wichtig bei dieser Technikvariante ist, daß die gesamte Laufbewegung (siehe *Abbildung 5*) während der Flugphase aus dem Hüftgelenk entwickelt wird. Aus diesem und weiteren Gründen ist das Trainieren der Laufsprungtechnik mit ihren Varianten als Spezialisierung zu betrachten und sollte nur von fortgeschrittenen Springern aus dem Schrittsprung weiterentwickelt werden.

Der einzige gravierende Unterschied zwischen Hangtechnik und *Hitchkick* besteht also darin, daß bei der einen Technik beide Arme und Beine miteinander als Hebel um die Breitenachse schwingen, während bei der anderen dies im Wechsel nacheinander geschieht. – In beiden Fällen wird die Drehgeschwindigkeit verlangsamt, um dem Springer das Vorbringen der Beine zur Landung zu erleichtern.

Die *Landung* wird in allen drei Sprungtechniken durch die typische Klappmesserhaltung geprägt. Die Bodenberührung in fast sitzender Haltung ist zweckmäßiger als die mit gestreckten Beinen. Der Springer gibt deshalb sofort nach Bodenberührung in den Knien nach und schiebt das Becken nach vorn. Der Oberkörper wird dabei wieder etwas aufgerichtet, die Arme schwingen beide nach vorn. Ein Zur-Seite-Werfen des Körpers hilft, das Zurückfallen zu verhindern, und ist deshalb als unterstützende Bewegung richtig.

Abb. 3: Hauptbewegungsphasen ‹Hangsprungtechnik›

*Abb. 4: Hitch-kick-*Bewegung

Abb. 5: Hauptbewegungsphasen ‹Laufsprungtechnik›

6   5   4

Das Vorbild
Hangsprungtechnik
Jacques Pani (Frankreich)
Bestleistung 8,16 Meter (1970)

Pani zeigt vom Absprung bis zum Scheitelpunkt der Flugkurve (Fotos 2 bis 6) die typischen Bewegungen für die Hangtechnik: Das Absprungbein wird, im Knie gebeugt, nur bis zur Senkrechten des Oberkörpers vorgebracht (Foto 4). Das Schwungbein wird gleichzeitig aus dem Kniehub wieder gesenkt (Foto 3 und 4) und dann ebenfalls bis zur Senkrechten des Oberkörpers zurückgebracht (‹fallen gelassen›; siehe

12   11   10

3 2 1

Foto 6). Im Scheitelpunkt der Flugkurve stehen beide Oberschenkel in der Senkrechten des Oberkörpers; die Knie sind im rechten Winkel gebeugt. Das ergibt die typische Hanghaltung (‹Knie in der Luft›), wie sie Foto 6 zeigt. Die Arme sind gestreckt und nach hinten fixiert.

Zur Vorbereitung der Landung werden beide Beine nebeneinander, gleichzeitig mit dem Oberkörper, wie ein Klappmesser nach vorn gebracht (Fotos 8 bis 10). Die Arme werden dabei im Kreisbogen nach vorn–unten geschwungen. Das Vorbringen des Körpers wird bei der Landung durch das Beugen der Knie und das Nachhintenschwingen der Arme erleichtert (Foto 11 und 12).

9 8 7

6   5   4

Das Vorbild
Laufsprungtechnik
Hans Baumgartner (Bundesrepublik Deutschland)
Mehrfacher Deutscher Meister
Silbermedaillengewinner bei den Olympischen Spielen 1972
Bestleistung: 8,18 Meter (1972)

Baumgartner zeigt als Vertreter der Laufsprungtechnik eine Variante
mit zweieinhalb Laufschritten. Die Fotos 1 bis 3 verdeutlichen den
kraftvollen, dynamischen Absprung: Das Schwungbein wird nach dem
Absprung nach vorn und dann nach unten–hinten gebracht (Foto 5).
Das Sprungbein schwingt bewegungsausgleichend nach vorn (Fotos 4

12   11   10

3   2   1

bis 7). Den typischen ‹Laufschritt› zeigt Foto 6. Die Arme gleichen sich
dem Rhythmus der Beinbewegungen an. Die Landevorbereitung zeigt
Foto 7: Das Schwungbein wird, zuerst gestreckt, vorbildlich gegen das
Gesäß gebeugt und schwingt zum gestreckten Sprungbein nach vorn
(Foto 8 und 9). Die Landung erfolgt bei angehobenen und leicht ange-
beugten Unterschenkeln mit beiden Beinen gleichzeitig (Foto 11). Die
Arme schwingen dabei gestreckt im Kreisbogen nach hinten–unten.
Baumgartner demonstriert eine vorbildliche Landung. Sofort nach der
Bodenberührung werden die Knie stark gebeugt; die Arme und der
Oberkörper unterstützen das Vorschieben des Beckens und verhindern
ein Zurückfallen des Springers (Foto 12).

9   8   7

Fehler beim Weitsprung	*Korrekturhilfen*
beim Anlauf	
● Ungenauigkeiten bei der Anlaufgestaltung	Zwischenmarken; Anlaufkontroll-läufe; intensive Laufschulung
● ‹Treibenlassen› vor dem Absprung	Verbesserung der Schnelligkeit und Sprintausdauer
● zu starkes Stemmen	Verbesserung der Schnelligkeit
beim Absprung	
● starke Rücklage (ungenügende Vorwärtsrotation)	Anlauflänge kontrollieren; eventuell Verkürzung des Anlaufs
● zu starke Vorlage (zu starke Vorwärtsrotation)	Schulung der letzten drei Anlaufschritte (Rhythmus; Oberkörper aufrecht); nicht auf den Balken sehen!
● Abspringen *nur* mit dem Fußballen	Hopser- und Steigesprünge, von der Ferse abrollen und aktive Streckung
beim Flug	
● fehlerhafte Streckung in der Hüfte	Rhythmusschulung und spezielle Kraftübungen; Verbesserung der Schnelligkeit
● fehlerhafter Einsatz des Schwungbeins, das heißt, es wird zunächst nicht nach vorn gebracht, sondern gleich unter den Körper	Steigesprünge über 0,50 Meter hohe als Gasse gespannte Zauberschnüre und Landung auf beiden Beinen
● ‹Abstürzen› während des Flugs	Absprungfehler und zu starke Drehimpulse können durch intensive Lauf- und Absprungschulung behoben werden
● fehlerhaftes Hängenlassen der Unterschenkel vor der Landung	Landeübungen mit Überspringen von Zauberschnüren (niedrig gespannt) oder Sandwälle in angemessenem Abstand vom Balken
● ungenügendes Heben der Oberschenkel vor der Landung	spezielle Schulung des Absprungs; Sprünge mit kurzem Anlauf in tiefergelegene Grube; Kräftigungsübungen für die Bauchmuskulatur

bei der Landung

• ‹Nach-vorn-Fallen› oder Stürzen	Kontrolläufe mit höchster Intensität; Verlängerung des letzten Schritts, spezielle Kraftübungen für die Beinmuskulatur
• ‹In-den-Sand-Setzen›	Knie beugen und Becken nach Bodenberührung nach vorn schieben, Arme nach vorn schwingen; Korrektur der Kopfhaltung beim Absprung

Wie trainiere ich das Weitspringen?

Ein gutes Weitsprungergebnis ist die Summe von Faktoren, die gleichzeitig die Übungs- und Trainingsschwerpunkte des Trainings darstellen:

- ein schneller Anlauf (Schnelligkeit)
- ein schnelles Aufsetzen des Sprungbeins (Flexibilität)
- eine natürliche Flugphase (Technik)
- eine günstige Landung (spezielle Beweglichkeit, Gewandtheit)

Die Schrittsprungtechnik kann als Vorstufe zur Hang- und Laufsprungtechnik in der Entwicklung des Weitspringers betrachtet werden. Für welche dieser beiden gebräuchlichsten Techniken sich der Springer entscheidet, hängt von seiner motorischen Begabung und auch von seiner individuellen Einstellung ab. Dabei werden *Springertypen* die Hangtechnik, *Sprintertypen* die Laufsprungtechnik bevorzugen.

Ein vielseitiges Sprung- und Rhythmustraining muß in jedem Fall der Technikschulung vorangehen; Sprunggewandtheit und -erfahrung erleichtern die Wahl der ‹richtigen› Technik für den Jugendlichen.

• *Übungsschwerpunkt:* Verbesserung der Sprunggewandtheit und Sprungkraft, Wecken einer Leistungsmotivation
Spielerisches Springen über flache, aber breite Hindernisse; Springen aus beliebig langem Anlauf in die Weitsprunggrube

• *Übungsschwerpunkt:* Erlernen des Absprungs
Absprung aus schneller werdendem Anlauf von kleiner Erhöhung, Aufsprung auf Mattenberg; Überspringen von Hindernissen; Hopserlauf mit Absprung und Körperstreckung (Aufsetzen mit dem Sprungbein), anschließend weiterlaufen; in die Höhe gezogener Schritt aus kurzem Anlauf (6 Schritte) mit Landung auf dem Schwungbein im Sand, anschließend aus der Sprunggrube herauslaufen

● *Übungsschwerpunkt:* Erlernen des Schritt- und Hangsprungs
Absprünge aus kurzem und mittlerem Anlauf von einer Erhöhung zur
Verlängerung der Flugzeit (günstig hierfür sind Rampe, Kastendeckel
oder natürliche Erhöhungen im Gelände) mit Betonung der Ab-
sprungstreckung, der Hang bzw. der Schritt werden nur angedeutet,
Landung auf beiden Füßen, ohne die Beine bewußt vorzustrecken;
Absprünge aus kurzem, aber schnellem Anlauf mit Betonung der Flug-
phase (der Hang bzw. der Schritt werden betont, Landung auf beiden
Beinen (Hangsprung) oder einbeinig in Schrittstellung (Schrittsprung)
Übungen zur Verbesserung der Sprung- und Bauchmuskulatur, zum
Beispiel Rumpfbeugen am Schrägbrett ohne und mit Verwringung
(Foto 1 und 2), sowie ein spezielles Sprungkrafttraining vervollständi-
gen das Programm in diesem Trainingsabschnitt

● *Übungsschwerpunkt:* Erlernen der Flug- und Landehaltung
Absprung aus dreiviertel Anlauf (14 bis 16 Anlaufschritte, anfangs
ohne, später mit Absprung vom Balken), Landungsvorbereitung beto-
nen; Absprünge aus kurzem und mittlerem Anlauf von einer Erhöhung,
Betonung der Flugphase und Kontrolle der Landehaltung
Weitere Schwerpunkte sind Übungen zur Verbesserung der Sprunggewandtheit, Kraftübungen mit leichten Fremdgewichten, Hilfsübungen
zur Verbesserung der Hüftbewegungen sowie alle Übungen zur Steigerung der Sprintschnelligkeit (siehe auch Kapitel «Sprint», Seite 60)

● *Übungsschwerpunkt:* Verbesserung des Schwungbeineinsatzes
Übungen zur Steigerung der Bewegungsökonomie durch allmähliche

1   2

Verlängerung des Anlaufs; Übungen zum Festlegen der individuellen Anlauf- und Kontrollmarken; Absprünge aus kurzem und mittlerem Anlauf mit Betonung der Absprungphase

● *Übungsschwerpunkt:* Erlernen der Laufbewegung
beim *Hitch-kick*
Schrittsprünge gegen Höhenorientierung (zum Beispiel gespannte Schnur oder Hand des Partners, das Schwungbein bleibt vorn); Doppelschrittsprünge (Schwungbein schwingt nach hinten) mit Landung auf dem Sprungbein

Zur speziellen Vorbereitung des Weitspringers
An den Anfang einer jeden Trainingseinheit gehören zweckgymnastische Übungen für den Weitspringer: Dehnübungen für den Schrittbereich (alle Formen der Hürdengymnastik; vergleiche Kapitel «Hürdenlauf», Seite 108 ff), Schwungübungen an der Sprossenwand, Dehnübungen für die Lendenwirbelsäule und Schulterpartie (Bogenspannung, Brücke, Armkreisen; ein- oder wechselseitiges Rückfedern der Arme u. a.), Schwungbewegungen der Beine mit unterschiedlichen Amplituden. Intensive Anlaufrhythmusschulung, verbunden mit höchster Lauf- und Sprungintensität, sind im Training erforderlich, um auch bei unterschiedlichsten Witterungs- und Bahnverhältnissen die Anlaufgenauigkeit zu erhalten. Diese wiederum ist Voraussetzung für optimale Flug- und Landebedingungen.

● *Übungsschwerpunkt:* Verbesserung der anaeroben Ausdauer
und Schnelligkeit – Sprintvorbereitung
Fußgelenkarbeit über 15 bis 20 Meter; Koordinationsläufe über 60 bis 80 Meter; Tempowechselläufe über 100 bis 120 Meter mit zwei bis drei Antritten; Sprints über 15 bis 30 Meter aus dem Hopserlauf; *wind sprints* über 15 bis 30 Meter aus dem Traben; Skippings (15 bis 20 Sekunden); Bergabsprints über 20 bis 50 Meter; Steigerungsläufe über 80 bis 150 Meter, Sprints aus dem Tiefstart mit und ohne Fremdgewichten; Wiederholungsläufe über 100 bis 300 Meter in mittlerem bis submaximalem Tempo; Bergaufläufe über 100 bis 200 Meter in mittlerem, über 30 bis 50 Meter in submaximalem Tempo. – Weitere Formen zur Verbesserung der Schnelligkeit finden sich in den Kapiteln «Sprint» und «Hürdenlauf».

● *Übungsschwerpunkt:* Verbesserung der Sprungkraft
sowie der Bauch- und Rückenmuskelkraft
Hopserläufe mit Belastung über 25 bis 40 Meter, Treppensprünge; Überspringen von Hindernissen; Laufsprünge; Sprünge aus der tiefen Hocke; Fersen- und Zehenstand mit Belastung auf der Mattenkante

oder auf dem Kasten (Foto 4); Klappmesserübung; Rückenlage, Nakkenhalte: Rumpfheben an der Sprossenwand ohne und mit Verwringung (Foto 3); Übungen mit der Scheibenhantel (tiefe Kniebeugen mit Absetzen, Streckung in Hochzehenstand) und Übungen an der Kraftmaschine; Pyramidentraining

● *Übungsschwerpunkt:* Sprunggeschicklichkeit und -gewandtheit
Dreh- und Anschlagsprünge (mit und ohne Hindernisse) in die Grube; Slalomläufe (Foto 5); Hopserläufe mit Verwringung, Übungen auf dem Trampolin (Schrittsprünge, Salti)

● *Übungsschwerpunkt:* Verbesserung der Beweglichkeit
und Kräftigung der Rumpfmuskulatur
Rumpfbeugen in verschiedenen Formen mit Partnerhilfe: im Grätschsitz, Hürdensitz oder am Kasten mit Medizinball (Foto 6); Rumpfkreisen im Grätschsitz als Partnerübung (Foto 7); Spannbeugen als Partnerübung (Foto 8)

● *Übungsschwerpunkt:* Sprungvorbereitung
Wichtig für einen Weitspringer ist, daß er sein Schnellkraftvermögen auch umsetzen kann, das heißt von maximal schnellen, koordinierten und ungezwungenen Bewegungen zu augenblicklich maximalen Muskelspannungen gelangt, wie es die Bewegungsverbindung Anlauf–Absprung erfordert. Beim Training ist bereits auf einen ständigen Wechsel von Kraft- und Schnelligkeitsübungen zu achten
Vielsprünge (siehe Kapitel «Dreisprung», Seite 215 ff) und Laufsprünge vervollständigen das umfangreiche Trainingsprogramm des Weitspringers. *Beispiele:* weite Ausfallschritte (Foto 9); Tiefsprünge; Hürdensprünge aus dem Dreier- und Fünferrhythmus

3

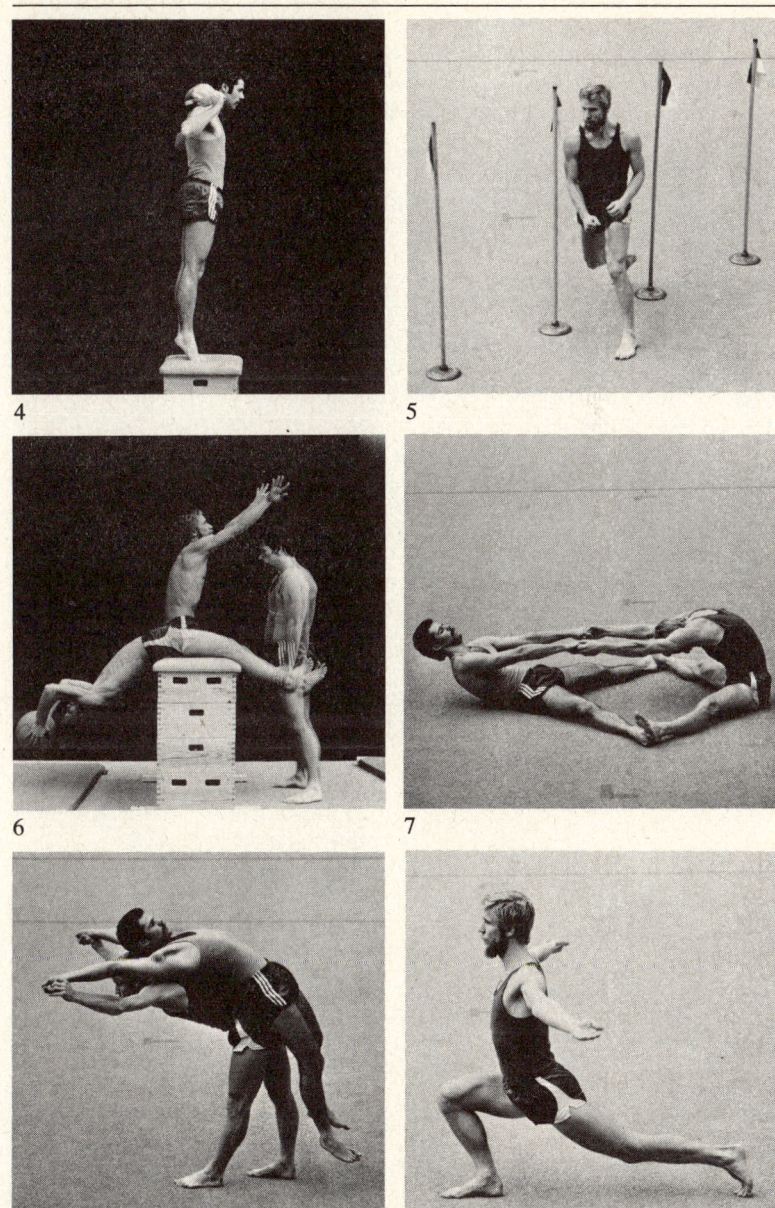

4

5

6

7

8

9

Anlaufgestaltung beim Weitsprung
Etwa zu zwei Dritteln hängt die Weitsprungleistung vom Anlauf ab.
Zur Verbesserung der *Absprunggeschwindigkeit* und der *Anlaufge-
schwindigkeit* sollten Anlaufkontrolläufe im Grundlagen- und Aufbau-
training nicht fehlen.
Durch häufige Anlaufkontrolläufe festigt sich die Schrittgestaltung
(Länge und Frequenz). Für Anfänger ist es wichtig, daß das Festlegen
der Ablaufmarken nur mit dem Bandmaß oder fußweise erfolgt, nicht
aber durch Lauf- oder Gehschritte.
Wichtig sind außerdem Zwischenmarken (ZM)
    1. kurz hinter der Ablaufmarke,
    2. etwa in der Hälfte der Anlaufstrecke und
    3. fünf bis sieben Schritte vor dem Absprung (siehe *Abbildung 6*).
Die Vorteile solcher ZM sind vielfältig und werden oft verkannt. Feh-
lende Absprungsicherheit führen zu unkonzentrierten und fehlerhaften
Absprüngen.

Möglichkeiten der Orientierung an ZM	
ZM wird genau getroffen	Springer kann weiterbeschleunigen und konzentriert abspringen
ZM wird nicht erreicht	zusätzliches Beschleunigen, eventuell durch leichtes Anheben der Knie
ZM wird überlaufen	a) Drosseln des Tempos (Sicherheitssprung)
	b) Durchlaufen (erspart kräftezehrenden Absprung)
	c) Anlauf abbrechen und erneut anlaufen (bei Zeitlimit auf Versuch verzichten)

Merke: Klasseleistungen ohne Zwischenmarken sind Glückssache!

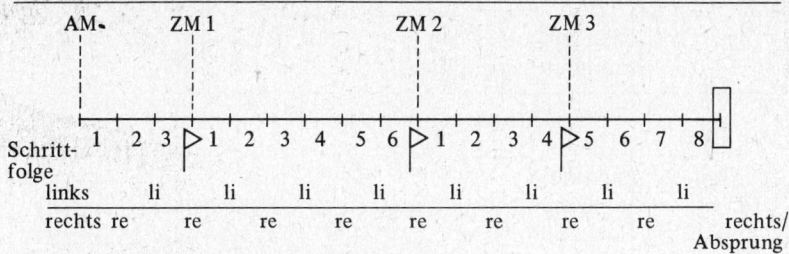

Abb. 6: Anlaufgestaltung beim Weitsprung

Zur Länge des Anlaufs beim Weitsprung

Bestleistung über 30 m	3,7	3,8	3,9	4,0	4,1	4,2	4,3	4,4
(in Sekunden) 100 m	10,2	10,5	10,8	11,1	11,5	11,8	12,1	12,5

Anzahl der Anlaufschritte	24	22	20	18	17	16	15

Bestleistung über 30 m	4,5	4,6	4,7	4,8	4,9	5,0
(in Sekunden) 100 m	12,9	13,2	13,8	14,0	14,3	14,7

Anzahl der Anlaufschritte	14	13	12

Rahmentrainingsplan für Weitspringer
Vorbereitungsperiode (November bis April)

Tag	Übungs- und Trainingsschwerpunkte	Min.	Trainingsbeispiele
1. Tag im Wald	allgemeine aerobe Ausdauer spezielle Beweglichkeit und Gewandtheit	20–30	Wald-, Cross- oder Hügellauf über mehr als 10 km ohne und mit Gehpausen
		30	verschiedene Sprung- und Gymnastikübungen
		20	Auslaufen (z. B. Fahrtspiel)

Tag	Übungs- und Trainingsschwerpunkte	Min.	Trainingsbeispiele
2. Tag in der Halle	Technikschulung Anlauf- und Absprungschulung allgemeine Sprungkraft allgemeine Kraft	15–20 30 20 20	Einlaufen; allgemeine und spezielle Gymnastik Übungen zur Schulung des Absprungs; Weitsprünge mit 8–11 Anlaufschritten Sprungserien Kugel-Standstöße; Kastenaufsteigen; Bauchmuskel- und Rückenmuskelübungen
3. Tag im Freien und in der Halle	allgemeine anaerobe Ausdauer Schnelligkeit und Beweglichkeit Kraft	15 20 25 30	Einlaufen; Gymnastik Koordinationsläufe; Wiederholungsläufe über 100–300 m *wind sprints* Fußgelenkarbeit – Kniehebelauf – Sprint Serien mit der Scheibenhantel; dazwischen gymnastische Übungen und Ballenläufe
4. Tag in der Halle	Verbesserung der Sprungkraft Rumpfkraft	15 35 20 20	Einlaufen; Gymnastik Vielsprünge (5er-, 10er-Hops mit 3–5 Anlaufschritten) Sprungserien am Kastendeckel (100–120mal) Sprünge Übungen am Kasten, an der Sprossenwand und auf dem Boden Basketball oder Volleyball

Rahmentrainingsplan für Weitspringer
Wettkampfperiode (Mai bis September)

Tag	Übungsschwerpunkte	Min.	Trainingsbeispiele
1. Tag	Anlaufgenauigkeit Schnelligkeit	15 40 35	Einlaufen; spezielle Gymnastik 2–3 Steigerungsläufe 8–10 Anläufe aus kurzem, später vollem Anlauf (höchste Intensität); Kontrolläufe 5–8 Sprünge aus mittlerem Anlauf (Absprung, Flug und Landung kontrollieren)
2. Tag	Schnelligkeit allgemeine Kraft Verbesserung der Sprungkraft	15 20 25 30	Aufwärmen allgemeine und spezielle Gymnastik 3 Koordinationsläufe, 60–80 m; 2–3 × 100 m submaximale Geschwindigkeit; 8–10 Anläufe mit Absprung 30–40 Stöße aus dem Stand mit der Kugel; tiefe Kniebeugen mit Scheibenhantel Sprungserien (Einbeinsprünge, Sprungläufe); Tiefsprünge in die Weite; Treppensprünge
3. Tag	Technikschulung mit verschiedenen Schwerpunkten Schnelligkeit Kraft, Sprungkraft, Rumpfkraft	15 30	Einlaufen; allgemeine und spezielle Gymnastik Weitsprünge aus kurzem und mitterem Anlauf; Sprünge mit höchster Intensität; Sprünge in tiefergelegene Gru-

Tag	Übungsschwerpunkte	Min.	Trainingsbeispiele
		20	ben und von erhöhtem Absprung (mit Höhenorientierung) 3 Steigerungsläufe über 40–60 m; 30–50-m-Läufe aus dem Tiefstart
		25	Übungen mit der Scheibenhantel oder an der Kraftmaschine
4. Tag	Wettkampf oder Training unter Wettkampfbelastung		wettkampfmäßiges Aufwärmen Gymnastik 4–5 Steigerungsläufe 2–5 Sprünge aus kurzem Anlauf 6–8 wettkampfmäßige Sprünge; evtl. Zeitkontrollen über 20-, 25- oder auch 30-m-Strecken

Lernkontrollen

Kontrolliere selbst die *Geschwindigkeit* durch
- Kontrolläufe der letzten 20 Meter vor dem Balken
  Spitzenkönner: 2,1–1,9 Sek. (d. h. 9,6–10,5 m/Sek.)
  Anfänger: 2,5–2,4 Sek. (d. h. 8,0–8,5 m/Sek.)
- 50-m-Sprint aus dem Tiefstart
  Spitzenkönner: 5,6–6,0 Sek.
  Anfänger: 7,4–8,0 Sek.

Kontrolliere selbst die *Sprungkraft* durch
- allgemeinen Sprungkraft-Test

Männer durchschnittl.: 50–60 cm   Frauen durchschnittl. 30–40 cm
    gut: 65–75 cm   gut: 45–55 cm
    sehr gut: über 80 cm   sehr gut: über 60 cm

- Zehnsprung, auf einem Bein aus kurzem Anlauf
  Spitzenkönner: über 40 m
  Anfänger: bis 35 m
- Hoch- und Weitsprünge aus dem Stand
- Hopsprünge aus der Schrittstellung

Fünfsprungleistungen bei Jungen (in Metern)

Alter (Jahre)	11	12	13	14	15	16
Leistung sehr gut	ab 9,50	ab 10	ab 11	ab 12	ab 13	ab 13,50
gut	8,50–10,00		10–12		12–13,50	
durchschnittlich	unter 8,50		unter 10		unter 12	

Dreisprung-Leistungen bei Mädchen (in Metern)

Alter (Jahre)	11	12	13	14	15	16
Leistung sehr gut	ab 6,10	ab 6,30	ab 6,50	ab 6,60	ab 6,70	ab 6,80
gut	5,60–6,10		5,90–6,50		6,00–6,70	
durchschnittlich	unter 5,60		unter 5,90		unter 6,00	

(Werte nach Bernhard)

Kontrolliere selbst die *Ausdauer* durch
• Zeitkontrollen bei Sprüngen aus vollem Anlauf (mindestens zehn bis zwölf; gemessen werden die letzten 20 Meter fliegend).

Kontrolliere selbst die *Intensität* in den Weitsprüngen durch
• Punktwertung für Sprungweiten mit unterschiedlichen Anlauflängen (nach Popow) siehe *Tabelle 1*.

Punkte	20	19	18	17	16	15	14	13	12	11	10	9	8	7	6
							Sprungleistung [cm]								
12	830	825	820	815	810	800	790	775	760	745	730	710	690	670	650
11	800	795	790	785	780	770	760	745	730	715	700	685	670	650	630
10	770	765	760	755	750	745	735	725	710	695	680	665	650	630	610
9	740	735	730	725	720	715	705	695	685	675	660	645	630	610	590
8	710	705	700	695	690	685	680	670	660	650	640	625	610	590	570
7	680	675	670	665	660	655	650	645	640	630	620	605	590	570	550
6	650	645	640	635	630	625	620	615	610	600	590	580	570	550	530
5	–	–	610	605	600	595	590	585	580	570	560	550	540	525	510
4	–	–	–	565	560	555	550	545	540	535	530	520	510	500	490
3	–	–	–	–	530	525	520	515	510	505	500	490	485	480	470
2	–	–	–	–	500	500	495	495	490	485	480	470	465	460	450
1	–	–	–	–	480	480	475	475	470	465	460	450	445	440	430

Zahl der Anlaufschritte

Tabelle 1

mittlere Geschwindigkeit [m/Sek.]	Trainingsstrecke [m]							
	20	40	60	100	150	200	250	300
11,0	1,8	3,6	5,4	9,0				
10,5	1,9	3,8	5,7	9,5				
10,0	2,0	4,0	6,0	10,0	15,0	20,0		
9,5	2,1	4,2	6,3	10,5	15,7	21,0		
9,0	2,2	4,4	6,6	11,1	16,6	22,2	27,7	33,3
8,5	2,35	4,7	7,0	11,7	17,6	23,5	29,3	35,2
8,0	2,5	5,0	7,5	12,5	18,7	25,0	31,2	37,5
7,5	2,65	5,3	8,0	13,3	20,0	26,6	33,3	40,0
7,0	2,85	5,7	8,6	14,2	21,4	28,5	35,6	42,7
6,5	3,07	6,1	9,2	15,4	23,1	30,7	38,5	46,2
6,0					25,0	33,3	41,7	50,0
5,5					27,2	36,3	45,4	54,4

Tabelle 2

● Laufzeiten (in Sekunden) auf Trainingsstrecken (fliegender Start) bei unterschiedlicher mittlerer Geschwindigkeit (nach Popow) siehe *Tabelle 2.*

Die wichtigsten Wettkampfbestimmungen
Regel 43 und *45* (ALB): Messen beim Weit-
und Dreisprung (*Abbildung* 7)
Die Sprungweiten werden von dem Körperabdruck, der dem Sprungbalken am nächsten liegt, bis zur Absprunglinie (Balkenkante) gemessen. Ein Absprung *vor* dem Balken gilt nicht als Fehler. Eine Ausnahme bilden die Wettbewerbe der Schüler(innen) der Klasse C und D, für die ein 80-Zentimeter-Absprungraum zulässig ist. Beim Absprung außerhalb der Absprungzone ist der Versuch ungültig. – Saltosprünge sind in jeder Form verboten.
Regel 51 (ALB): Weit- und Dreisprung aus dem Stand
(wichtig für Sportabzeichen der Altersklassen)
Die Art der Fußstellung ist dem Springer freigestellt; jedoch dürfen die Füße bei jedem Versuch nur einmal den Boden verlassen. Ausbalancieren ist erlaubt; der Springer darf dabei aber nicht einen Fuß ganz vom Boden abheben.

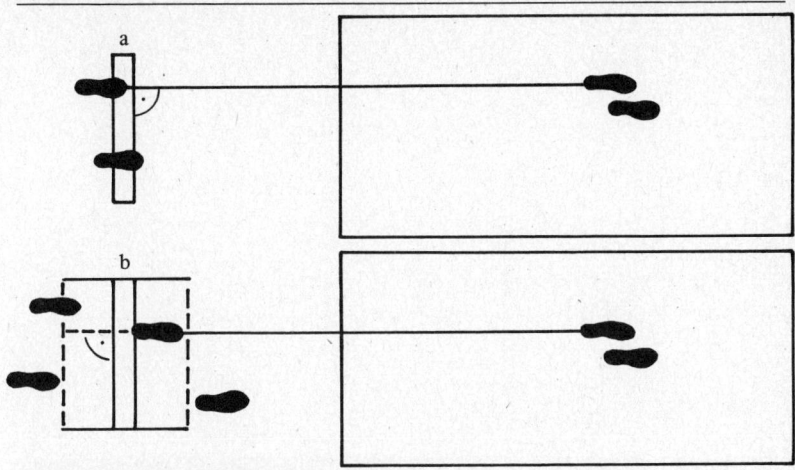

Abb. 7: Messen beim Weitsprung vom Balken (a)
und aus dem Absprungraum (b)

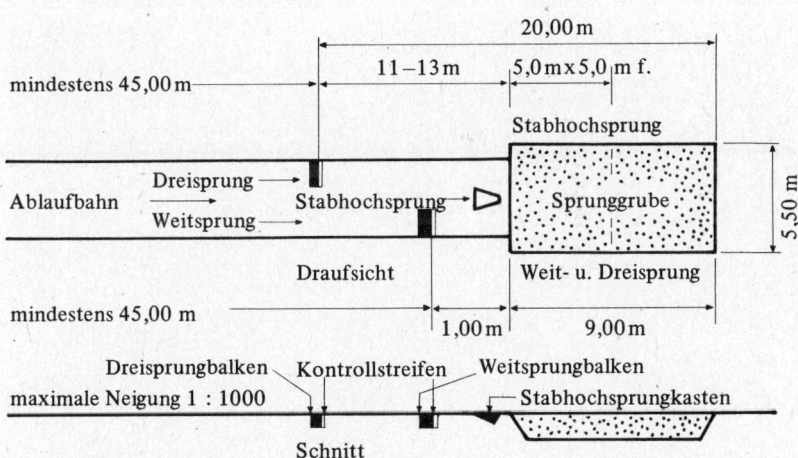

Abb. 8: Absprungbalken und Anlaufbahn bei Weit- und Dreisprung

Der Dreisprung

Der erste Olympiasieger – ein Dreispringer
Die Kelten betrieben vor über 2000 Jahren als erste das Dreispringen auf ihren Volksfesten wettkampfmäßig. In der Frühzeit der modernen Athletik standen in dieser Disziplin die Iren und Schotten an der Spitze. Beim ‹Irischen Dreisprung› wurden die drei Teilsprünge auf ein und demselben Bein ausgeführt (links–links–links oder rechts–rechts–rechts). Zu Zeiten Turnvater Jahns, also vor etwa 150 Jahren, entwickelte sich der ‹Deutsche Dreisprung›; hier erfolgten die Teilsprünge als Sprungschritte (also links–rechts–links oder rechts–links–rechts).

Seit 1896, dem Beginn der modernen Olympischen Spiele, verlangen die internationalen Wettkampfregeln die Sprungfolge links–links–rechts oder rechts–rechts–links; sie trägt die englische Bezeichnung *«Hop, step and jump»* (Hupf, Schritt und Sprung). An dieser Regel hat sich bis heute nichts geändert.

Der erste Goldmedaillengewinner der Olympischen Spiele der Neuzeit war ein Dreispringer; seine Siegesweite in Athen 1896 betrug 13,72 Meter. Seitdem ist der Dreisprung auf allen Kontinenten verbreitet. Japaner, Australier, Brasilianer sowie polnische und sowjetische Athleten waren maßgebend an der Leistungsentwicklung beteiligt. Dennoch haben die Dreispringer wie die Geher mit Vorurteilen zu kämpfen: Sie werden als verhinderte oder gescheiterte Weitspringer abgestempelt. Zeitweise war der Dreisprung sogar als ‹gefährliches und sinnloses Gehopse› geächtet und aus dem Wettkampfprogramm gestrichen. Herausragende Athleten, wie der Brasilianer da Silva, der Pole Schmidt sowie der dreimalige Olympiasieger (1968, 1972 und 1976) V. Sanejew aus der UdSSR haben dieser Disziplin wieder zu großer Popularität

verholfen. Die Verbesserung des Weltrekords auf 17,89 Meter durch
den Brasilianer de Oliveira ist dabei nur eine Station auf dem Weg zur
18-Meter-Traumgrenze im Dreisprung.

Die Technik des Dreispringens

Gekonnte ‹Känguruhsprünge› sind das Ergebnis einer Kombination
von Kraft und Technik. Verletzungsgefahren treten zumeist nur bei
solchen Athleten auf, die den Dreisprung als Anhängsel des Weitsprungs betrachten. Die moderne Dreisprungtechnik verlangt Robust-
heit und Kondition; insofern ist der Dreispringer kein verhinderter,
sondern ein vielseitiger Weitspringer.
Er benötigt
- ein hohes Maß an Sprungkraft, Sprungausdauer und -gewandtheit
- eine sehr gute Sprintfähigkeit
- ein ausgeprägtes Gleichgewichtsgefühl

Die Sprungkraft muß an beiden Beinen gleichzeitig entwickelt werden.
Zwischen Weit- und Dreisprung besteht eine enge Bewegungsverwandtschaft:
1. Übereinstimmung der Grundvoraussetzungen der Leistung:

Kondition		Technik
Schnelligkeit, Sprungkraft, Sprungausdauer, Gleichge-wichtsgefühl, spezielle Be-weglichkeit	+	Anlauf: 1. Sprung (Hop), 2. Sprung (Step), 3. Sprung (Jump)

2. Faustregel zur Berechnung der Leistungswahrscheinlichkeit:
Dreisprungleistungsmöglichkeit = 70 bis 75 Prozent der dreifachen
Weitsprungleistung
Beispiel: Fünf Meter im Weitsprung mal drei = 15 Meter,
davon Dreiviertel = 11,25 Meter

Eine wichtige Voraussetzung für gute Dreisprungleistungen ist die öko-
nomische Aufteilung der einzelnen Teilsprünge.
Der *Springertyp* zeigt die typischen Merkmale der *Steilsprungtechnik.*
Sie ist gekennzeichnet durch
- einen steilen Abflugwinkel beim ersten Sprung (Hop = 15 Prozent)
- einen langen und hohen ersten Sprung (Anteil: 38 Prozent)
- einen stärkeren Verlust der Horizontalgeschwindigkeit
- einen Doppelarmschwung beim Step und Jump und damit leicht nach
  vorn gebeugtem Oberkörper

- größere Bremsstöße bei den einzelnen Absprüngen
- ein Weitenverhältnis von etwa 38 zu 29 zu 33 Prozent der einzelnen Teilsprünge Hop, Step und Jump

Der *Sprintertyp* bevorzugt die *Flachsprungtechnik*, für die folgende Merkmale charakteristisch sind:

- Der erste Sprung wird flach ausgeführt; geringe Stemmphase.
- Der Abflugwinkel beträgt nur etwa 13 Prozent.
- Geringer Verlust an Horizontalgeschwindigkeit.
- Der Armschwung ist wechselseitig bei allen drei Sprüngen.
- Das Weitenverhältnis der Teilsprünge beträgt 35 zu 30 zu 35 Prozent (siehe *Schema*).

Flachsprung-
technik

Hop 35 %   Step 30 %   Jump 35 %

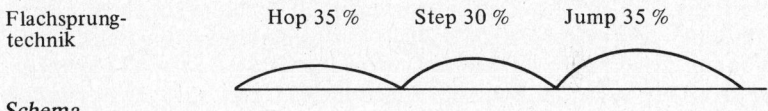

Schema

Ausgeglichene Springer wählen die ‹natürliche Technik›, bei der die Teilsprünge flach–höher–am höchsten folgen. Das Sprungverhältnis gleicht dem der Steilsprungtechnik, während die Höhe der Sprünge eher der der Flachsprungtechnik entspricht.

Welche dieser Sprungtechniken gewählt wird, richtet sich fast immer danach, ob eine bestimmte Leistungskomponente (Parameter) vorherrscht: *Sprungkraft* oder *Schnelligkeit*. Wissenschaftliche Analysen und auch die großen Erfolge der polnischen Dreispringer führten in den letzten Jahren dazu, die Flachsprungtechnik allen Springertypen zu empfehlen.

So wenig wie möglich an Horizontalgeschwindigkeit verlieren, alle Schwung- und Druckkräfte optimal ausnutzen: Das erfordert neben einer guten Kondition eine aufgeteilte Technik des Athleten.

Der Dreisprung gliedert sich in Anlauf, 1. Sprung (Hop), 2. Sprung (Step) und 3. Sprung (Jump) sowie die Landung (siehe *Abbildung 1*, Seite 218/219).

Ziel des *Anlaufs* ist das Erreichen der optimalen Geschwindigkeit und die Vorbereitung zum Absprung. Die Rekordverbesserungen der letzten Jahre sind besonders auf einen längeren und schnelleren Anlauf zurückzuführen – Spitzenkönner wie Sanejew laufen 100 Meter in 10,6 Sekunden. Die Anlauflänge ist abhängig von der Fähigkeit des Athleten, seine optimale Geschwindigkeit (Maximalgeschwindigkeit) zu erreichen.

links   Hop   links

Abb. 1: Hauptbewegungsphasen ‹Dreisprung›

Springer, die ihre Maximalgeschwindigkeit schnell erreichen, benötigen einen kürzeren Anlauf als solche, die weniger schnell beschleunigen können. Als Faustregel gilt: Spitzenkönner legen 35 bis 42 Meter, das sind 18 bis 22 Anlaufschritte, Jugendliche 10 bis 15 Schritte zurück. Der Oberkörper richtet sich allmählich auf den letzten Schritten auf (Sprungvorbereitung durch Entspannung).
Der *Absprung* ist ein aktiver Übergang vom Anlauf zur Flugphase. Strittig ist, mit welchem Bein der Hop beginnen soll. Kann man von einer annähernd gleich großen Sprungkraft beider Beine ausgehen, so wird in der Regel das ‹geschicktere› Bein (das Sprungbein beim Weitsprung) die ersten beiden Sprünge ausführen. Es bestimmt damit 2/3 der Gesamtleistung beim Dreisprung (vgl. *Abbildung 1*). Ein kräftiger Fußballenabdruck, ein gestrecktes Sprungbein und eine hohe Knieführung kennzeichnen die gute Abflughaltung zum
1. Sprung (Hop) (siehe *Abbildung 2*). Er ist möglichst flach. Das Sprungbein wird schnell unter den Körper gezogen, wodurch sich der Springer eine größtmögliche Horizontalgeschwindigkeit bewahrt. Die Landung erfolgt durch ein weites Vorgreifen des Landefußes (Sprungbein); das Bein ist dabei fast gestreckt. In dieser Phase verharrt der

Abb. 2: Hop

Step   rechts   Jump

Springer, bis der Boden erreicht ist. Der Körperschwerpunkt soll etwa eine Fußlänge hinter dem vorderen Fuß bleiben. Die Landung selbst erfolgt auf der Ferse. Die Arme und das freie Schwungbein unterstützen durch einen intensiven Schwung den Absprung zum

2. Sprung (Step), dem ‹Sorgenkind› des Dreispringers (siehe *Abbildung 3*). Leistungssteigerungen lassen sich nicht zuletzt auf den Ausbau des Step zurückführen, wie folgende Beispiele zeigen:

1910: D. Ahearn sprang 15,52 Meter (6,10–3,50–5,92 Meter)
1960: J. Schmidt sprang 17,03 Meter (5,99–5,02–6,02 Meter)
1975: C. de Oliveira sprang 17,89 Meter (6,60–5,19–6,10 Meter).

Der Unterschenkel des Schwungbeins wird bis in die Waagerechte geführt; die Arme schwingen entweder gegengleich oder in der Doppelarmtechnik. Der Oberkörper bleibt auch hier aufrecht. Das Sprungbein, zuerst gestreckt, wird später gebeugt und das vordere Knie bis zur Hüfthöhe vorgebracht.

Eine gleichzeitige Streckung von Schwung- und Sprungbein leitet die Landung ein. Der Fuß setzt dabei flach auf (mit der ganzen Sohle); der Körperschwerpunkt liegt etwa über der Ferse. Diese ‹aktive Landung› erleichtert den Absprung zum

Abb. 3: Step

Abb. 4: Jump

3. Sprung (Jump), dem einzigen Abschnitt des Dreisprungs, den man als Weitsprung bezeichnen kann (siehe *Abbildung 4*). Es sind demnach auch alle Varianten möglich, nämlich Hock-, Hang- oder Laufsprungtechnik.

Das Bemühen um flache und lange Flugbahnen beim Dreisprung bedingt eine bestimmte Bewegungsform. Der Hop wird mit maximaler Kraft ausgeführt; die Weiten von Weltklasseathleten liegen hier zwischen 6,40 und 6,60 Metern. Der Step ist stabil bei fünf Metern, während der Jump etwa eine Weite von sechs Metern aufweist. Dies entspricht dem optimalen Phasenverhältnis beim Dreisprung, nämlich maximal weit und flach zu springen. – Als günstigste Aufteilung der Gesamtsprungweite auf die Teilsprünge werden heute folgende Werte angesehen (nach Krejer): Hop 38, Step 29,5 und Jump 32,5 Prozent. Damit wird ein 18-Meter-Sprung folgendermaßen aussehen: 6,80 plus 5,20 plus 6,00 = 18,00 Meter.

Für die Auswertung der Verhältniszahlen werden die Teilsprünge gemessen, wie *Abbildung 5* zeigt.

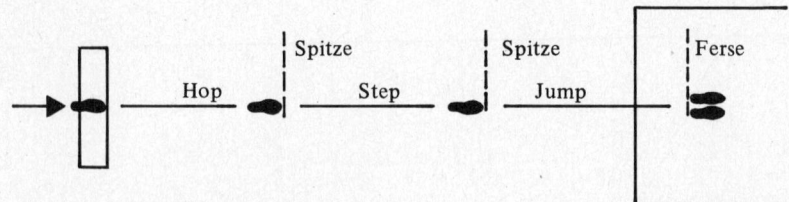

Abb. 5: Meßmethode ‹Teilsprünge›

	Steilsprungtechnik (38 % + 29 % + 33 %)	Flachsprungtechnik (33 % + 29 % + 38 %)
12 m	450 + 350 + 400	400 + 350 + 450
13 m	490 + 380 + 430	430 + 380 + 490
14 m	530 + 405 + 465	465 + 405 + 530
15 m	570 + 435 + 495	495 + 435 + 570

(Werte nach Bernhard, Training des jugendlichen Leichtathleten)
Tabelle: Sprungeinteilung für den Leistungsbereich von 12 bis 15 Metern
(Werte in cm)

Für den Leistungsbereich zwischen 12 und 15 Metern ergeben sich damit folgende Möglichkeiten der Sprunggestaltung, wobei die Dreisprungweite nach der schon bekannten Faustregel errechnet wird (siehe *Tabelle*).
Abbildung 6 zeigt verschiedene Möglichkeiten, wie Teilsprünge gemessen und geschätzt werden können.

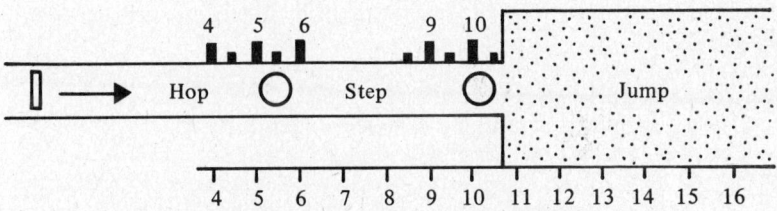

Abb. 6: Methoden der Teilsprungmessung und -schätzung

6   5   4

Das Vorbild
Wolfgang Kolmsee (Bundesrepublik Deutschland)
Sechster der Olympischen Spiele 1976 mit seiner
Bestleistung von 16,68 Metern

Die Fotoreihe zeigt einen gut gelungenen Sprung von Kolmsee bei den
Hallen-Europameisterschaften 1976 in Nizza. Kolmsee ist ein Vertreter der *Flachsprungtechnik*, der heute gebräuchlichsten Form des Dreisprungs.
Nach dem Absprung (Foto 2) wird das Sprungbein stark angewinkelt
und unter den Rumpf gezogen (Foto 3), dann zum weiten ‹Ausgreifen›
nach vorn gebracht. Die Fotos 4 und 8 zeigen die typische Phase des
weiten Vorgreifens: Das Bein wird fast gestreckt mit der Ferse aufgesetzt, um den Verlust an Horizontalgeschwindigkeit geringzuhalten.
Die *Stützphasen* beim Absprung (Foto 1), nach dem Hop (Foto 5) und

12   11   10

3   2   1

dem Step (Foto 9) verdeutlichen die Bewegungsverwandtschaft mit dem Weitsprung. Der Fuß rollt auf die ganze Sohle ab, die Knie werden etwas gebeugt; dadurch entsteht ein elastisches Abfedern während der *Amortisationsphase*. Erst wenn der Körperschwerpunkt über die Vertikale in der Beugephase hinweggekommen ist, kann die Wiederbeschleunigung einsetzen. Der jeweilige Absprung wird durch das Schwungbein und den kraftvollen Armeinsatz unterstützt: beim Step als Wechselarm- (Foto 6), beim abschließenden Jump als Doppelarmschwung (Foto 10).

Die Bewegungen in den *Flugphasen* dienen der Stabilisierung; sie sind deutlich auf den Fotos 3 und 7 zu erkennen. Noch zu verbessern ist der letzte Sprung, hier als einfacher Hocksprung ausgeführt. Das spielt allerdings keine große Rolle, denn entscheidend ist bei der Landung die raumgreifende Landevorbereitung (hier leider nicht zu sehen).

9   8   7

Fehler beim Dreisprung	*Korrekturhilfen*
beim Anlauf	
● zu starke Rücklage vor dem Absprung	Steigerungsläufe; Schulung des Absprungs durch intensiven Schwungbein- und Armeinsatz; Anläufe mit Hopsprung
● Ungenauigkeit bei der Anlaufgestaltung	siehe Kapitel «Weitsprung» und die Ausführungen zu den Ablauf- bzw. Zwischenmarken (am Beginn und im letzten Drittel des Anlaufs)
beim ‹Hop›	
● alleiniges Hochreißen des Schwungbeins (bringt eine falsche Beckenlage)	Sprungläufe, Hopsprünge aus elf Anlaufschritten bis vollem Anlauf mit ‹aktiver› Landung in Sprunggrube
● passive Landung, d. h. der KSP zu weit hinter dem Sprungbein	Sprünge mit aktivem Fußaufsatz: Sprungfolgen auf weichem Boden, Landung auf der Ferse
beim ‹Step›	
● bloßes Hineinstampfen mit dem Sprungfuß bei der Landung	Koordinationssprünge mit ganzsohligem Fußaufsetzen
● zu flache Flugkurve	spezielle Kraftübungen; bewußte Schulung der Oberkörperhaltung
beim ‹Jump›	
● zu starkes Abstemmen	Formsprünge mit Absprungunterstützung (Kasten, Bank usw.)
● vorzeitiges Senken der Beine zur Landung	alle Weitsprungübungen, speziell Tiefsprünge mit aufrechtem Oberkörper, Sprünge in den Sitz auf einen Hügel
● unruhige Sprungführung bei den Teilsprüngen	einfache und komplizierte Sprungfolgen mit Richtungsreglern (Längslinien, Sprungbahnen), Step-Jump-Sprünge aus fünf bis sieben Anlaufschritten

Wie trainiere ich den Dreisprung?
Das Aufbautraining eines Dreispringers beansprucht etwa acht Jahre.
Ziel und Aufgabe des Trainings ist eine umfassende und systematische
Vorbereitung auf den Wettkampf.
10- bis 14jährige trainieren
● allgemeine Grundlagen (Schnelligkeit, Sprungkraft, Ausdauer und
  Koordination)
  Ziel: Vorform bis Grobform des Dreisprungs
  14- bis 17jährige trainieren
● spezielle Grundlagen (spezielle motorische Eigenschaften, technische Grundschulung, Anlauf- und Teilsprungrhythmus)
  Ziel: Grobform bis Feinform des Dreisprungs
  17- bis 18jährige trainieren
● spezielle Konditionseigenschaften
  Ziel: wettkampfnahe Fein- und Feinstform des Dreisprungs

● *Übungsschwerpunkt:* Gleichgewichtsgefühl
Zickzackspringen über eine 30 bis 50 Meter lange Linie; Hop-Step-
Sprunglauf (re-re-li-li-re-re usw.) auf unebenem, weichem Boden oder
bergauf; Drehsprünge u. ä.

● *Übungsschwerpunkt:* Rhythmusgefühl
lockere Hopsersprünge in der Beinfolge li-li-re-re-li-li; Hopsersprünge
in der Beinfolge des Dreisprungs (li-li-re oder re-re-li); Übungsformen
wie oben mit Betonung des dritten Sprungs, also li-li-re oder re-re-li,
danach mit Betonung der ersten Sprünge (re-re-li oder li-li-re); Überlaufen von niedrigen oder umgestellten Hürden im Dreisprungrhyth-
mus; Standdreisprünge (auch als Leistungskontrolle)

● *Übungsschwerpunkt:* Sprungausdauer
Mehrsprünge in ebenem und unebenem Gelände; Schrittsprünge über
80 bis 100 Meter; Einbeinsprünge und andere Übungen zur Verbesserung der Sprungausdauer (siehe auch Kap. «Weitsprung», S. 203)

● *Übungsschwerpunkt:* Grundschnelligkeit
Koordinationsläufe über Laufstrecken von 150 bis 200 Metern mit
Gehpausen, Dauerläufen, Steigerungsläufen über mittlere Strecken;
wind sprints, Sprintläufe über 30/40 und 50/75 Meter

● *Übungsschwerpunkt:* spezielle Beweglichkeit
Hochsprünge (Flop und Straddle), Drehsprünge, Mehrsprünge im
Rhythmus

● *Übungsschwerpunkt:* allgemeine anaerobe dynamische Ausdauer
Wiederholungstempoläufe über 150 bis 250 Meter in mittlerem bis
submaximalem Tempo; Intervallsprints über 40 bis 60 Meter, Bergaufläufe auf leicht steigender Ebene über 100 bis 200 Meter

● *Übungsschwerpunkt:* allgemeine aerobe dynamische Ausdauer
Fahrtspiel im Wald von 20 bis 30 Minuten Dauer

● *Übungsschwerpunkt:* Verbesserung des Hop
schneller Fünf-Schritt-Anlauf, flach gesprungener Hop, konzentrierter
Absprung – Step und Jump werden nur angedeutet; Dreisprung mit
Hop-Absprung von einer Erhöhung (Rampe oder Kastenteil) aus kurzem Anlauf (drei bis fünf Anlaufschritte)

● *Übungsschwerpunkt:* Verbesserung des Step
schneller Fünf-Schritt-Anlauf. Der Hop wird mit geringem, der Step
mit großem (über kleine Hindernisse), der Jump mit geringem Krafteinsatz gesprungen bei 10 bis 15 Sprüngen pro Trainingseinheit; Dreisprünge mit Betonung des 2. Sprungs durch Kontrollmarken aus verschiedenen Anlauflängen.

● *Übungsschwerpunkt:* Verbesserung des Jump
alle techniknahen Weitsprungübungen in Verbindung mit angedeute-
tem Hop und Step aus kurzem Anlauf (Fünf- bis Sieben-Schritt-
Anlauf)

● *Spezielle Konditionsübungen für den Dreispringer*
Übungen zur Verbesserung der Beinkraft, spezielle Sprungübungen auf
Sprungbahnen mit unterschiedlichen Aufgabenstellungen (siehe Foto
1), Gleichgewichtsübungen und technikverbessernde Übungen bilden
die Grundlage des Trainings und sind die Voraussetzung für eine Leistungssteigerung:

● *Zweckgymnastische Übungen*
Ausfallschritt seitwärts, Nackenhalte: Wechselschaukeln von links
nach rechts; Beckenkreisen (Hände schieben Becken nach vorn); Kniestand: Rumpfbeugen seitwärts

● *Übungen zur Verbesserung der Beweglichkeit und Gewandtheit*
Seitspreizen der Beine, Rumpfbeugen im Hürdensitz, Beinspreizen,
Achterkreisen der Beine; Rumpfbeugen in verschiedenen Ausführun-
gen, unter anderem über das hochliegende Bein an der Sprossenwand
(siehe Foto 2), im Hürdensitz als Partnerübung, vorwärts und rückwärts
oder im Grätschsitz; Bauchschaukel; Hopserlauf mit Verwringung;
Slalomläufe; Drehsprünge über Hindernisse; Spannbeugen als Partnerübung; Rumpf-Zugbeugen als Partnerübung; Kosakentanz

1

3   2

● *Übungen zur Verbesserung der Raum-Zeit-Koordination*
Vielsprünge verschiedener Art, zum Beispiel Dreisprünge aus dem
Stand, Tiefsprünge mit wechselnden Schwerpunkten (siehe Foto 3);
Fünfer-Hop links (oder rechts) mit fünf Anlaufschritten, Fünfer-
Sprung (mit Sprungbeinwechsel, re-li-re) aus Fünf-Schritt-Anlauf;
Zehn-Sprung mit drei Anlaufschritten; Dreisprünge über umgestellte
Hürden (Abstände abwechselnd, zum Beispiel Zwei-, Drei-, Vier-,
Fünf-Schritt-Abstand) mit betontem Sprungbeineinsatz

● *Übungen zur Verbesserung der Kraft*
Beinmuskulatur: Traben mit schwerer Belastung (siehe Foto 4);
Sprungläufe mit und ohne Belastung (siehe Foto 5); Sprünge aus der
tiefen Hocke ohne und mit Belastung über Hürden (siehe Foto 6);
Kastenaufsteigen ohne und mit Belastung
Bauchmuskulatur: Aufrichten der Beine mit Medizinball (siehe Foto
7); Kerzen und Aufrichten am Schrägbrett, Rumpfbeugen am Schräg-
brett – Hände hinter dem Kopf
Rückenmuskulatur: Bauchschaukel, Rumpfheben am Kasten (siehe
Foto 8)

● *Übungen zur Verbesserung der Schnelligkeit*
Sprints über 15 bis 30 Meter aus der Bauchlage; Laufhopser (schnelle
Hopserläufe) über 30 Meter; Sprints aus der tiefen Hocke oder dem
Entengang; *high-knees* (Kniehebeläufe); Sprintlauf gegen Partner (sie-
he Foto 9) sowie alle Übungen des Lauftrainings wie im Kapitel
«Sprint»

4   5

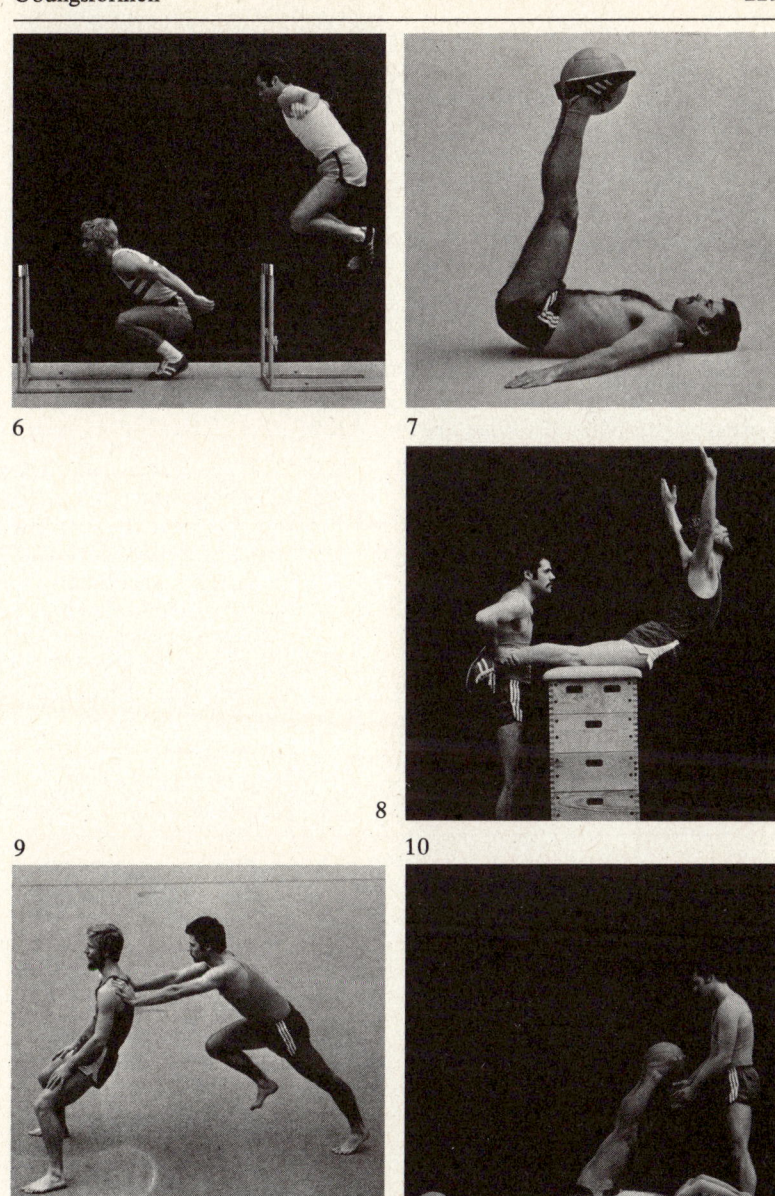

6

7

8

9

10

● *Übungen zur Verbesserung der Kraftausdauer und der Schnellkraft*
Alle Trainingsformen mit der Scheibenhantel, der Kraftmaschine
(Beindrücken, Unterschenkelbeugen); Würfe mit dem Medizinball am
Boden oder am Kasten; Heben der Beine mit Medizinball, übergeben
an den Partner (siehe Foto 10, Seite 229) sowie Formen des Wiederho-
lungstrainings und Pyramidentrainings (vgl. auch rororo sachbuch
7009: Leichtathletik 2 – Werfen und Mehrkampf). – Bei diesen speziellen Trainingsmethoden ist die individuelle Leistungsfähigkeit des jungen Sportlers zu berücksichtigen, ferner auf technisch einwandfreie
Ausführung zu achten!

Rahmentrainingsplan für Dreispringer
Vorbereitungsperiode (November bis April)

Tag	Schwerpunkte	Min.	Trainingsspiele
1. Tag im Freien	allgemeine aerobe Ausdauer allgemeine anaerobe Ausdauer	15 30 20 15	Einlaufen; Aufwärmen in Form eines Fahrt-spiels im Wald (leichtes bis mittleres Tempo) Bergaufläufe über 100–200 m (mittleres Tempo) und über 30–60 m in submaximalem bis maximalem Tempo Auslaufen
2. Tag Halle	Schnelligkeit Beweglichkeit Kraftausdauer	15 20 20	Einlaufen, Gymnastik Fußgelenkarbeit über 15–20 m; Kniehebe-läufe (langsam– schnell); Steigerungs-läufe über 60–80 m Zickzacksprünge über 50 m (4 Serien); Mehr-sprünge über 30 m (5 Serien); Drehsprünge im Fünfer-Rhythmus (5 Serien mit 5 Wieder-holungen)

Tag	Schwerpunkte	Min.	Trainingsspiele
		25	Circuit mit speziellen Sprung- und Kraftübungen für den Springer (5 Stationen)
		15	Auslaufen oder Spiel
3. Tag Halle	Verbesserung der speziellen Kondition	15	Einlaufen; zweckgymnastische Übungen Hopsprünge aus Fünf-Schritt-Anlauf, 15-m-Antritte aus dem Hopserlauf (5 Serien); Hop-Step-Sprünge über Hindernisse (5 Serien mit 6 Wiederholungen);
		45	Rumpfbeugen mit 10 kg Belastung (3 Serien mit 5 Wiederholungen); 10 Drehsprünge mit 2 kg Belastung; 8 Auffangsprünge zur Verbesserung des Step; 5 Hop-Step-Sprünge mit 3 kg Belastung
		20	Auslaufen oder Spiel
4. Tag Halle	Verbesserung der Grundkraft Technikschulung mit Schwerpunkt (z. B. Anlauf)	15	Aufwärmarbeit mit leichten Gewichten
		25	Pyramidentraining an 6 Stationen der Kraftmaschine
		30	Anläufe mit Hopsprüngen in die Grube; Dreisprünge mit vollem Anlauf; Kontrolläufe und -sprünge mit Markierung der Teilweiten
		15	Spiel

Rahmentrainingsplan für Dreispringer
Wettkampfperiode (Mai bis September)

Tag	Schwerpunkte	Min.	Trainingsbeispiele
1. Tag	Schnelligkeit Technikschulung mit Schwerpunkt (z. B. Hop)	15	Einlaufen; spezielle Gymnastik
		25	Koordinationsläufe über 60–80 m mit mittlerer Geschwindigkeit; 5–8 Starts aus dem
		10	Block, einige Anlaufkontrollen; Übergänge von Fußgelenkarbeit über Kniehebeläufe in den Sprint über 50–60 m
		30	Hopsersprünge auf dem linken bzw. rechten Bein; Anläufe aus verschiedenen Längen mit anschl. Hopsprung, Anlaufkontrollläufe, Hopsprünge in die Grube aus 5–11 Anlaufschritten
		15	Auslaufen oder Spiel
2. Tag	Sprungkraft Raum-Zeit-Koordination anaerobe Ausdauer	15	Aufwärmen, Gymnastik
		30	Vielsprungtraining (Mehrfachsprünge) Schrittsprünge über 30–40 m, Tiefsprünge aus wechselnden Höhen (30 cm–1 m)
		20	Dreisprünge aus dem Stand, aus kurzem, mittlerem und vollem Anlauf; Dreisprünge mit Teilsprungmarkierungen;

Tag	Schwerpunkte	Min.	Trainingsspiele
		25	Dreisprünge über Hürden mit größer werdenden Abständen; betonter Schwungbeineinsatz Wiederholungstempoläufe über 150–250 m in mittlerem bis submaximalem Tempo
3. Tag	Schnelligkeit Technikschulung mit Schwerpunkt (z. B. Step/Jump)	15 35	Einlaufen; Gymnastik 10 Läufe über fliegende 20 m mit Zeitnahme, 5–10 volle Anläufe mit Hopsprung, Fußgelenkarbeit mit Belastung
		30	Step-Jump-Sprünge mit Landung in Sprunggrube aus kurzem bis mittlerem Anlauf; Dreisprünge mit Sprungunterstützung beim Jump (Federbrett, Kastenteil, Rampe); Dreisprünge mit Weitenmarkierungen für Step und Jump
		10	Auslaufen
4. Tag	*Falls kein Wettkampf:* wettkampfähnliches Einlaufen und Einspringen; wettkampfnahe Dreisprünge aus kurzem, mittlerem und vollem Anlauf; Anlauf- und Teilsprungkontrollen; Leistungstests (Vielsprungfünfkampf)		

Lernkontrollen
Kontrolliere selbst die:
- Grundschnelligkeit durch die Sprintläufe über 50 Meter
- Sprungkraft links durch 3er-Hop links
- Sprungkraft rechts durch 3er-Hop rechts
- Schnellkraft durch beidbeinige Mehrsprünge
- allgemeine Sprungkraft durch einen *Hop-Sprünge-Test* mit fünf aufeinanderfolgenden Sprüngen mit dem Sprungbein. Die Sprungfolge beginnt aus einer Schrittstellung, also ohne Anlauf.

Zehnsprung-Test
Folge: fünf Hopsersprünge links plus fünf Hopsersprünge rechts

Fünfsprung aus der Schrittstellung
Folge: li–re–li–re–li oder re–li–re–li–re
11 bis 12 Jahre: 9,50 bis 10,50 m
13 bis 14 Jahre: 11,50 bis 12,50 m
15 bis 16 Jahre: 13,00 bis 14,00 m
15 Meter und darüber sind die Voraussetzung für Dreisprungleistungen von ebenfalls 15 Metern (nach Bernhard).

Kontrolliere die Schnelligkeit durch *Fünfsprung mit Zeitmessung* (waagerechter Oberschenkeleinsatz)

15,00–15,50 m	14,50–15,00 m	14,00–14,50 m
2,9 – 3,1 Sek.	2,7 – 2,9 Sek.	2,5 – 2,7 Sek.

13,00–14,00 m	12,00–13,00 m	11,00–12,00 m
2,5 – 2,7 Sek.	2,4 – 2,7 Sek.	2,4 – 2,6 Sek.

Vergleiche dazu auch die Werte des Hopsprungs im Kapitel «Weitsprung». Verkürzt sich die Zeit für die entsprechenden Leistungen bei mehrfachen Kontrollen, so ist daraus eine bessere Sprungtechnik zu erkennen.

Werte für den Vielsprungfünfkampf

Schüler (alle Angaben in Meter):

Bestleistung Weitsprung	Dreisprung Stand	5er-Hop links	5er-Hop rechts	Fünf-Sprung	Zehn-	Summe
3,50	5,30	11,00	10,20	11,10	21,30	59,30
4,20	5,80	12,10	11,00	12,10	23,40	64,40
4,80	6,20	12,80	12,30	12,50	24,60	68,40

Jugendliche Dreispringer (alle Angaben in Meter):

Bestleistung Dreisprung	Dreisprung Stand	5er-Hop links	5er-Hop rechts	Fünf-Sprung	Zehn-	Summe
13,00	7,30	16,50	16,70	16,50	31,00	88,00
14,50	8,10	18,60	19,00	18,60	34,50	98,00

Der Hochsprung

Alle springen Flop

Der Siegeszug des Flop begann bei den Olympischen Spielen 1968, als sein Erfinder, der Amerikaner Dick Fosbury, völlig überraschend mit einer neuen Technik die Goldmedaille gewann. Er überquerte die Latte mit dem Rücken. Zuerst belächelt, dann bestaunt, später wegen der Landung auf dem Rücken als gefährlich kritisiert, kennt heute nahezu jeder diese Technik. Viele der weltbesten Hochspringer springen den Flop. Dwight Stones aus den USA setzte neue Maßstäbe im Kampf mit der Schwerkraft. Mit 2,30 und 2,31 Meter stellte er neue Weltrekorde auf und machte den Hochsprung auf allen Sportplätzen zu einer beliebten Disziplin.

Biomechaniker und Physiker beschäftigen sich seit einigen Jahren mit der Frage nach der optimalen Technik im Hochsprung. Mit Hilfe von Computern haben sie bereits eine neue Form ausgetüftelt. Der Hay-Sprung, ein Salto vorwärts über die Hochsprunglatte, soll schon bald den Schersprung, den Rollsprung, den Wälzsprung und den Flop ersetzen.

Die Technik des Hochspringens

Die Frage nach der optimalen Hochsprungtechnik ist eine Frage nach der biomechanisch günstigen Art der Lattenüberquerung; Anlauf und Absprung sind dabei nicht so wesentlich. Hochspringen heißt, eine größtmögliche Höhe zu überqueren und dabei den Körperschwerpunkt möglichst nah an die Latte zu bringen, ohne sie zu berühren. Da die Wettkampfregeln (seit 1932) nur festlegen, daß mit einem Bein abgesprungen werden muß, die Art der Lattenüberquerung aber jedem

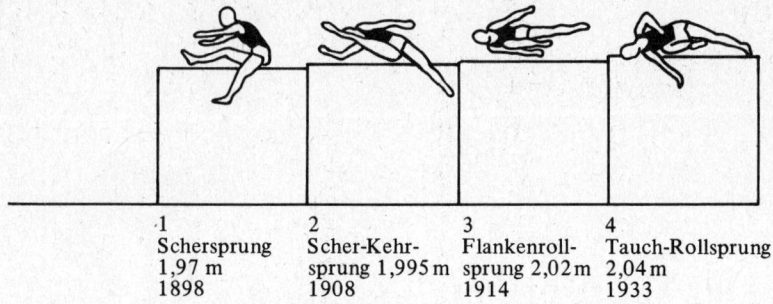

1	2	3	4
Schersprung	Scher-Kehr-	Flankenroll-	Tauch-Rollsprung
1,97 m	sprung 1,995 m	sprung 2,02 m	2,04 m
1898	1908	1914	1933

Abb. 1: Entwicklung des Hochsprungs

freisteht, ist die Entwicklung des Hochsprungs zugleich die Geschichte der verschiedenen Techniken (siehe *Abbildung 1*).
Vielseitigkeit bestimmt neben der Veranlagung zu folgenden leistungsbestimmenden Faktoren eine gute Hochsprungleistung:

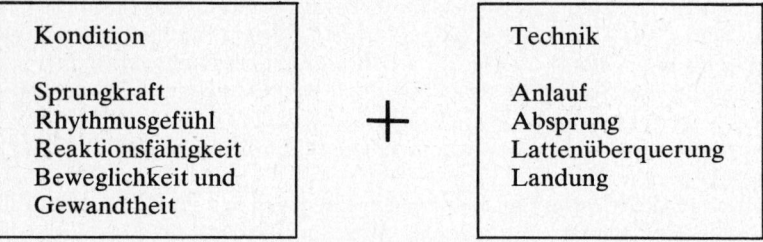

Kondition		Technik
Sprungkraft		Anlauf
Rhythmusgefühl	+	Absprung
Reaktionsfähigkeit		Lattenüberquerung
Beweglichkeit und		Landung
Gewandtheit		

Wichtig für einen jungen Hochspringer sind zunächst einmal Sprungkraft und Beweglichkeit sowie die Fähigkeit, eine der modernen Techniken zu erlernen. Die (absolute) Sprungkraft ist hierbei Voraussetzung für das Erlernen von Straddle und Flop, der gebräuchlichsten Hochsprungtechniken. Die folgenden Technikbeschreibungen beschränken sich daher auf diese beiden Techniken, wobei einige grundsätzliche biomechanische Aspekte des Hochspringens vorangestellt werden müssen.

- Eine Hochsprungleistung setzt sich vorwiegend aus drei Komponenten zusammen: $H_1 + H_2 - H_3 =$ Sprunghöhe (siehe *Abbildung 2*).
- Während der wichtigen Phase der Lattenüberquerung wird die Lage des Körperschwerpunkts (KSP) bestimmt von der Technik, die der Springer wählt (siehe *Abbildung 3*, Seite 240).

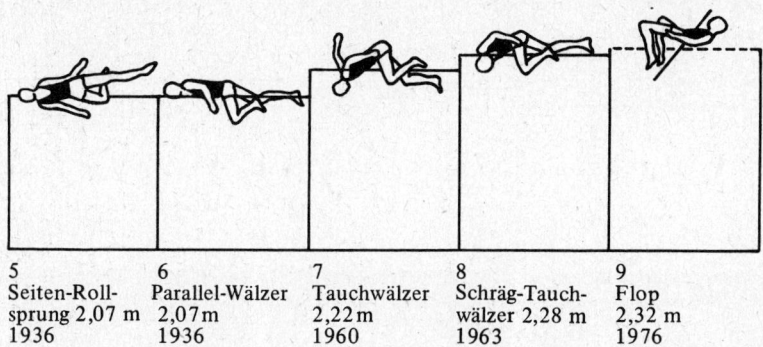

5	6	7	8	9
Seiten-Roll-sprung 2,07 m 1936	Parallel-Wälzer 2,07 m 1936	Tauchwälzer 2,22 m 1960	Schräg-Tauch-wälzer 2,28 m 1963	Flop 2,32 m 1976

- Die drei Achsen des menschlichen Körpers sind die Längs-, Quer- und Breitenachse (siehe *Abbildung 4*, Seite 240).
- Ein Beugen im Gelenk bedeutet größere Winkelgeschwindigkeit, das heißt schnellere Drehungen um eine der Körperachsen.
- Ein Strecken im Gelenk bedeutet Verlangsamung der Drehungen (Rotationen).
- Kinetische Energie dient dem Höhengewinn (Vertikalkraftstoß der Beinmuskulatur).
- Rotationsenergie wird durch Drehimpulse der Hüfte und der Extremitäten erzeugt und dient der Lattenüberquerung.

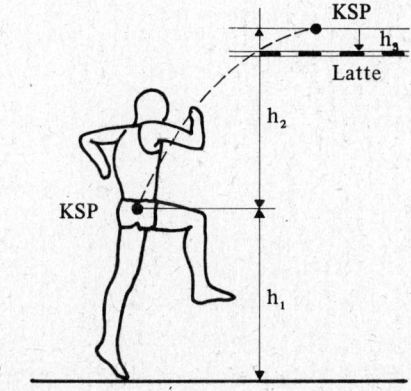

Abb. 2

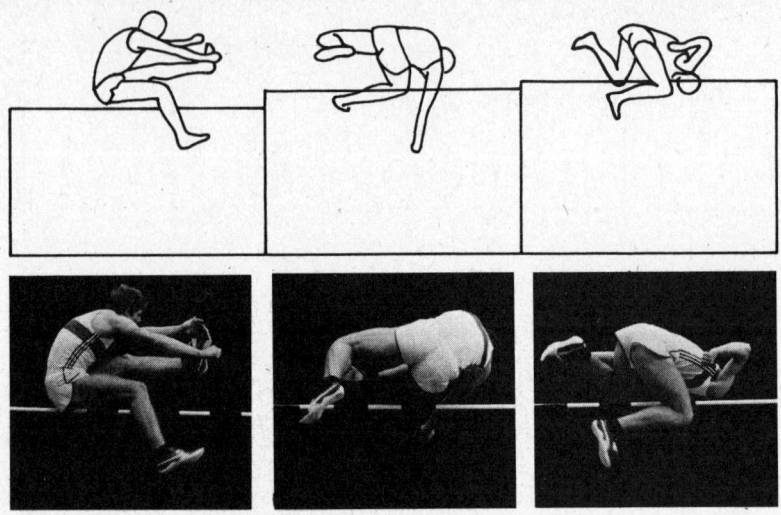

Abb. 3: Ökonomie verschiedener Hochsprungtechniken

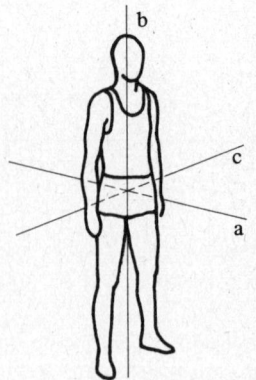

a   Horizontalachse (Tiefenachse):
    in Hauptbewegungsrichtung und
    parallel zur Erdoberfläche

b   Vertikalachse (Längsachse):
    in Richtung der Erdanziehung,
    also senkrecht zur Erdoberfläche

c   Querachse (Breitenachse):
    quer zur Hauptbewegungsrichtung
    und parallel zur Erdoberfläche

Abb. 4: Achsen des menschlichen Körpers

Die Technik des Flopsprungs

Der moderne Fosbury-Flop (siehe Foto 1) unterscheidet sich nicht wesentlich von der Technik des Ur-Flop. Kennzeichnend sind vier wichtige Phasen: Anlauf, Absprung, Flug und Lattenüberquerung, Landung.

Der erste Teil des *Anlaufs* (Beschleunigungsabschnitt) umfaßt sieben bis elf Anlaufschritte. Rumpfvorlage und die kaum merkliche Seitenneigung begünstigen eine höhere Geschwindigkeit (bis acht Meter pro Sekunde bei Spitzenspringern). Auf den letzten drei Schritten (Impulsabschnitt) ändert sich die Rumpfhaltung: Die Neigung zum Kreismittelpunkt wird verstärkt (20 bis 30 Grad), die Vorlage im vorletzten Schritt durch eine deutliche Rücklage ersetzt (siehe *Abbildung 5*, Seite 242). Dadurch wird der Körperschwerpunkt gesenkt und der Antriebsweg verlängert.

Im letzten Schritt wird die Seiteninnenneigung aufgehoben; der Oberkörper ist nun aufgerichtet (siehe *Abbildung 6*, Seite 242). Hier wird die für die Drehung um die Latte erforderliche Winkelgeschwindigkeit bereits vor dem Absprung erzeugt. – Vertreter der Doppelarmtechnik führen die Arme weit hinter den Rumpf, während die Wechselschwungtechniker die Armhaltung des bisherigen Anlaufs beibehalten.

Beim *Absprung* rollt der Fuß des Sprungbeins von der Ferse ab und zeigt dabei zur Latte (Absprungwinkel: 10 bis 25 Grad. Der Fuß wird

1

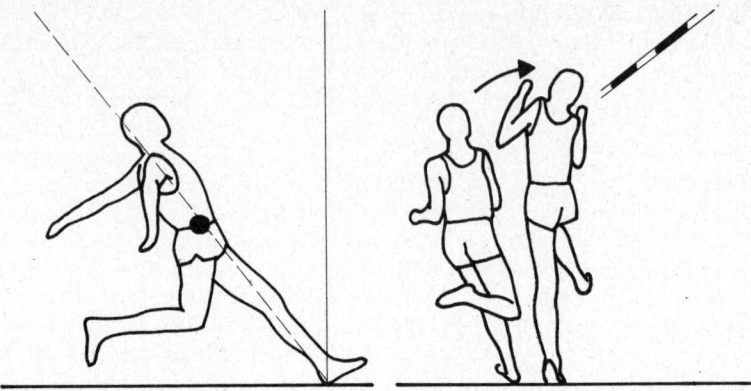

Abb. 5: Körperrücklage
beim Absprung zum Flop

Abb. 6: Aufrichten des Oberkörpers
aus der Kurveninnenneigung

auf der Kreisbahn aufgesetzt; die Entfernung zur Latte beträgt etwa
einen Meter. Durch ein gestrecktes Aufsetzen des Sprungbeins wird die
hohe Anlaufgeschwindigkeit stark abgebremst, was ein optimales Umsetzen von der Horizontal- in die Vertikalgeschwindigkeit begünstigt.
In der folgenden *Amortisationsphase* wird das Sprungbein leicht gebeugt; der Körper richtet sich auf. Das Aufrichten aus der Kurveninnenneigung ermöglicht ein nahezu zentrales Treffen des Körperschwerpunkts beim Absprung, womit eine der wichtigsten Voraussetzungen für eine gute Sprungleistung gegeben ist. Um nicht seitwärts
über die Latte zu fliegen – durch das Aufrichten entstand eine Drehung
um die Tiefenachse –, reißt der Springer sein Schwungbein nach oben
von der Latte weg, das heißt zum Kreismittelpunkt hin. Es entsteht eine
Drehung um die Längsachse, es kommt zu der flop-typischen ‹Brückenhaltung› (siehe Foto 2).
Der *Absprung* ist nach neuesten biomechanischen Erkenntnissen der
entscheidende Faktor beim Flop; die meisten Fehlsprünge resultieren
aus einem fehlerhaften Absprungverhalten. Der Bewegungskomplex
Anlauf–Absprung bildet daher einen wichtigen Übungsschwerpunkt
im Training des Hochspringers.
Nach dem Absprung bewegt sich der Springer vorwärts–aufwärts.
Schulter- und Beckenachse drehen sich zur Latte, wobei Drehungen um
alle drei Körperachsen entstehen (vgl. *Abbildung 4*, Seite 240):
- Rotation um die Tiefenachse (Horizontalachse): durch das Aufrichten aus der Kurveninnenneigung

2

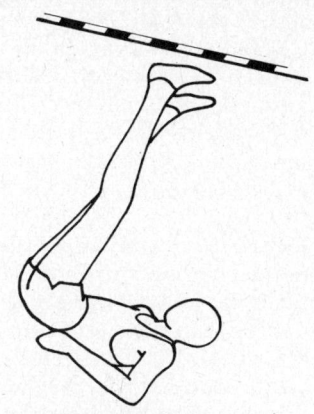

Abb. 7: ‹L-Position›

- Rotation um die Längsachse (Vertikalachse): durch das Hochreißen des Schwungbeins von der Latte weg
- Rotation um die Breitenachse (Querachse): durch das Hochführen der Arme

Dieser aufsteigende Teil der Flugphase ist durch eine relativ passive und entspannte Körperhaltung gekennzeichnet. Wichtig bei den folgenden Bewegungen der Lattenüberquerung ist, daß das Becken nicht absinkt. Deshalb müssen einige Teilkörperschwerpunkte verlagert werden: Das Schwungbein wird gesenkt, das Sprungbein möglichst lange hängen gelassen, das Becken nach oben gedrückt. Eine exakte Überquerung der Latte, angefangen vom Kopf bis zu den Unterschenkeln (Vorteil gegenüber dem Wälzer!), wird durch weitere Maßnahmen erleichtert. Die Arme werden gesenkt und nahe an den Rumpf geführt; die Latte wird intensiv beobachtet, um Korrekturen vornehmen zu können; der Kopf wird auf die Brust genommen.

Ob hierbei der Schwerpunkt unter der Latte hindurch bewegt werden kann, konnte bisher weder für den Flop noch für den Straddle bewiesen werden.

Zur abschließenden Landung werden die Beine im Hüftgelenk gebeugt und in den Knien gestreckt, wenn das Gesäß die Latte überquert hat (nicht früher). Die Arme werden zur Landung ausgebreitet, der Springer landet in der sogenannten ‹L-Position› (siehe *Abbildung 7*) auf dem ganzen Rücken. Um ein Überrollen zu verhindern (Verletzungsgefahr!), bleiben die Kniegelenke gestreckt.

Zur Technik des Wälzsprungs

Bekannteste Varianten des Wälzsprungs (Straddle) sind der Parallel-
und der Tauchwälzer. Während Anlauf und Absprung im wesentlichen
gleich sind, unterscheidet sich die Art der Lattenüberquerung wie folgt:

- Parallelwälzer: Körper liegt fast gestreckt und parallel über der Latte
  und dreht sich um die Längsachse.
- Tauchwälzer: Der Kopf eilt voraus; der Körper überquert in einer
                  Kippbewegung mit stark gebeugter Hüfte die Latte.

Der *Anlauf* beim Wälzsprung ist ein geradliniger Steigerungslauf, wobei der Springer in einem Winkel von etwa 45 Grad von der Sprungbeinseite her auf die Mitte der Latte zu läuft. Die Fußspitzen zeigen
dabei nach außen. Auf dem zwischen sieben und neun Schritten langen
Anlauf wird zuerst beschleunigt, auf den letzten beiden Schritten durch
ein Halten der Geschwindigkeit der Absprung vorbereitet. Das geschieht oftmals durch einen vergrößerten drittletzten Schritt. Der
Oberkörper ist nun in starker Rücklage (siehe *Abbildung 8*): der vorletzte Schritt wird dadurch ebenfalls verlängert und der Körperschwerpunkt optimal gesenkt (bis 45 cm).
Das Bein wird beim drittletzten Kontakt leicht angebeugt. Durch diesen «Impulsschritt» (Zacharias) unterläuft das Becken die Schultern
und sorgt für eine aufrechte Haltung des Oberkörpers. Beim vorletzten
Schritt wird der Innenarm (Schwungbeinseite) vorn fixiert und führt mit
dem vorschwingenden Außenarm (Sprungbeinseite) zum sogenannten
Doppelarmschwung.
Hauptzweck des Doppelarmschwungs ist das Wiederaufrichten des
Rumpfes während der Stützphase des Sprungbeins. Damit wird der
Körperschwerpunkt über dem Kraftstoß gehalten und ein Rückwärts-
springen verhindert. Beim letzten Schritt schlagen die Arme nach hinten–unten und dann an den Hüften vorbei mit dem Schwungbein
zusammen nach vorn–oben. Diese Bewegungen leiten den Absprung
ein.
Im Gegensatz zum Absprung beim Flop (Dauer etwa 0,14 Sekunden)
ist der Straddle-*Absprung* ein Langzeitabsprung. Er vollzieht sich aber
immerhin in 0,23 Sekunden. Diese Phase wird in das Aufsetzen
des Sprungbeins, die Amortisation und die Absprungstreckung unter-
teilt.
Das Sprungbein setzt gestreckt und mit der Ferse zuerst auf (etwa 70 cm
vor der Latte). Nach dem Aufsetzen wird der Oberkörper nach vorn
gebracht. Beide Schultern streben nach vorn; nur die Innenseite der
Hüfte bleibt zurück. Eine leichte Bogenspannung ist zu erkennen.
Ist das Sprungbein über die Fußsohle abgerollt, so muß es im Kniegelenk explosiv und vollständig gestreckt werden. Eine zusätzliche Verti-
kalbeschleunigung wird durch das plötzliche Feststellen (Fixieren) von

Abb. 8: Körperrücklage beim
Absprung zum Straddle

Abb. 9: ‹*Six-o'clock*-Position›

Schwungbein und Armen erreicht; denn die Bremsbewegung überträgt
die Energie der Extremitäten auf den Rumpf.
Wichtig ist der richtige Einsatz des *Innenarms.* Dieser verhindert ein
unnötiges Erzeugen von Rotationsenergien. Bei der Absprungstrek-
kung darf sich der Springer nicht weiter zur Latte neigen, als bis die
Achse, die vom Sprungbein zur entgegengesetzten Schulter reicht,
senkrecht zum Boden verläuft (*Six-o'clock*-Position; siehe *Abbildung
9*). Das Seitwärtsspringen ist ein Fehlverhalten, das nur durch einen
steileren Anlauf (45 bis 60 Grad) ausgeglichen werden kann (Parallelwälzer). Nach korrektem Absprung steigt die Schulterachse zunächst
quer zur Flugbahn.
Beim *Parallelwälzer* schwingt das Schwungbein möglichst gestreckt zur
Latte, während das Sprungbein vorerst noch locker hängt. Zugleich mit
dem Schwungbein überqueren Kopf, Schulter und Arm der Schwungbeinseite die Latte. Nach Passieren der Latte ermöglicht die sich nach
unten bewegende Schwungbeinseite das Hochheben der Sprungbeinseite; dabei ist das Sprungbein im Knie gebeugt. Die Landung erfolgt
auf dem Schwungbein sowie einer Hand mit anschließendem Abrollen
über die Schulter oder die Hüfte.
Der *Tauchwälzer* versucht durch ein Abknicken in der Hüfte mit den
beiden Hauptmassen des Körpers, dem Ober- und Unterkörper, die
Latte zu überqueren. Der Rumpf liegt also quer zur Latte. Zugleich mit
dem Schwungbein überqueren Kopf, Schulter und Arm der Schwungbeinseite die Latte; der Springer dreht sich im spitzen Winkel zur Latte

3

mit stark gebeugter Hüfte um die Breitenachse (siehe Foto 3). Das
angewinkelte Schwungbein wird dabei nach hinten–oben gestreckt, der
Arm der Schwungbeinseite möglichst rumpfnah; der Oberkörper bleibt
gekrümmt. Nach Überqueren der Latte wird das Schwungbein gestreckt, und die Arme bereiten die Landung vor. Die Landung erfolgt
auf Hand und Fuß der Schwungbeinseite. Der Springer rollt sich dann
zur Seite ab.

Die folgende Aufstellung charakteristischer Bewegungsmerkmale von
Straddle und Flop zeigt in einigen Phasen große Ähnlichkeiten. Biomechanisch gesehen und eingedenk der neuesten Berechnungen gibt es
keine überlegene Technik: Vor- und Nachteile halten sich ungefähr die
Waage.

Vergleich der Bewegungsmerkmale (nach Kruber)

	Flop	Straddle
Anlauf	geradliniges Laufen, Temposteigerung, dann Kurvenlauf bei Tempoerhaltung Rückschwingen der Arme Doppelarmschwung oder Gegenarmtechnik Aufrichten aus der Innenneigung, Hüftstoß	geradliniges Laufen in spitzem Winkel zur Latte, Temposteigerung Rückschwung der Arme Doppelarmschwung Oberkörperrücklage
Absprung	Aufsetzen des Sprungfußes über die Ferse Hochreißen des Schwungbeins von der Latte weg explosive Absprungstrekkung Hochschwingen der Arme mit anschließendem Fixieren	Aufsetzen des Sprungfußes über die Ferse Hochreißen des Schwungbeins möglichst gestreckt explosive Absprungstrekkung Hochschwingen der Arme
Flug	Senken des Schwungbeins Hochdrücken des Beckens Heranführen der Arme an den Rumpf	Beugen des Schwungbeins Hochklappen des Sprungbeins Heranführen der Arme an den Rumpf
Landung	Strecken der Kniegelenke Beugen des Hüftgelenks Landung auf dem ganzen Rücken	Strecken des Sprungbeins Landung auf Hand und Fuß der Schwungbeinseite; abrollen

Die Hauptunterschiede zwischen Flop und Straddle zeigt die folgende
Übersicht:

	Flop	Straddle
Anlauf-winkel Anlauf länge	bogen-, kreis-, spiralförmig 30 bis 35 Grad 16 bis 18 Meter (8 bis 13 Anlaufschritte)	geradlinig 45 Grad ca. 10 bis 15 Meter (5 bis 12 Schritte)
Rechts-springer laufen von	links an	rechts an
Absprung	lattenentfernteres Bein relativ weit, ca. ein Meter Rückenseite zur Latte Kurzzeitabstoß: 0,14 Sek.	lattennäheres Bein 0,70 Meter Entfernung Bauch-Brustseite Langzeitabstoß: 0,24 Sek.
Latten-über querung	sehr günstig rücklings Passieren der Latte mit paralleler Körperbreitseite	optimal tiefe Schwerpunkt-lage bäuchlings Körperlängsseite (Parallel-wälzer) diagonale Körperlängsseite (Tauchwälzer)
Flugweite Landung Landungs-geschw. Absprung Absprung-stellung	3,40 Meter auf dem ganzen Rücken ca. 8 Meter/Sek. geringe Sprungauslage geringe Körperrücklage	höchstens drei Meter auf Schwungbeinseite; ab-rollen auf dem Rücken ca. 6 Meter/Sek., aber auch bis 8 Meter/Sek. möglich große Sprungauslage, große Körperrücklage

Fehler beim Wälzsprung

Korrekturhilfen

- vorzeitiges Neigen des Körpers zur Latte

Sprünge in Form von Pirouetten bei niedrigen Höhen, aufrechter Oberkörper; bei Wälzsprüngen Höhe langsam steigern

- ‹Judorolle› direkt nach dem Absprung

Sprünge über die schräge Latte (höherer Teil näher)

● Verdrehen des Sprungbeins	Anlaufgasse markieren; Steigesprünge
● mangelhafter aktiver Schwungbeineinsatz	Sprünge an der schräggelegten Latte (höherer Teil entfernter)
● extremes Stemmen beim Tauchwälzer	Überlaufen der Absprungstelle
● zu frühe Drehung um die Körperlängsachse (Seitwärtsspringen)	größerer Anlaufwinkel (bis 60 Grad)
● Verwringung des Körpers (Blick geht nicht zur Latte)	Zuruf im Moment der Kopfdrehung bei Pirouetten und Wälzsprüngen
● ‹Hechten› (Hände setzen früher als das Schwungbein auf)	Pirouettensprünge über geringe Höhen mit Höhenorientierung (z. B. Schnur); Wälzsprünge Höhe langsam steigern

Fehler beim Flop	*Korrekturhilfen*
● ungenügende Anlaufgeschwindigkeit (Anlauf geradlinig)	Steigerungsläufe; bogenförmige Anläufe mit Markierungen für die letzten drei Schritte; Kürzung des Bogenradius
● ungenügende Kurveninnenneigung (Springer richtet sich zu früh auf)	wie oben; Anlauf in Anlaufgasse, Achterläufe, Kurvenläufe
● fehlerhafte Absprunghaltung (Fuß setzt nicht auf der Kreisbahn auf)	bogenförmige Anläufe mit betontem Aufrichten aus Innenneigung
● übereilter Absprung (zu betonter Rotationsschwung)	Absprungimitationen aus kurzem Anlauf; Absprünge mit Markierungen der letzten drei Schritte
● schlechte Brückenhaltung über der Latte	Übungen aus dem Standflop; Absprünge vom erhöhten Absprung (Mini-Trampolin); Schulung der Lattenüberquerung am Kasten
● unzweckmäßige Landung	Landeübungen aus dem Standflop; auf gestreckte Beine achten (Körperspannung nicht aufgeben: Stauchungs- und Verletzungsgefahr)

6   5   4

Das Vorbild
Ulrike Meyfarth (Bundesrepublik Deutschland)
Olympiasiegerin 1972 (Bestleistung: 1,92 Meter)

Ulrike Meyfarth bereitet mit dem vorletzten Schritt in guter, sprintmäßiger Laufhaltung (Foto 1) den Doppelarmschwung vor; die Arme werden synchron hinter den Rumpf geführt. Der verlängerte letzte Schritt führt zu einer leichten Körperrücklage (Foto 4), der Körperschwerpunkt wird abgesenkt (Foto 2 und 3). Dem Abbeugen im Sprungbein folgt die für Meyfarths Sprungstil typische asynchrone Bewegung des Außenarms: Er wird nach vorn–oben in Richtung Latte gebracht. Ein Abbremsen der Vorwärts-aufwärts-Bewegung ist nicht erkennbar (Foto 5 und 6).
Der Sprungfuß setzt auf der Kreisbahn auf (auf Foto 5 bei genauem

12   11   10

3 2 1

Betrachten zu erkennen). Eine optimale Absprungstelle (Foto 6) ermöglicht ein nahezu ideales Überqueren der Latte (Fotos 8 bis 11). Foto 5 und 6 zeigen die wichtigste Phase beim Sprung: Der Schwungbeineinsatz erfolgt zeitlich richtig zusammen mit der Streckung des Sprungbeins (Beschleunigungsstoß). Foto 8 und 9 zeigen eine offene Beinhaltung, die Körperhaltung ist stabil, der Außenarm ist fast gestreckt und vom Körper weggestreckt. Der Körper dreht sich nur langsam um die Körperachse bis zur Brückenhaltung (Foto 9).
Ulrike Meyfarth gelingt die Drehung um die Körperlängsachse nicht vollständig (schiefe Beckenachse in Foto 9); vorbildlich sind hingegen die Überstreckung im Scheitelpunkt der Flugkurve (Foto 9 und 10) sowie die L-Position als Vorbereitung der Landung (Foto 11). Bei der Landung sind die fixierten Beine gut zu erkennen (Foto 12); eine Verletzungsgefahr wird somit vermieden.

9 8 7

1   2   3

Das Vorbild
Rosemarie Ackermann (DDR)
Olympiasiegerin 1976 und Weltrekordhalterin mit 1,96 Meter

Das Aufsetzen auf der vollen Sohle (Foto 1) charakterisiert die betonte und relativ tiefe Schrittgestaltung im Anlauf. Foto 2 und 3 zeigen das Langziehen des (betonten) vorletzten Schritts mit Tieflegen des Körperschwerpunkts. Dem Rückführen der Arme zum Doppelarmschwung (Foto 4) folgt das gestreckte Aufsetzen des Sprungbeins (Foto 5). Deutlich ist die starke Körperrücklage zu erkennen (circa 50 Grad). Die vorbildliche Koordination des Armschwungs mit dem Einsatz des

7   8   9

4   5   6

gestreckten Schwungbeins zeigt Foto 6; die Streckbewegung endet im diagonalen Verlauf der Strecklinie vom Absprung zur Außenschulter (Foto 7). Außenarm, Kopf und Schwungbein überqueren zuerst die Latte (Foto 8), das Schwungbein ist während der Lattenüberquerung gestreckt (Foto 9 und 10).

Rosemarie Ackermann ist eine Vertreterin der Wälzsprungvariation des *Tauchwälzers*. Auf Foto 10 ist deutlich das Abtauchen des Oberkörpers zu erkennen – der Innenarm (linker Arm) dreht nach außen. Das Sprungbein wird gebeugt über die Latte gedreht und der Körper bei der Landung (Foto 11 und 12) mit den Armen und dem Schwungbein in der Rückenlage abgefangen.

10   11   12

Wie trainiere ich das Hochspringen?

Grundsätzlich ist beim Training mit jugendlichen Hochspringern von folgenden Überlegungen auszugehen: Der Flop ist leichter zu erlernen als der Wälzsprung (Straddle). Deshalb sollte die Schulung der Floptechnik im Vordergrund des Grundlagentrainings stehen. Die wichtigsten Voraussetzungen für eine gute Hochsprungleistung – vertikales Abspringen, Einleitung von Drehungen um die Längsachse, Verbesserung der Beweglichkeit und Gewandtheit und vor allem Sprungkraft – können mit dem Erlernen des Flop erfüllt werden. Das soll nicht bedeuten, daß die Bedingungen zum Erlernen des Wälzsprungs vernachlässigt werden: Andere Hochsprungtechniken wie *Schersprung* (Foto 4), *Rollsprung* (Foto 5) oder auch der *Hocksprung* sollten immer auf dem Trainingsprogramm stehen, denn sie helfen, dem jungen Hochspringer eine vielseitige und abwechslungsreiche Sprungerfahrung zu vermitteln.

Die Verbesserung der absoluten Sprungkraft ist dabei wichtiger als die Technik der Lattenüberquerung.

Wie messe ich meine absolute Sprungkraft?

Eine Meßmöglichkeit ist der sogenannte *Strecksprung* gegen eine Hochsprunglatte oder -schnur: Von der erreichten Sprunghöhe (aus der leichten Hockhaltung Strecksprung aus dem Stand) wird die Kör-

4

5

pergröße abgezogen; das ergibt den Wert der individuellen Sprung-
kraft.
Der *Standweitsprung* ist eine weitere einfache Testmöglichkeit. Befin-
det sich eine Schreibtafel in der Halle, dann bietet sich der *Jump-and-
Reach*-Test an, den Foto 6 und 7 (Seite 256) zeigt. (Die Werte für alle
Tests sind am Ende dieses Kapitels zu finden.)
Der Flop steht im Vordergrund der ersten zwei Jahre des Grundlagen-
trainings. Er gehört zu den einfachsten Bewegungsabläufen in der
Leichtathletik und kann in relativ kurzer Zeit in seiner Grobform
erlernt werden. Rasch eintretende Erfolgserlebnisse motivieren den
Schüler und Jugendlichen zum weiteren Training.
Grundlage bilden Kurvenläufe (Foto 8); Kreislaufen und Achterlau-
fen; Slalomläufe mit Abschlagen des Partners (Foto 9);
Drehsprünge in allen Variationen mit und ohne Höhenorientierung
(beidbeinig am Ort, Kastensprünge mit Anlauf u. ä.) sowie Weit- und
Hochsprünge jeder Art (mit kurzem Anlauf).
Bei der methodisch richtigen Erarbeitung der Floptechnik werden zwei
wichtige Bewegungskomplexe unterschieden:
Anlauf/Absprung und *Flug/Landung*.
Auf die ausschlaggebende Bedeutung des Absprungs wurde schon hingewiesen. Aus diesem Grunde empfiehlt es sich, den Bewegungskomplex Anlauf–Absprung vorrangig zu schulen; später folgen bewegungs-
nahe Übungen zum Erlernen der Lattentechnik.

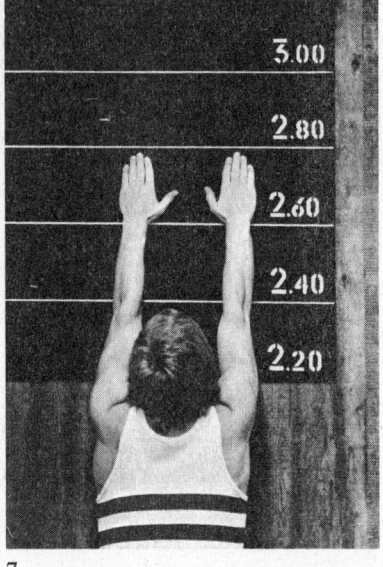

6   7

8   9

Übungsschwerpunkte im ersten Bewegungskomplex:
Anlauf–Absprung
● Vertikaler Absprung
Übungsformen zum Erlernen und Schulen des Absprungs sind unter
anderem: Absprünge mit Höhenorientierung; Läufe mit Wechsel zum
Hopserlauf (siehe Foto 10, Seite 258); Sprünge aus bogenförmigem

Anlauf, Sprünge aus rhythmischem Laufen (Dreier-, Fünfer-Rhythmus); Aufsprünge auf Geräte (Kästen, Mattenberg) in den Stand sowie Steigesprünge über die Latte aus geradlinigem oder bogenförmigem Anlauf. Die intensive Schulung des Absprungs hilft, Haltungsfehler zu vermeiden.

● Schwungbeineinsatz (Drehung um die Längsachse)
Hopserlauf mit diagonalem Knieeinsatz; Steigesprünge mit intensivem Schwungbeineinsatz (aus Kurvenlauf) zur Kreismitte hin, Steigesprünge aus kurzem Anlauf mit Körperdrehung zur Sprungbeinseite; Drehsprünge aus Kurvenlauf ($1/4$, $1/2$ und ganze Drehungen), mit Betonung der Hüftstreckung

● Armeinsatz
Laufen mit wechselseitigem Armeinsatz oder Anläufe mit Doppelarmeinsatz; Schulung der letzten drei Anlaufschritte ohne Absprung

● Koordination Anlauf–Absprung
Sprünge aus bogenförmigem Anlauf (zuerst drei, später fünf und sieben Anlaufschritte); intensive Anlaufschulung mit Betonung der Innenneigung während der Impulskurve (Veränderung des Radius, wechselnde Geschwindigkeiten beim Anlauf). Kurvenlänge mit betonter Innenneigung

Übungsschwerpunkte im zweiten Bewegungskomplex:
Flug–Landung

● Sprunggewandtheit
Alle Hoch- und Weitsprünge oder auch Niedersprünge mit zusätzlichen Aufgaben erweitern die Sprungerfahrung.

● Flugphase
Wichtige Übungen in dieser Entspannungsphase sind Absprünge mit explosiver Sprungbeinstreckung, betontes Hängenlassen der Unterschenkel, Landungen in der Rückenlage beidbeinig.

● Lattenüberquerung (Brückenhaltung)
Absprungimitationen mit und ohne Anlauf mit Partnerstütze im Rükken (siehe Foto 11, Seite 258); zweckgymnastische Übungen wie Rumpfbeugen, Brücke am Boden, Flick-Flack, Bogengang oder Kosakensprünge, Standflop vom erhöhten oder erleichterten Absprung (Mini-Trampolin). Der Flop aus dem Stand ist eine wichtige Hilfe zur Verbesserung der Körperhaltung über der Latte; diese Übung darf allerdings nicht zu häufig angewendet werden, da die kurze Flugzeit häufig zu Fehlverhalten und Lattenberührung führt. Als Übungsform bietet sich das Heben der gestreckten Beine an, wobei man mit den Schultern auf einem Kasten liegt. Flopsprünge mit veränderter Anlauflänge über niedrige Höhen bilden den Schwerpunkt. Der Anlauf sollte dabei nie kürzer als fünf Schritte sein.

10   11

12

● Landung

Aus der Rückenlage auf Kasten (Mattenberg) mit herabhängenden
Unterschenkeln; Einnehmen der ‹L-Haltung›; Rückwärts- und Drehsprünge mit Rückenlandung; Landungen vom erhöhtem Absprung auf
die Weichmatte

Zur Kräftigung der Bauch- und Rückenmuskulatur bieten sich folgende
Übungen an:

Bauchschaukel (Foto 12); Heben des Oberkörpers nach Abdrücken
vom Boden mit Partnerhilfe (Foto 13); Heben des Oberkörpers, anschließend Medizinballwurf zum Partner (Foto 14) sowie andere Übungen zur Verbesserung der Gesamtkörperkraft.

13

14

Spezielle Konditionsübungen für den Flopspringer
(nach Kerssenbrock)
● Übungen für den Anlauf
Wind sprints in der Kurve (Absprungbein immer auf der inneren Seite); 20-Meter-Sprintlauf – 20 Meter Leerlauf, im Wechsel in der Kurve gelaufen; Hürdenlauf in der Kurve; Kreislaufen, Achterlaufen, Slalomlauf zwischen Bäumen, Springerdreikampf (Dreisprung aus dem Stand, drei Wiederholungen; Zehnsprung aus dem Stand, drei Wiederholungen; zehn Känguruhsprünge aus dem Stand, drei Wiederholungen); Hochschnellen aus dem Liegestütz; Hopserlauf mit Hochgreifen

● Übungen für den Absprung

Hüpfen einbeinig längs eines Bogens; Wiederholungssprünge längs eines Bogens; wiederholte Rotationssprünge längs eines Bogens (Sprungbein zur Bogenmitte, Drehrichtung nach innen); beidbeiniger Strecksprung aus der halben Hockstellung mit einer Drehung um 180 Grad bei Belastung; Hüpfen beidbeinig und einbeinig mit Wendungen rechts und links mit Belastung (Betonung der Fußgelenkarbeit); Tiefsprung von etwa 50 Zentimeter Höhe mit sofortigem einbeinigem Rotationsabsprung (nicht mehr als zehn Wiederholungen in einem Training); Treppenspringen; Weit-Hochsprünge mit einer Drehung um 360 Grad

● Übungen für das Schwungbein

Lauf mit Anheben der Knie; im Stand Knieanheben mit Belastung auf den Schenkeln; im Hang Anreißen der Knie (siehe Foto 15); Anlauf mit drei Schritten und folgendem Rotationsabsprung mit betontem Abreißen des gebeugten Schwungbeins

● Übungen für den Armschwung

Armschwingen mit Belastung; Seilklettern; Laufarbeit (Schwingen der Arme mit Belastung)

● Übungen für die Lattenüberquerung

Überschlag vorwärts und rückwärts; Salto vorwärts–rückwärts; Hochsprung im Wechsel von Ablaufseite und Absprungbein; Trampolin- und Wassersprünge

Der im Verhältnis zum Flop technisch schwierigere Bewegungsablauf beim Wälzsprung (Parallel- und Tauchwälzer) läßt eine intensive Technikschulung erst im 3. Jahr des Grundlagenabschnitts sinnvoll erscheinen. Die Vorbereitung zum Straddle umfaßt die Schwerpunkte

● Sprungkraftschulung
● Schulung der Gewandtheit
● Sprunggewandtheit
● Anlaufrhythmus und Absprung

Voraussetzungen für erfolgreiches Straddeln sind ausreichende Sprungkraft für bauchhohe Sprünge in der Hockstellung (Hürde) oder für brusthohe Sprünge in der Schertechnik sowie besondere Anforderungen an die Gewandtheit. Die Mattenhöhe darf höchstens ein Drittel der Sprunghöhe ausmachen (40 Zentimeter genügen). Hindernisstaffeln und Übungen im Sprunggarten (siehe Foto 16) führen spielerisch zu den wichtigsten Übungsschwerpunkten beim Erlernen und Trainieren des Wälzsprungs.

15 16

● *Übungsschwerpunkt:* Schulung der Koordination
von Sprungbein und Schwungbeintätigkeit
Springen auf Kästen; Fechtsprünge im rhythmischen Wechsel; Hopsersprünge mit betont gegengleicher Armtätigkeit; hohe Schrittsprünge,
Sprung von vorn mit gestrecktem Schwungbein und Doppelarmeinsatz

● *Übungsschwerpunkt:* Absprung, Schwungbeineinsatz
Wendesprünge auf dem Rasen (zum Beispiel links abspringen, rechts
landen), später Wendesprünge über eine Latte (niedrige Höhen), zwei
bis drei Anlaufschritte; Drehsprünge mit aufrechtem Körper und mit
Landung auf dem Schwungbein (Rechtsspringer rechts herum, Links-
springer links herum); Drehsprünge mit Zwei- bzw. Dreipunktlandung

● *Übungsschwerpunkt:* Abrollen
Judo-Rolle; Sprung über Zauberschnur mit Drehung zur Landung auf
der gleichseitigen Hand

● *Übungsschwerpunkt:* Schulung des Absprungrhythmus
Zunächst im Dreier-Rhythmus, später im Fünfer-Rhythmus, Über-
springen von Zauberschnüren; Steigesprünge aus der Fünf-Schritt-
Folge

● *Übungsschwerpunkt:* Verbesserung des Absprungs
Stemmschritt mit Anschwung an der Sprossenwand; betonter
Schwungbeineinsatz aus der Fünf- oder Sieben-Schritt-Folge

● *Übungsschwerpunkt:* Verbesserung der Sprungbeinführung
Sprünge an der schrägen Latte, um ein zu frühes Abtauchen beim
Tauchwälzer zu verhindern; Sprünge mit vergrößertem Anlaufwinkel

Die Anlaufgestaltung beim Flop und Wälzsprung
Straddle: Abbildung 10 links zeigt den Wettkampfanlauf des sowjeti-
schen Springers Waleri Brumel. Dieser erfolgt geradlinig in einem
Winkel von 45 Grad mit einer Neuner-Schritt-Folge. Zwei Angeh-
schritten folgen vier Steigerungsschritte; die letzten drei Schritte der
Absprungvorbereitung schließen den Anlauf ab.
Flop: Einen flop-typischen Anlauf zeigt das Anlaufverhalten von
Dwight Stones (siehe Anlaufbogen [b] auf *Abbildung 10* rechts). Er hat
einen Zehn-Schritt-Anlauf, den er mit Hilfe von zwei Markierungen
ausmißt: Markierung 1 steht 16 Fuß rechts vom Sprungständer (4,88
Meter), Markierung 2 steht im rechten Winkel 64 Fuß (19,50 Meter)
davon entfernt. Stones läuft auf einer Geraden an (Beschleunigungsabschnitt) und biegt dann im fünften Schritt zur Latte ein; die letzten drei
Schritte werden in einem Kreisbogen gelaufen. – Anfänger laufen einen
engeren Kreisbogen (siehe Anlaufbogen [a] auf *Abbildung 10* links).

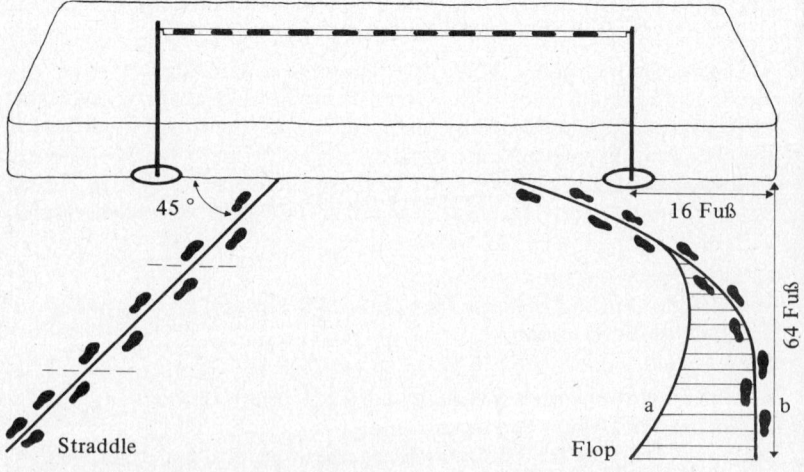

Abb. 10: Anlaufgestaltung beim Straddle (links) und Flop (rechts)

Die nachfolgende Aufstellung gibt einen Überblick über die wichtigsten Trainingsschwerpunkte innerhalb eines mehrjährigen, systematischen Hochsprungtrainings (nach Gombaredse).

1. Grundlagentraining: Alter 11 bis 14 Jahre
Übungs- und Trainingsschwerpunkte: technische Grundschulung; großer Umfang an allgemeiner Sprungarbeit
Haupttrainingsformen: allgemeinentwickelnde Übungen; Spiele (Kampfspiel, Minibasketball); spezielle Sprungübungen; Übungen mit Gewichten von 1 bis 30 kg

2. Aufbautraining (vertiefte Spezialisierung); Alter 15 bis 18 Jahre
Übungs- und Trainingsschwerpunkte: Steigerung des speziellen Trainingszustands; Steigerung der Anlaufgeschwindigkeit; lokale Entwicklung der Kraft einzelner Muskeln; technische Vervollkommnung
Haupttrainingsformen: Übungen mit Gewichten von 0,2 bis 3 kg, Übungen mit Gewichten bis 80 kg; Tiefsprünge von 0,40 bis 1 Meter; spezielle Sprungübungen

3. Hochleistungstraining (sportliche Vervollkommnung)
Übungs- und Trainingsschwerpunkte: Steigerung der allgemeinen Bewegungsintensität; Steigerung der Anlaufgeschwindigkeit (letzte Schritte); technische und taktische Vervollkommnung
Haupttrainingsformen: Übungen mit maximalen und submaximalen Gewichten; spezielle Sprungübungen; Tiefsprünge von 0,60 bis 1,20 Meter; Spiele

Rahmentrainingsplan für Hochspringer – Straddle
Vorbereitungsperiode (November bis April)

Tag	Schwerpunkt	Min.	Trainingsbeispiele
1. Tag	aerobe Ausdauer	15	Einlaufen, Gymnastik
	anaerobe Ausdauer	20	Fahrtspiel über wechselndes Gelände
	Schnelligkeit		Laufschulung über
	Kraft		150–200 m, Hochstarts über 30–40 m
		25	5 Hürdenläufe über 3–5 Hürden
			Fußgelenkarbeit, Wechseln in Kniehebelauf und Sprint über 60 m (15–30 m)
		20	einbeiniges, einseitiges Kastenaufsteigen mit

Tag	Schwerpunkt	Min.	Trainingsspiele
			und ohne Belastung; Beinheben an der Schrägbank mit Belastung; Anlauf–Absprung mit Gewichtsweste und Hanteln; aufrechte Sprünge über kleine Hürden
		10	Auslaufen
2. Tag	Geschicklichkeit	15	Einlaufen; zweckgymnastische Übungen
		15	Wechselhüpfen, Verwringung von Schultern und Becken im Sitzen, in der Kerze, im Stützhüpfen
		45	Circuit für Springer, 6–8 Stationen, Pulskontrolle, 2–3 Durchgänge
		15	Auslaufen; Spiel
3. Tag	Schnelligkeit allgemeine Sprungerfahrung Kraft	15	Einlaufen; Gymnastik
		15	3 Steigerungsläufe über 20–30 m, 3 Koordinationsläufe über 40–60 m
		40	Springerdreikampf: die besten Leistungen aus Scher-, Roll-, Wälzsprung und Flop werden addiert
		20	Sprungkonditionsübungen mit Belastung
		15	Auslaufen; Spiel
4. Tag	Technikschulung mit Schwerpunkt (z. B. Anlauf, Stemmen beim Absprung) Sprungkraft	15	Einlaufen, Gymnastik
		30	Üben des Anlauf-Absprungrhythmus bis zum Schwungbeineinsatz ohne und mit Absprung; Sprünge von

Tag	Schwerpunkte	Min.	Trainingsspiele
	Gewandtheit, allgemeine Kondition		vorn über Zauberschnur (Hände umfassen das gestreckte Schwungbein nach Absprung); Sprünge aus vollem Anlauf mit Betonung des Anlaufrhythmus über verschiedene Höhen
		20	Sprungkraftschulung in Wettkampfform (mit und ohne Belastung)
		25	Spiel (Volleyball oder Basketball)

Rahmentrainingsplan für Hochspringer – Flop
Wettkampfperiode (Mai bis September)

Tag	Schwerpunkte	Min.	Trainingsbeispiel
1. Tag	Schnelligkeit Technikschulung mit Schwerpunkt (z. B. Verbesserung des Anlaufrhythmus)	15	Einlaufen; Gymnastik Kurvenlaufen mit Gewichtsverlagerung zur Kräftigung der Fußgelenke
	Kräftigung der Bauch- und Rückenmuskulatur	30	6–10 Hürdenläufe über 4–5 Hürden: zunächst aus dem Skipping, danach aus dem Fünfer-Rhythmus, dann Dreier-Rhythmus Weitsprünge aus kurzem und mittlerem Anlauf (5, 9, 11 Schritte) 3–5 Sprintstarts aus dem Block
		30	Sprünge re-re-li-li usw. mit Betonung des Rhythmus Wettkampfmäßige An-

Tag	Schwerpunkte	Min.	Trainingsspiele
		15	läufe ohne Absprung Flopsprünge über geringe Höhen Rumpfheben am Kasten mit Medizinball, ohne Ball in Rücken- und Bauchlage mit Partnerhilfe; anschließend Auslaufen
2. Tag	Technikschulung mit Schwerpunkt (z. B. Anlauf- und Absprungschulung) Verbesserung der Gesamtkörperkraft	15 45 30	Einlaufen; zweckgymnastische Übungen Auf dem Rasen: Anlauf, Knieeinsatz, Doppelarmschwung Sprünge aus vollem Anlauf und mit wechselnder Intensität Sprünge über die Latte bis auf Wettkampfhöhe (insgesamt 15–20 Sprünge aus dem Anlauf) Circuit für Springer (6–8 Stationen; 2 Durchgänge mit Pulskontrollen); anschließend Auslaufen
3. Tag	Sprungkraft Rumpfkraft und Armkraft Schnelligkeit	15 20	Einlaufen; Gymnastik Sprungkonditionsübungen mit Belastung: 3–5 Serien mit 10–15 Wiederholungen; Sprünge aus dem Stand; Tiefsprünge mit anschließendem Steigsprung, auch einbeinig bis zur reduzierten Kastenhöhe

Tag	Schwerpunkte	Min.	Trainingsspiele
		20	Kugelstöße und Schockwürfe, Hammerwürfe
		20	*wind sprints*; Bergabläufe über 30–50 m, 3–4 Läufe fliegend über 20–30 m
		15	Lockerungsläufe über 30–50 m
4. Tag	*Falls kein Wettkampf:* 15 Minuten wettkampfmäßiges Aufwärmen mit Gymnastik 15 Minuten Anlaufkontrolläufe 40 Minuten Trainingswettkampf mit Zusatzwertung für geringere Versuchsanzahl 15 Minuten Auslaufen		

Lernkontrollen

Die absolute Sprungkraft läßt sich kontrollieren durch:
Strecksprung-Test (mit Armunterstützung, beidbeiniger Absprung, Kopf berührt Schnur oder Latte)

Alter	11/12 Jahre	13/14 Jahre	15/16 Jahre
Jungen	45–50 cm	55–62 cm	62–65 cm
Mädchen	um 45 cm	48–55 cm	50–55 cm

Standweitsprung-Test

	11/12 Jahre	13/14 Jahre	15/16 Jahre
Jungen	2,00–2,10 m	2,25–2,40 m	2,50–2,70 m
Mädchen	1,70–1,80 m	2,00–2,10 m	2,15–2,30 m

(Werte für beide Tests nach Bernhard)

Die allgemeine Kondition läßt sich kontrollieren durch den
Vierkampf-Test

20 Meter fliegend	3,2 Sek.	3,0 Sek.	2,8 Sek.	3,0 Sek.	2,7 Sek.	2,4 Sek.
Fünfsprung aus dem Stand	–	–	–	9,50– 10,50 m	11–12 m	12,50– 13,50 m
Dreisprung aus dem Stand	6,10– 6,30 m	6,40– 6,60 m	6,70– 6,90 m	–	–	–
Sprungkraft	45 cm	50–55 cm	55–60 cm	45–50 cm	55–60 cm	60–70 cm
Alter (Jahre)	11/12	13/14	15/16	11/12	13/14	15/16
		Mädchen			Jungen	

Kontrollnormen zur Sprungkraft des Hochspringers
mit steigender Qualifikation (nach Lonskij)

Standhochsprung mit Armschwung (cm)	37–50	40–65	44–70	50–70	50–70	63–71	71–73
Standhochsprung ohne Armschwung (cm)	24–35	29–40	37–57	40–52	49–60	44–65	55–65
Standdreisprung auf Sprungbein (cm)	500– 725	515– 780	580– 850	790– 867	800– 880	818– 895	840– 895
Standdreisprung auf Schwungbein (cm)	500– 710	505– 770	585– 836	730– 810	740– 840	800– 840	810– 860
Alter (in Jahren)	12	13	14	15	16	17	18

Die wichtigsten Wettkampfbestimmungen
Regel 47 (Hochsprung)
1. Der Springer muß mit einem Fuß abspringen.
2. Das Abwerfen der Latte von den Auflegeplatten oder das Berühren
   des Bodens oder der Aufsprungfläche jenseits der Sprungständer mit
   irgendeinem Teil des Körpers, ohne die Latte zu überspringen, zählt
   als Fehlsprung
Regel 49 (Messen Hoch- und Stabhochsprung)
Die Höhen werden senkrecht vom Boden bis zum tiefsten Punkt der
Oberkante der Sprunglatte gemessen.
Regel 51 (Hochsprung aus dem Stand)
Siehe Kapitel «Weitsprung», Seite 212.

Der Stabhochsprung

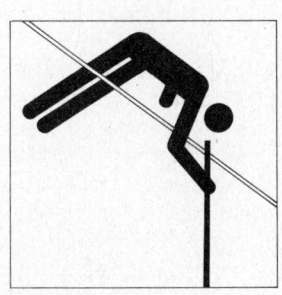

Alte Welt gegen Neue Welt – der Kampf um den Weltrekord
Die Geschichte des Stabhochsprungs ist eng mit dem Namen eines bedeutenden Wegbereiters der Körperkultur in Deutschland verbunden: Christoph Friedrich Guts Muths. Die ersten Wettbewerbe fanden unter seiner Leitung zu Beginn des vorigen Jahrhunderts in Schnepfental bei Gotha statt.
Schon in der älteren griechischen Literatur finden sich Hinweise auf einen ‹Lanzensprung›. In der Neuzeit sprang man mit einem Stab aus Esche, Hickory oder Bambus – ursprünglich nicht hoch, sondern weit (Amerika und Holland) oder aus sitzender Position heraus (England). Schottische Einwanderer erfanden das Hochspringen mit dem Stab in heutiger Version. Die erste Siegeshöhe aus dem Jahre 1860 ist mit immerhin 3,32 Metern verbürgt.
Seit 1896 gewannen stets Springer aus den USA die Goldmedaille bei Olympischen Spielen. Diese einmalige Siegesserie ging erst in München 1972 zu Ende, als Wolfgang Nordwig aus Jena siegte. Seitdem kämpfen Springer aus der Alten Welt (vor allem aus Polen, Schweden, Finnland und Deutschland) mit denen aus der Neuen Welt um die Vorherrschaft in dieser Disziplin: Seit 1960, als D. Bragg mit 4,80 Meter den letzten Rekord mit dem Metallstab aufstellte, wurde der Weltrekord durch die Entwicklung des Glasfiberstabs auf nunmehr 5,70 Meter verbessert (D. Roberts, USA). Die Weiterentwicklung der biegsamen Stäbe, die Verbesserung der Sprunganlagen und eine veränderte Technik lassen bald den ersten Sechs-Meter-Sprung erwarten.
Ohne Zweifel ist der Stabhochsprung als eine der technisch anspruchsvollsten Leichtathletikdisziplinen anzusehen. Ein Sprung umfaßt allein

23 Bewegungsabläufe in weniger als zwei Sekunden. Ausdauervermögen, Nervenstärke, Erfahrung und taktisches Gespür sind wichtige Faktoren im Kampf um den Sieg bei Wettbewerben, die manchmal über acht Stunden dauern. – Olympia '76 brachte in Montreal einen erneuten Sieg der Europäer (Slusarski aus Polen vor Kalliomäki aus Finnland) über die Amerikaner (Weltrekordler Roberts wurde dritter).

Die Technik des Stabhochspringens
Die Entwicklung der Glasfiberstäbe hat nicht nur zu einer enormen Verbesserung der Leistung geführt, sondern auch die Technik entscheidend verändert. Die elastischen Stäbe erlauben vor allem eine größere Griffhöhe am Stab; Anlauf und Absprung wurden somit zu den entscheidenden Leistungsparametern. Mit der Technik hat sich auch der Typ des Stabhochspringers gewandelt: Die Vielseitigkeit muß durch hervorragende Sprinteigenschaften (die Weltbesten laufen 10,5 Sekunden und schneller über die 100-Meter-Strecke) ergänzt werden.
Leistungsparameter im Stabhochsprung sind Kondition und Technik.
Hauptbestandteile der Kondition sind
● Schnelligkeit im Anlauf
● Absprungkraft
● Rumpf-
  und Armkraft
● Sprunggewandtheit und -geschicklichkeit
● Bewegungsgefühl
Hauptbestandteile der Technik sind
1. Anlauf und Absprung mit Einstichbewegung
2. Stabbiegung und Einrollphase
3. Streckung und Drehumstütz
4. Stützlose Phase und Lattenüberquerung
5. Landung.
Unterschiedliche Meinungen über die optimale Technik hängen hauptsächlich mit den körperlichen Eigenschaften der Springer zusammen; denn die moderne Stabhochsprungtechnik ist vor allem abhängig von den biomechanischen Gesetzmäßigkeiten, die das Springen mit dem biegsamen Stab mit sich bringen. Wissenschaftliche Untersuchungen und Computeranalysen der letzten Jahre erlauben detaillierte Aussagen über die optimale Technik. Dabei sind einige grundsätzliche biomechanische Bedingungen zu berücksichtigen.
In jeder Phase des Sprungs hat der Springer eine Hauptaufgabe:
● Anlauf – Erreichen der maximalen Horizontalgeschwindigkeit
● Einstich – optimale Energieübertragung auf den Stab
● Absprung – Horizontalgeschwindigkeit optimal in Vertikalgeschwindigkeit umsetzen

- Einrollen – Biegung so lange wie möglich halten
- Armzug – der gespeicherten Energie Armkraft hinzufügen
- Streckung – Körperschwerpunkt nahe am Stab halten
- Überqueren der Latte – günstiges Verlagern der Teilkörperschwerpunkte

1. Anlauf und Absprung

Die Anlaufgeschwindigkeit gehört in Verbindung mit dem Einstich und dem Absprung zu den wichtigsten Parametern. Aufgabe des Anlaufs ist demzufolge das Erlangen einer größtmöglichen, aber kontrollierten Geschwindigkeit sowie die Vorbereitung des Einstichs und die Einstellung auf den Absprung.

Die Länge des Anlaufs ist abhängig von dem Beschleunigungsvermögen des Springers; sie beträgt etwa 35 bis 45 Meter. Komponenten der Geschwindigkeit sind die Schrittlänge und -frequenz. Zu Beginn des Anlaufs ist die Steigerung der Schrittlänge von Bedeutung; dann wird die Steigerung der Frequenz wichtig, wobei die Länge gehalten oder sogar noch etwas vergrößert wird. Zwischenmarken dienen der Kontrolle des Anlaufrhythmus (siehe *Abbildung 1*). Körperhaltung und Tragweise des Stabs können individuell verschieden sein. Wichtig ist die Höchstgeschwindigkeit beim Absprung mit hohem Körperschwerpunkt. Dazu wird der Stab, anfangs über Kopfhöhe, langsam auf den letzten Metern (Zwischenmarke 3 auf *Abbildung 1*) gesenkt; der Oberkörper ist aufrecht.

Die Griffbreite richtet sich nach der Griffhöhe und dem Stabgewicht;

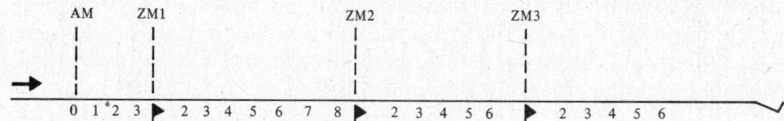

Abb. 1: Anlaufgestaltung beim Stabhochsprung

Abb. 2: Einstich und Absprunghaltung

sie liegt zwischen 50 Zentimeter und einem Meter. Die *Griffhaltung* zeigen Fotos 1 bis 3; beide Arme sind gebeugt (etwa 90 Grad).

Ein flüssiger *Einstich* und eine korrekte *Absprunghaltung* sind für das Gelingen eines Sprungs besonders wichtig (siehe *Abbildung 2*, Seite 271). Nach dem Absenken des Stabs (etwa beim fünftletzten Schritt) wird vom drittletzten Schritt an die rechte Hand an die Hüfte geführt. Der linke Arm wird gestreckt, die Stabspitze zeigt in Richtung Einstichkasten, die rechte Schulter wird zurückgeführt (siehe Figur 3 von *Abbildung 2*). Beim vorletzten Schritt wird die rechte Hand dicht am Körper hochgeführt; dabei dreht die Hand den Stab um seine Längsachse. Bei Aufsetzen des linken Beins, des Sprungbeins also, befindet sich der Stab direkt vor dem Kopf des Springers (Foto 4, Seite 274); die Stabspitze wird in der linken Ecke des Einstichkastens eingesetzt. Der letzte Schritt ist etwas kürzer als die vorangegangenen (um etwa 15 bis 20 Zentimeter).

Diese wichtige Phase des Sprungs muß exakt ausgeführt werden, da der Springer vom letzten Anlaufkontrollpunkt (Zwischenmarke 3 auf *Abbildung 1*, Seite 271) bis zum Absprung nur 0,6 Sekunden Zeit hat, das für den weiteren Verlauf so wichtige System ‹Springer-Stab› zu bilden.

Die Absprungbewegung kann mit der des Weitsprungs verglichen werden. Die Absprungstelle liegt etwa 15 bis 25 Zentimeter vor der Vertikalen, die sich aus der Projektion der Griffhöhe am Stab (rechte Hand) zum Boden ergibt (der Stab wird ‹unterlaufen›, siehe *Abbildung 3*). Das Sprungbein wird flach mit der Sohle aufgesetzt, um ein abstoppendes Stemmen zu verhindern; es ist gestreckt oder leicht gebeugt. Der linke Arm ist gebeugt und hat im Ellbogen einen Winkel von etwa 90 Grad.

Nach dem Absprung drückt der linke Arm gegen den Stab; der rechte übt einen Zug nach vorn–unten aus. Der Stab beginnt sich zu biegen. Die Hände am Stab und der Körperschwerpunkt bilden das für die Biegung wichtige ‹Spannungsdreieck› (siehe Foto 5, Seite 274).

2. Stabbiegung und Einrollphase

Zweck der Biegung ist die Speicherung der potentiellen Energie im Stab (siehe *Abbildung 4*). Der Körperschwerpunkt liegt tief und ermöglicht eine schnelle Vorwärtsbewegung zur Latte. Der vorwärts drängende Körperschwerpunkt und der fixierte linke Arm, der die Annäherung des Oberkörpers an den Stab verhindert, bewirken sehr schnell, daß sich die Stabbiegung vergrößert, bis eine maximale Biegung erreicht ist (siehe *Abbildung 2*, Figur 3, Seite 271). Dem ‹langen Pendel› folgt eine aktive Schwungbewegung der Beine und ein schnelles ‹Einrollen› der Hüfte. Der Körperschwerpunkt sollte dabei so weit wie möglich nach hinten gebracht werden.

Wichtig ist an dieser Stelle noch einmal ein Ausflug in die Biomechanik:

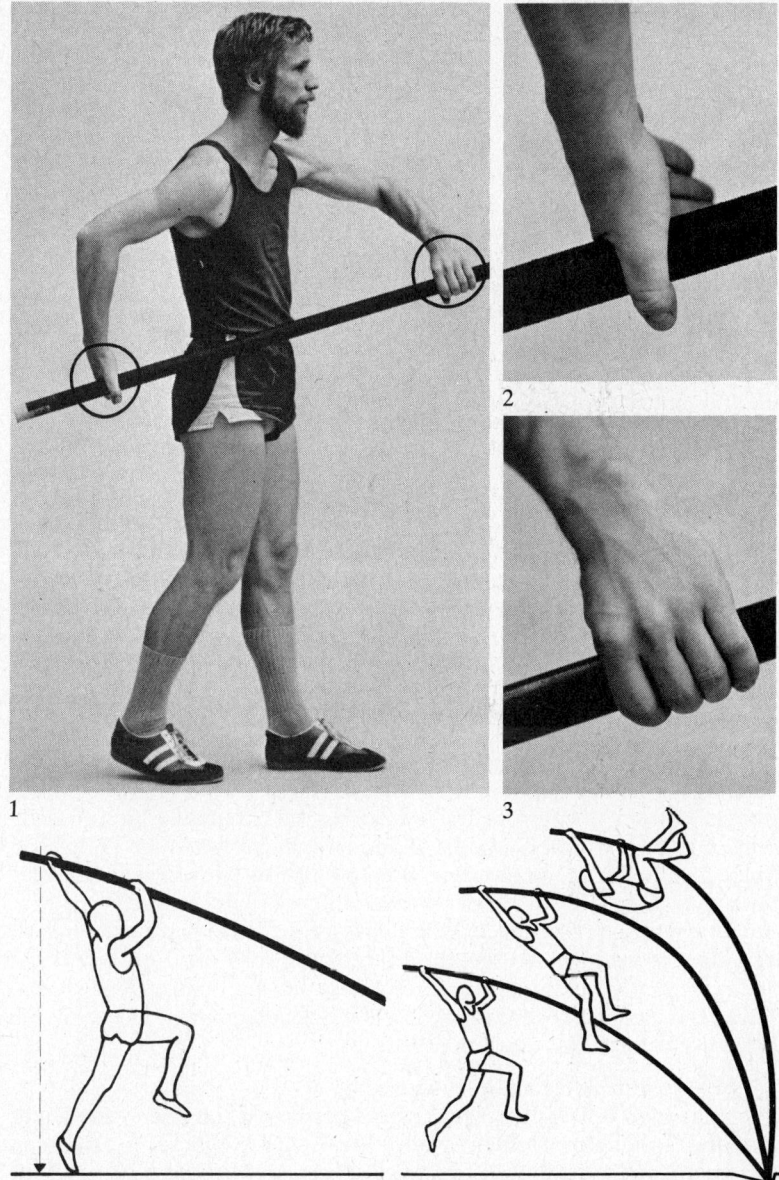

1

2

3

Abb. 3: Absprungstelle

Abb. 4: Stabbiegung und Einrollphase

4   5

Die Einrollbewegung bedeutet eine Verkürzung des Schwungradius. Dadurch verringert sich das Trägheitsmoment der Drehung, und die Winkelgeschwindigkeit nimmt zu. Der Körperschwerpunkt wird beschleunigt, wodurch sich die Stabbiegung vergrößert. Die Steigerung der Winkelgeschwindigkeit des KSP dauert etwa bis zu dem Augenblick, wo der Springer mit dem Rücken horizontal liegt (siehe *Abbildung 4,* Figur 3, Seite 273). Die weitere Beschleunigung wird negativ, der Druck auf den Stab läßt nach, so daß er sich zu strecken beginnt.

3. Streckung und Drehumstütz
Wichtig für den Springer in der Phase der *Stabstreckung* (siehe *Abbildung 5*) ist ein wirkungsvolles Ausnutzen der Streckung für den Aufschwung. Zuerst überholen die Beine und nachfolgend die Hüfte den Stab. Der Springer nimmt eine Winkelposition («verlängerte L-Position») ein. Der KSP wird bei vertikaler Körperhaltung in eine fixierte Stellung hinter den Stab gebracht. Durch seine Streckung zieht der Stab den Körper mit. Bei der weiteren Streckung wird der Kopf zur Brust geneigt; der Körper führt eine Drehung um die Längsachse durch. Diese Bewegungen sollten so spät wie möglich beginnen, das heißt, die Stabstreckung ist fast abgeschlossen.

4. Drehumstütz und Lattenüberquerung
Die folgenden Bewegungen zur Lattenüberquerung müssen schnell und fließend ausgeführt werden, wobei die Beine möglichst geschlossen gehalten werden (siehe *Abbildung 6*, Figur 1). Der linke Arm drückt sich vom Stab ab, die rechte Schulter wird durch einen Zug des rechten

Arms über die Höhe der rechten Hand gebracht. Dieser Handstand am Stab (‹Überhöhung›; siehe *Abbildung 7*), das heißt der Höhengewinn von der Griffhöhe (obere Hand) zum Körperschwerpunkt, ist ein wichtiges Merkmal einer guten Technik.

Nach dem Abstoßen der rechten Hand vom Stab werden die Füße über die Latte gebracht. Dabei nimmt der Körper eine gebogene oder gewinkelte Stellung ein. Diese ‹Klappmesserposition› ermöglicht eine aufeinanderfolgende Verlagerung der Teilkörperschwerpunkte (siehe *Abbildung 6*, Figuren 2 und 3).

5. Landung
Die Landung erfolgt
auf dem ganzen Rücken.

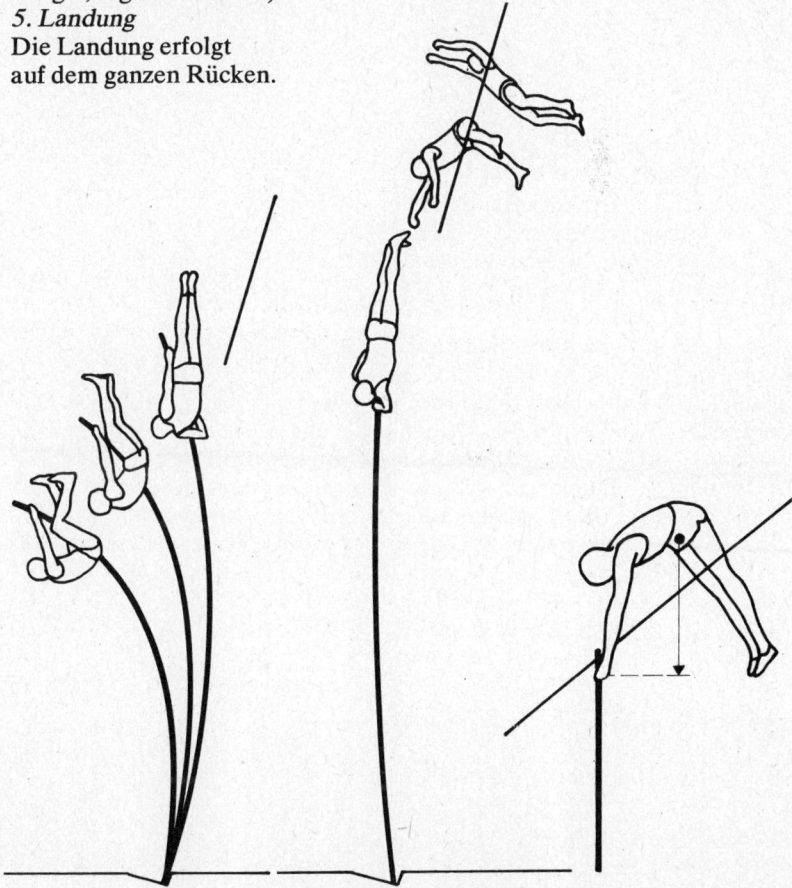

Abb. 5: Stabstreckung   *Abb. 6:* Drehumstütz und   *Abb. 7:* ‹Überhöhung›
                            Lattenüberquerung

1   2   3

Das Vorbild
Günter Lohre (Bundesrepublik Deutschland)
9. der Olympischen Spiele 1976 mit einer Leistung
von 5,35 Meter, die diese Lehrbildreihe zeigt
Bestleistung: 5,45 Meter

Nach einem dynamischen Anlauf erfolgt eine gut gelungene Einstichbewegung (Fotos 1 bis 3). Im Gegensatz zu den meisten Athleten der
östlichen Stabhochspringergarde, vor allem aus Polen, hat Lohre eine
relativ geringe Griffbreite. Durch einen ungewöhnlich langgezogenen
letzten Schritt (Foto 3) ‹unterläuft› Lohre den Absprung zu stark. Die
Energieübertragung ist durch ein kleines Spannungsdreieck (Dreieck
zwischen den Angriffspunkten der Hände am Stab und dem Körperschwerpunkt) bei diesem Sprung nicht optimal (Foto 4). Erst nach der

7   8   9

4   5   6

Einrollbewegung (Foto 6) gelingt es ihm, diesen Nachteil durch einen fast gestreckten linken Arm zu kompensieren: Der KSP wird hinter dem Stab gehalten und dadurch zusätzliche Energie übertragen.

Foto 4 und 5 zeigen das ‹lange Pendel›. Brust und Becken werden aktiv nach vorn gebracht; dadurch biegt sich der Stab optimal.

Das Verlängern der L-Position (Fotos 7 bis 9) ist vorbildlich: Der KSP wird optimal der Stabsehne genähert, der Körper wird vom sich aufrichtenden Stab vertikal hochgebracht (Foto 9). Hervorragend ist ebenfalls das Verhalten beim Abdrücken vom Stab: Die Beine sind gestreckt und geschlossen, der Stab ist völlig aufgerichtet, bevor Lohre mit der Drehung um die Längsachse beginnt. Der Springer hat keine Mühe, die Latte zu überqueren. Die stützlose Phase (Fotos 10 bis 12) beendet diesen erfolgreichen Sprung im olympischen Endkampf von Montreal.

10   11   12

Fehler beim Stabhochsprung	*Korrekturhilfen*

beim Anlauf

- Geschwindigkeitsabfall auf den letzten Metern

Anlaufkontrolläufe, eventuell Verkürzung des Anlaufs; Kontrolle der Zwischenmarken

- Abweichung des letzten Schritts nach rechts vor dem Einstich

Einstichvorbereitung und Einstich durch Übungen mit mittlerem Anlauf und optischen Orientierungspunkten (Seil o. ä.) als seitliche Begrenzung

beim Einstich und Absprung

- zu später Einstich durch ‹Unterlaufen›; zu spätes Senken des Stabs oder Anlaufgenauigkeiten

Einstichübungen, kurzer Anlauf, optimale Absprunghilfe durch Zwischenmarke (ZM) 4; Einstichübungen ‹am laufeden Band›; Einstichübungen mit ‹gewollter› Stabbiegung nach kurzem Anlauf

- passiver Schwungbeineinsatz

intensive Absprungschulung aus kurzen Anläufen; Sprungschulung, einschließlich Weitsprungschulung

beim Aufschwung (Einrollen, Streckung)

- zu frühe Streckbewegungen; falsches Umsetzen (ungenügende Rumpfrücklage; linkes Bein schwingt nicht zum Stab, sondern zur Latte)

Schaffen einer richtigen Bewegungsvorstellung durch Lehrbildreihen, Ringfilme, verbale Erklärung oder mentales Training; intensive Schulung der Einroll- und Streckphase

- ungenügende Biegung des Stabs (zu harter Stab; zu enger oder zu niedriger Griff; linker Arm nicht fixiert)

Stabbiegeübungen aus kurzem und mittlerem Anlauf; Griffhöhe und Stabwahl kontrollieren; alle Übungen zur Verbesserung der Anlaufgeschwindigkeit und der Rumpfkraft

bei der Lattenüberquerung

- frühzeitiger Abbruch der Sprungbewegung (Stab richtet sich nicht auf)

systematische Schulung des Überhöhens; Verbesserung der Anlaufeinteilung und Kontrolle der Griffhöhe; Abstoß links–rechts nacheinander (durch Zuruf) am Boden

üben; Kontrolle des Ständerab-
stands zur Lattenprojektion auf
den Boden

bei der Landung
● Überrollen   bewußte Kontrolle der Landevor-
                                          bereitung; Arme und Beine
                                          fixieren

Wie trainiere ich das Stabhochspringen?

Die Vervollkommnung der Stabhochsprungtechnik stellt immer höhere
Anforderungen an die konditionellen Fähigkeiten des Springers. Die
Verbesserung der motorischen Fertigkeiten darf deshalb in keiner Phase der Ausbildung vernachlässigt werden. Auch wenn der Stabhochsprung zu den schwierigsten technischen Disziplinen der Leichtathletik
gehört, kann er bereits von jungen Sportlern ausgeübt werden; denn
das Springen mit dem Stab bringt gerade den Jüngsten nicht nur großen
Spaß, sondern wird von ihnen im besten motorischen Lernalter (hierzu
zählen die Schüler der 5. und 6. Klasse) erlernt. Der folgende methodische Weg soll den Schülern die Möglichkeit geben, in einer gut vorbe-
reiteten Übungsstunde wichtige physische Eigenschaften wie Gewandtheit, Kraft und Beweglichkeit in spielerischer Form zu entwickeln sowie
Mut und Selbstüberwindung zu schulen.

● *Übungsschwerpunkt:* Stabgewöhnungsübungen
Neben Vorübungen am Seil oder am Boden, wo Absprung und Einrollphase vorgeübt werden können, stehen Laufübungen mit dem Stab und
Stabsprünge auf dem Programm der ersten Übungsstunden eines zu-
künftigen Stabhochspringers. Später werden Längskästen hintereinan-
dergestellt; als ‹Einstichkasten› kann man Matten verwenden. Der
Übungsleiter stellt sich neben den ‹Einstichkasten› und hält dem Schü-
ler den Stab entgegen. Dieser ergreift den Stab (im Zwiegriff) und
springt aus der Schrittstellung rechts am Stab vorbei, wobei das linke
Bein zum Sprungbein wird.
Es werden folgende Aufgaben gestellt: Gestreckter rechter Arm, linker
Arm in Kopfhöhe, der Kopf bleibt hinter dem Stab. Dann wird in die
Anlage auf zwei Hochsprungständer eine Zauberschnur gespannt; der
Ständerabstand beträgt etwa einen Meter, die Höhe ebenfalls einen
Meter über dem Kasten. *Aufgabe:* Die Schnur soll übersprungen wer-
den. Wer kann mit halber Drehung landen? – Die Knie werden nach
dem Absprung an die Brust genommen. Es schließen sich Übungen mit
dem Stab aus dem Angehen (2er-Rhythmus li-re-li) an, die das Stab-
senken schulen.

● *Übungsschwerpunkt:* Stabweitsprünge

Wenn der Anlauf sicherer geworden ist, wird die Höhe der Kästen vermindert; der Abstand der Ständer wird um einen weiteren Meter erweitert. Die Schüler lernen jetzt, den Bewegungsablauf in die Weite umzusetzen. ‹Passive Sprünge›, wobei der Übungsleiter den Schüler nach dem Anlauf und aktiven Absprung von hinten anschiebt, helfen, sich auf Einstich und Absprung aus kurzem Anlauf zu konzentrieren. Weitere Sprungübungen wie ‹Hexenritt› und ‹Stabweitsprünge› vom erhöhten Absprung (siehe Foto 6) mit halber Drehung enthalten bereits wichtige Elemente des Stabhochsprungs und vermitteln dem Schüler Sicherheit und ein aktives Sprungerlebnis. Hierbei sind Wettspiele (‹Grabensprung›: Wer springt am weitesten, wer am sichersten, wer am höchsten?) eine gute Hilfe, das räumlich-zeitliche Koordinationsgefühl zu fördern.

● *Übungsschwerpunkt:* Hinführen zur Grobform

Das Wichtigste ist in dieser Phase, daß der Schüler lernt, allein zu springen. Der Trainer hilft bei den folgenden Aufgaben nur noch leicht nach (Ausnahme: verunglückte Versuche, bei denen der Springer zurückzufallen droht). Hauptaugenmerk ist nun die Latte. Um ein Ausweichen beim Anlaufen zu verhindern, werden Längsgassen von ein bis

6

zwei Metern Breite aus Schnüren, Strichen oder Latten gebildet. Ein erhöhter Absprung (von einer Rampe oder in der Natur) erleichtert durch größere Griffhöhe und längere Flugdauer sowie durch eine bessere Hebelwirkung das Erlernen der Bewegungen. Bei Zunahme der Fertigkeiten wird bei normaler Absprunghöhe der Anlauf verlängert (bis zwölf Anlaufschritte). Sprünge über die Schnur mit besonderem Augenmerk auf den Einstich und auf den geraden Absprung werden in den folgenden Übungsstunden das Grundlagentraining bestimmen.

Wichtig ist in dieser Phase, daß der Schüler möglichst viele erfolgreiche Sprünge absolviert. Wettkampfformen (Wer hat von zehn Sprüngen über eine bestimmte Höhe die meisten gelungenen Versuche? oder Welche Gruppe erreicht bei einem, zwei oder drei Versuchen die meisten gültigen Sprünge?) unterstützen kontrollierte und verhindern panikartige Sprünge. Bei Leistungskontrollen siehe auch den Abschnitt «Lernkontrollen» Stabhochsprung) werden die Anfangshöhen dreimal und die folgenden Höhen jeweils zweimal übersprungen; pro Höhe werden vier bis fünf Versuche gestattet. Das Erleben eines gut koordinierten, erfolgreichen Sprungs ist wichtiger, als vorschnell auf Höhe zu legen!

Leistungsverbesserungen beim fortgeschrittenen Stabhochspringer sind hauptsächlich durch *Übungen zur Verbesserung der motorischen Eigenschaften* zu erreichen. Schnelles Einrollen, schneller Zug, schnelles Abdrücken, lange Streckung sowie ein schneller Anlauf erfordern neben der intensiven Technikschulung ein vielseitiges Trainingsprogramm mit folgenden Schwerpunkten:

● *Übungsschwerpunkt:* Laufvermögen
Erwerb der Schnelligkeit für den Anlauf und der Schnelligkeitsausdauer für den langen Wettkampf durch: Waldläufe, Gelände- und Hügelläufe, Sprints in allen Formen (siehe auch Kapitel «Sprint»); Hürdenläufe zur Verbesserung des Anlaufrhythmus; Laufen mit dem Stab über 30 bis 50 Meter; Koordinationsläufe, Steigerungsläufe über 60 bis 80 Meter; Skippings (15 bis 20 Sekunden); Bergabsprints über 20 bis 50 Meter; Sprints aus dem Block mit und ohne Fremdgewichten; Wiederholungsläufe über 100 bis 300 Meter in mittlerem bis submaximalem Tempo

● *Übungsschwerpunkt:* Verbesserung der Gesamtkörperschaft
Neben Übungen des Gewichtstrainings (Reißen, Drücken, Stoßen; Bankdrücken, tiefe Kniebeugen) besonders Übungsformen mit Drehungen (zum Beispiel: Hammerwürfe); Übungen zur Verbesserung der Arm- und Schulterkraft sowie der Bauchmuskulatur

Eine kleine Auswahl zeigen die nachstehenden Fotos, wobei zu beachten ist, daß jeweils die Beine gegen den Rumpf bewegt werden (und
nicht umgekehrt):
Hochkerzen an der Schrägbank (Foto 7 und 8); Hang an der Sprossenwand (Füße vom Boden frei, Medizinball zwischen den Beinen):
Bauchaufschwung (Foto 9); Felgaufzug am Reck oder an den sprunghohen Ringen mit Medizinball; Drücken aus dem Kopfstand an der
Wand in den Handstand; Aufschwünge aus dem Schwingen mit dem
Tau, auch aus dem Stand (Foto 10); Rolle rückwärts durch den flüchtigen Handstand über eine Hürde oder einen vom Partner gehaltenen
Stab (Foto 11); als Partnerübungen: Springen über eine Schnur in der
‹Schubkarre›, auch auf eine Langbank (Foto 12 und 13); Gehen im
Handstand ohne und mit Partnerhilfe (Foto 14, Seite 284); schnelles
Abdrücken vom Boden auf die Langbank und zurück, abwechselnd
links und rechts (Foto 15 und 16, Seite 284); Drücken aus dem Kopfstand in den Handstand, dabei eine Hand auf einem kleinen Kasten
(Foto 17, Seite 284).
Die Fotos 7 bis 10 zeigen Übungsformen zum Erlernen und Verbessern
der Einrollphase, die Fotos 11 bis 17 Formen zum Erlernen und Verbessern des Abstoßens vom Stab und der Lattenüberquerung.
Turngeräte sind besonders geeignete Hilfsmittel für *spezielle Konditionsübungen des Stabhochspringers.* Hier einige Beispiele:
● *Klettertau:* Hangeln aufwärts, die Beine in Vorhalte; Kniestand am
Tau, rechter Arm gestreckt, linke Hand vor dem Kopf, Heben des
Körpers in den Sturzhang; Klettern im Sturzhang, Rückenlage, Füße
auf Kastenteil, Beine gebeugt, Hochziehen und Umstützen zum Liegestütz

7   8

9   10

● *Barren:* Überstützeln des Barrens im Beugestütz; Stütz am Barren-
ende, Beugen und Strecken der Arme, Knickstützschwingen am Bar-
renende vorwärts und rückwärts; Schwingen im Oberarmhang, Kippla-
ge und Kippe zum Stütz; Schwingen im Stütz, beim Rückschwung in den
Knickstütz und Aufstoßen in den Handstand

11   12

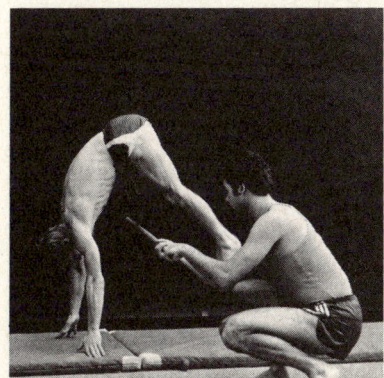 

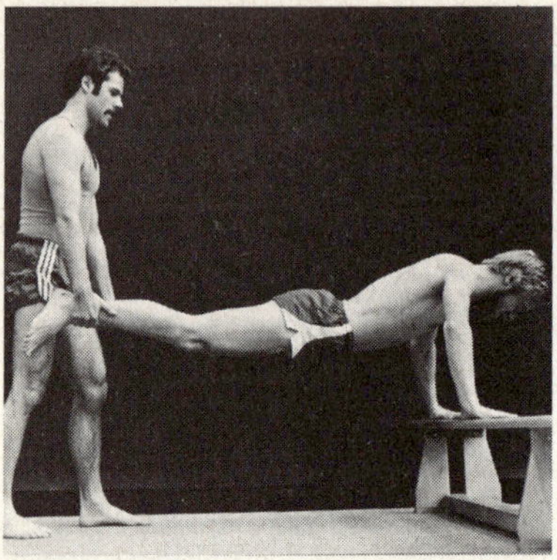

13

14

15

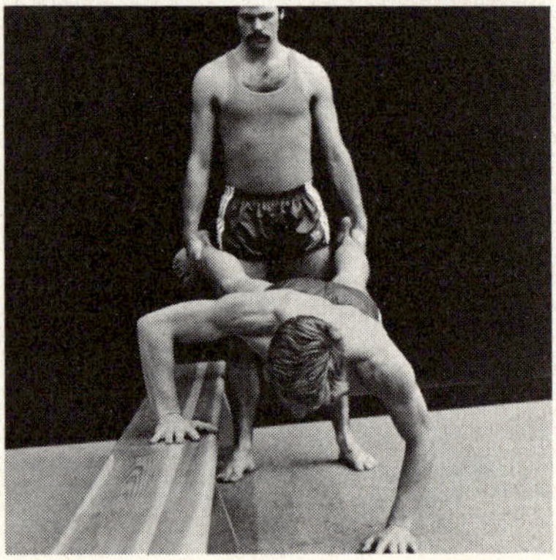

16

17

● *Schaukelringe:* Schwingen, im Rückschwung aufziehen in den Sturzhang und wieder senken im Vorschwung; Salto rückwärts aus dem
Vorschwung (mit Hilfestellung), wenn möglich mit Schaumstoffunter-
lage; drei Gymnastikschläuche durch beide Ringe ziehen, Fassen der
Schläuche im Stabgriff, Absprung mit Hochbringen der Beine mit Kontrahieren der Schläuche
● *Bodenübungen:* Rolle rückwärts durch den Handstand mit Überquerung einer Latte, einer Schnur oder eines vom Partner gehaltenen
Stabs (Wer kommt am höchsten?); Rad mit $1/4$ Drehung über die Latte,
die Hände dabei links und rechts aufsetzen (Wer springt am höchsten?);
Sprung in den Handstand und zurück

● *Übungsschwerpunkt:* Festlegen des Anlaufs
Anläufe zum Einstichkasten im Anlaufrhythmus, ohne und mit Stab;
Lauf mit hohem Knieheben mit Stab und Imitation des Einstichs;
Stabbiegen am Boden mit kurzem Anlauf (vier bis sechs Anlaufschritte), später mit Absprung bei hohem Griff und Landung auf der Absprungstelle; Läufe mit Stab aus vollem Anlauf mit Einstich, Absprung
und Einrollbewegung; Sprünge aus vollem Anlauf mit Lattenüberquerung (Lattenentfernung zum Absprungpunkt variieren)

Welchen Stab wähle ich?
Das Springen mit dem Glasfiberstab verlangt Kenntnisse der einzelnen
Stabtypen. Wichtige Faktoren für die Wahl des geeigneten Sprungstabs
sind:
● Griffhöhe, Körpergewicht, Anlaufgeschwindigkeit und Technik des
Springers.
Die Stäbe sind in folgenden Längen erhältlich: 12 feet (3,66 Meter), 13
feet (3,96 Meter), 14 feet (4,27 Meter), 15 feet (4,57 Meter), 16 feet
(4,87 Meter). Für jede Länge gibt es Stäbe, die dem Gewicht des
Springers angepaßt sind (von 110 lbs, das sind 50 kg, bis 195 lbs, das
sind 89 kg). Innerhalb jedes Gewichts sind vier verschiedene Flexibili-
tätsgrade verfügbar: erstens = hart, zweitens = mittelhart, drittens =
mittelweich, viertens = weich.
Griffhöhe und angestrebte Leistungen bestimmen die Länge des Stabs;
Gewicht und Anlaufgeschwindigkeit sind maßgebend für die Auswahl
des Modells und die Flexnummer, zum Beispiel 1560 = 15 Fuß Länge
(= 4,57 Meter) für einen Springer mit 73 kg Gewicht. Der Springer
darf dann nicht schwerer als 160 lbs sein. Die empfohlenen Griffhöhen
sind etwa 30 bis 45 Zentimeter vor dem Ende des Stabs zu finden. Biegt
sich der Stab stärker als 90 Grad, so besteht Bruchgefahr, und es muß
auf einen härteren Stab gewechselt werden.

Die Abhängigkeit von Griffhöhe und erforderlicher Anlaufgeschwindigkeit (100-Meter-Zeiten) ergibt etwa folgende Werte:
10 feet = 12,8 Sek.   11 feet = 12,3 Sek.   12 feet = 11,7 Sek.
13 feet = 11,4 Sek.   14 feet = 10,9 Sek.   15 feet = 10,5 Sek.

Je schneller also der Anlauf (Horizontalkomponente), desto höher der Griff am Stab (Vertikalkomponente).
Eine Übersicht bietet die nächste *Tabelle*. Sie zeigt die Abhängigkeiten von Griffhöhen und Gewicht und erleichtert die richtige Stabauswahl:

Maximales Gewicht d. Springers	Griffhöhe (Anhalt)							
Lbs./kg	9–10'6	10–11'6	11–12'6	12–13'6	13–14'6	14–15'6	15–16'6	feet
	2,75–3,20	3,05–3,50	3,35–3,81	3,66–4,12	3,96–4,42	4,27–4,73	4,57–5,03	m
80 36	11–080							
90 41	11–090							
100 45	11–100							
105 48		12–105						
110 50		12–110	13–110					
115 52		12–115		14–115				
120 55		12–120	13–120	14–120				
125 57		12–125		14–125	15–125	16–125		
130 59		12–130	13–130	14–130	15–130	16–130		
135 61		12–135		14–135	15–135	16–135		
140 64		12–140	13–140	14–140	15–140	16–140		
145 66		12–145		14–145	15–145	16–145		
150 68		12–150	13–150	14–150	15–150	16–150		
155 70				14–155	15–155	16–155		
160 73			13–160	14–160	15–160	16–160	17–160	
165 75				14–165	15–165	16–165	17–165	
170 77				14–170	15–170	16–170	17–170	
175 80				14–175	15–175	16–175	17–175	
180 82				14–180	15–180	16–180	17–180	
185 84				14–185		16–185	17–185	
190 86						16–190		

Umrechnung: 1 kg = 2,2 lbs, 1 Grot (Fuß) = 30,5 cm

Tabelle: Welchen Stab wähle ich?

Rahmentrainingsplan für Stabhochspringer
Vorbereitungsperiode (November bis April)

Tag	Schwerpunkte	Min.	Trainingsbeispiele
1. Tag	allgemeine anaerobe Ausdauer Sprungkraft	15 30	Einlaufen; Gymnastik 3 Steigerungsläufe über 30–40 m, 3 Koordinationsläufe über 30 m, 4 Kniehebeläufe über 20 m; Fußgelenkarbeit, Übergehen in Hopserlauf und Sprint; 3 × 60 m, d. h. 10–20– 30 m; mehrere Starts aus versch. Lagen, z. B. Bauchlage
		20	verschiedene Übungen an Matten, Kästen und Hürden
		25	spielerische Reaktionsschulung
2. Tag	allgemeine aerobe Ausdauer allgemeine anaerobe Ausdauer	15	Einlaufen; Gehen mit Lockerungs- und Dehnungsgymnastik
		30	Fahrtspiel, möglichst auf Strecken mit versch. Bodenverhältnissen (Moos, Rasen, Sand, Wald)
		20	Bergaufläufe in leicht ansteigendem Gelände über 100–200 m
		15	Auslaufen
3. Tag	Technikschulung mit Schwerpunkt wie Einrollen, Drehumstütz Anlaufschulung	15	wettkampfmäßiges Einlaufen; intensive Gymnastik
		40	Imitationsübungen an Turngeräten, z. B. Schwingen im Lang-

Tag	Schwerpunkte	Min.	Trainingsspiele
			hang, Felgaufschwünge, Rollen rückwärts, Handstände, Klimmzüge, Aufschwingen am Tau sowie spezielle Bauchmuskelübungen; Einrollen am Stab mit kurzem Anlauf und tiefem Griff; Schulen der Streckung und des Armzugs; Sprünge aus kurzem Anlauf mit weit entfernten Ständern; hochliegende Latte mit Beinen wegstoßen, Drehumstützübungen am Boden
		25	Anläufe mit dem Stab aus kurzem, mittlerem und vollem Anlauf
4. Tag	allgemeine Körperkraft Lauftraining	15 40	Einlaufen, Gymnastik Circuittraining mit 6–8 Stationen, 2–3 Durchgänge; Pulsmessung
		25	Fußgelenkarbeit über 15–20 m; langsame und schnelle Kniehebeläufe über 20–50 m Anläufe mit dem Stab über 20–40 m
		10	Spiele

Rahmentrainingsplan für Stabhochspringer
Wettkampfperiode (Mai bis September)

Tag	Schwerpunkte	Min.	Trainingsbeispiele
1. Tag	Schnelligkeit Technikschulung mit Schwerpunkt, z. B. Anlauf, Einstich	15 25 60	Einlaufen; Gymnastik 3 Steigerungsläufe, diagonal über 30–40 m; 3 Koordinationsläufe; 2 Skippings von 20 m; 2 Kniehebeläufe über 20 m; 4–6 Starts aus dem Block Einspringen, Anlaufkontrollen 10–12 Sprünge über die Latte, jede Höhe 4–5 Versuche; bis auf Bestleistung erhöhen
2. Tag	Krafttraining allgemeine Beweglichkeit, Gewandtheit	15 30 25 20	Einlaufen; Gymnastik tiefe Kniebeugen mit Hochgehen in den Zehenstand; Bankdrücken, Kastenaufsteigen; Würfe mit der Kugel rückwärts über Kopf, jeweils 2–4 Serien mit 6–8 Wiederholungen Hürdenlauf; Hochsprünge aller Art Auslaufen oder Spiel, z. B. Basketball
3. Tag	Schnelligkeit Technikschulung mit Schwerpunkt, z. B. Stabbiegung, Streckung, Lattenüberquerung	15 20	Einlaufen; Gymnastik 2 Koordinationsläufe über 50 m, 2 Steigerungsläufe über 60–80 m, 2 Sprungläufe über etwa 50 m, 2 *Ins and outs* über 150–200 m,

Tag	Schwerpunkte	Min.	Trainingsspiele
		45	5 Starts über 30 m aus dem Block Einspringen mit weichem Stab; kurzer Anlauf mit und ohne Latte, 10–12 Sprünge aus verkürztem Anlauf mit Einstich, Absprungkontrolle; 5–8 Sprünge über die Latte, mit steigender Höhe bis über Bestleistung aus vollem Anlauf
		10	Auslaufen
4. Tag			*Falls kein Wettkampf:* wettkampfähnliches Techniktraining; Anlaufkontrollen, 10–12 Sprünge aus vollem Anlauf über Höhen knapp unter Bestleistung; eventuell 15–20 Min. Hürdenlauf oder Weit- bzw. Hochsprünge aller Art; Auslaufen

Lernkontrollen

Kontrolliere selbst die

● *Sprungkraft* durch Sprünge auf einem Bein über 30 Meter aus dem Stand:

   10 Sprünge in 6   Sekunden = durchschnittlich
   10 Sprünge in 5   Sekunden = gut
   10 Sprünge in 4,5 Sekunden = sehr gut

Werte für Mehrfachsprünge siehe Kapitel «Dreisprung», S. 221

● *Armkraft* durch Stangen- und Tauklettern:

   11/12 Jahre mit Beinhilfe: unter 13 Sek. (4 m Taulänge)
   13/14 Jahre mit und ohne Beinhilfe: unter 8 Sek. (4 m Taulänge)
   15/16 Jahre ohne Beinhilfe: unter 10 Sek. (4 m Taulänge)

Heben der Beine aus dem Streckhang bis zum Berühren der Wand rücklings an der Sprossenwand mit Medizinball (Anfänger ohne Medizinball):

11/12 Jahre ein- bis zweimal
13/14 Jahre drei- bis viermal
15/16 Jahre vier- bis sechsmal
(später auf Zeit)

- *Schnelligkeit* durch spezielle Tests (siehe auch Kapitel «Sprint», S. 60). Besonders wichtig sind hier Vergleiche beim Laufen mit und ohne Stab.

- *Kombinierter Stabhochsprungtest*

	14 Jahre	16 Jahre	18 Jahre
30-m-Sprint mit Tiefstart (ohne Kommando)	4,5 Sek.	4,3 Sek.	4,0 Sek.
30-m fliegend mit Stab; Wettkampfgriff, 12-m-Anlauf	3,7 Sek.	3,5 Sek.	3,3 Sek.
Hangeln am Tau, ab Reichhöhe genau 3 Meter	8,5 Sek.	6,5 Sek.	5,5 Sek.
3er-Hop auf dem Sprungbein aus der Schrittstellung: (Landung beidbeinig)	7,50 m	8,00 m	8,50 m
Medizinball (3 kg, beidarmig) aus der Rückenlage ohne Anheben der Beine oder Schulter	6,00 m	7,50 m	8,50 m

Die wichtigsten Wettkampfbestimmungen
Regel 48 (ALB): Stabhochsprung

1. Der Springer hat das Recht, die Sprungständer bis zu 60 Zentimeter, vom Ende des Einstichkastens gemessen, zum oder vom Sprunghügel weg zu verschieben.
2. Als Fehlversuch zählt, wenn der Springer
   - die Latte von den Auflegestützen abwirft;
   - sich vom Boden abstößt, dabei aber die Sprunglatte nicht überspringt;
   - nach dem Absprung mit der unteren Hand über die obere greift oder mit der oberen Hand höher faßt;
   - vor dem Absprunghügel mit irgendeinem Teil seines Körpers oder mit dem Sprungstab den Boden oder den Sprunghügel hinter dem Abschlußbrett des Einstichkastens oder der seitlichen Verlängerung des Abschlußbretts berührt.

Als Fehlversuch gilt auch, wenn die Latte durch Einwirken des Sprungstabs abgeworfen wird.

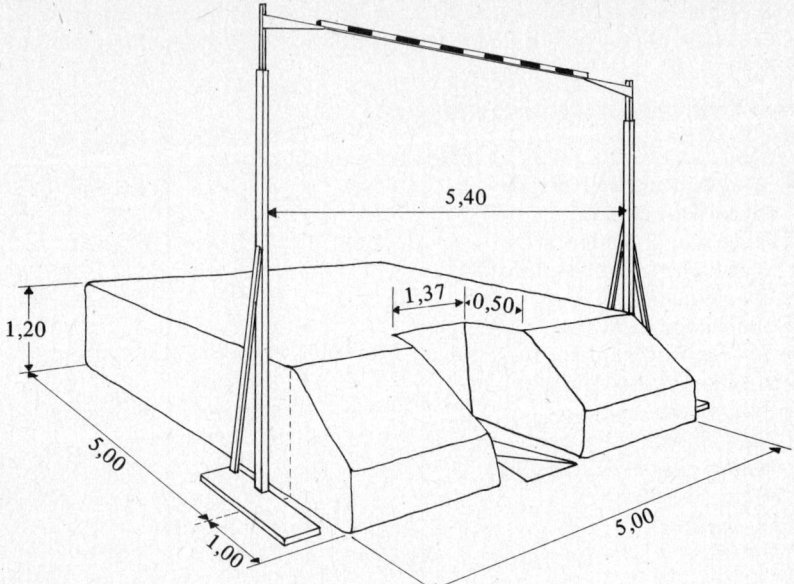

Abb. 8: Sprungständer und -kissen für den Stabhochsprung

Regel 41 (ALB): Gleiche Leistungen bei Hoch- und Stabhochsprung
In folgender Reihenfolge entscheidet jeweils die geringste Anzahl von Sprungversuchen:
  a) bei der letzten übersprungenen Höhe,
  b) Fehlversuche insgesamt,
  c) Versuche insgesamt.
  d) Ist noch immer keine Klärung für den ersten Platz möglich, entscheidet ein Stichkampf; die Höhen werden vom Kampfgericht festgelegt.
Die Dramatik eines olympischen Wettbewerbs im Stabhochsprung zeigt das Protokoll des Endkampfes der Olympischen Spiele 1976 von Montreal: Der Sieger und die Placierten waren nur aufgrund der Mehrversuchsregel der Amtlichen Leichtathletik-Bestimmungen (ALB) festzulegen (0 bedeutet: ausgelassen: – bedeutet: übersprungen: I bedeutet einen Fehlversuch).

Name Land	Höhe	Regel 41			Rang	Medaille
		(a)	(b)	(c)		
Slusarski, Polen	5,50 m	1. Versuch	0	3	1.	Gold
Kalliomäki, Finnland	5,50 m	1. Versuch	0	5	2.	Silber
Roberts, USA	5,50 m	1. Versuch	1		3.	Bronze
Abada, Frankreich	5,45 m	2. Versuch	2	4	4.	
Buciarski, Polen	5,45 m	2. Versuch	2	5	5.	
Bell, USA	5,45 m	3. Versuch			6.	

	5,00	5,10	5,20	5,25	5,30	5,35	5,40	5,45	5,50	5,55	5,60
Slusarski	0	0	–	0	0	0	–	0	–	III	
Kalliomäki	0	–	0	0	–	0	–	–	–	III	
Roberts	0	0	0	0	0	I–	0	0	–	0	III
Abada	0	0	0	0	I–	0	0	–	0	III	
Buciarski	0	0	–	0	0	I–	0	I–	I0	II	
Bell	0	0	–	0	0	–	0	II–	0	III	
Takanezawa	I–	0	I–	0	I–	0	II–	III			
Lohre	0	I–	0	I–	0	II–	0	III			
Prochorenko	0	0	0	–	0	III					

Tabelle: Wettkampfprotokoll Stabhochsprung (Montreal 1976)

Anhang

Wo betreibe ich Leichtathletik?

Laufen, Springen, Stoßen und *Werfen* bestimmen die Leichtathletik als Wettkampf-, Breiten- oder Lifetime-Sport, als Einzel-, Mannschafts- und Familiensport im Vorschulalter, als Sport für Schüler und Jugendliche, für Junioren und Senioren. Leichtathleten üben und trainieren im Wald und im Gelände, in der Halle, auf dem Sportplatz, im Stadion. Sie werden unterstützt von Eltern, Kampfrichtern, Betreuern, Übungsleitern und Trainern, organisiert von Funktionären und Lehrern in Schule, Verein, im Deutschen Sportbund, auf Kreis-, Landes-, Bezirks- und Landesebene des Deutschen Leichtathletik-Verbandes (DLV).
Talent und *Training* sind die Voraussetzungen für gute Leistungen und eine mögliche Leichtathletik-Karriere. Talentsuche und -förderung in Schule und Verein, die Aus- und Fortbildung der Übungsleiter und Trainer sowie die Zusammenarbeit der privaten und staatlichen Organisationen ermöglichen jedem Leichtathletik-Interessierten ein vielfältiges Betätigungsfeld. Das breite Spektrum zeigt die folgende Übersicht «Organisations- und Funktionsebenen» der bundesdeutschen Leichtathletik. Den langen Weg vom ersten Wettkampferfolg in einem Schulwettbewerb bis zur Berufung in die Nationalmannschaft verdeutlicht der schwarze Pfeil →

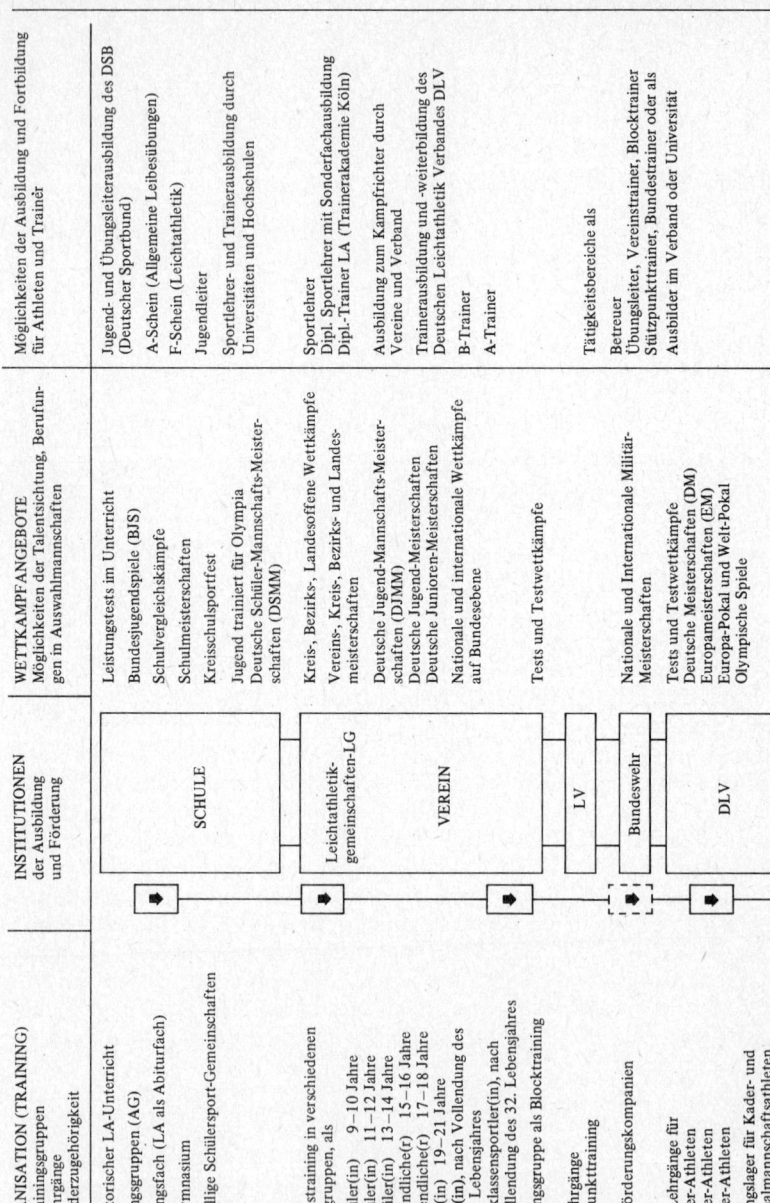

ORGANISATION (TRAINING) – Trainingsgruppen – Lehrgänge – Kaderzugehörigkeit	INSTITUTIONEN der Ausbildung und Förderung	WETTKAMPFANGEBOTE Möglichkeiten der Talentsichtung, Berufungen in Auswahlmannschaften	Möglichkeiten der Ausbildung und Fortbildung für Athleten und Trainer
obligatorischer LA-Unterricht Neigungsgruppen (AG) Leistungsfach (LA als Abiturfach) LA-Gymnasium Freiwillige Schülersport-Gemeinschaften (FSG)	SCHULE	Leistungstests im Unterricht Bundesjugendspiele (BJS) Schulvergleichskämpfe Schulmeisterschaften Kreisschulsportfest Jugend trainiert für Olympia Deutsche Schüler-Mannschafts-Meisterschaften (DSMM)	Jugend- und Übungsleiterausbildung des DSB (Deutscher Sportbund) A-Schein (Allgemeine Leibesübungen) F-Schein (Leichtathletik) Jugendleiter Sportlehrer- und Trainerausbildung durch Universitäten und Hochschulen
Vereinstraining in verschiedenen Altersgruppen, als C-Schüler(in) 9–10 Jahre B-Schüler(in) 11–12 Jahre A-Schüler(in) 13–14 Jahre B-Jugendliche(r) 15–16 Jahre A-Jugendliche(r) 17–18 Jahre Junior(in) 19–21 Jahre Senior(in), nach Vollendung des 18. Lebensjahres Altersklassensportler(in), nach Vollendung des 32. Lebensjahres Leistungsgruppe als Blocktraining	Leichtathletik-gemeinschaften-LG VEREIN	Kreis-, Bezirks-, Landesoffene Wettkämpfe Vereins-, Kreis-, Bezirks- und Landesmeisterschaften Deutsche Jugend-Mannschafts-Meisterschaften (DJMM) Deutsche Jugend-Meisterschaften Deutsche Junioren-Meisterschaften Nationale und internationale Wettkämpfe auf Bundesebene	Sportlehrer Dipl. Sportlehrer mit Sonderfachausbildung Dipl.-Trainer LA (Trainerakademie Köln) Ausbildung zum Kampfrichter durch Vereine und Verband Trainerausbildung und -weiterbildung des Deutschen Leichtathletik Verbandes DLV B-Trainer A-Trainer
LV-Lehrgänge Stützpunkttraining	LV	Tests und Testwettkämpfe	Tätigkeitsbereiche als
Sportförderungskompanien	Bundeswehr	Nationale und Internationale Militär-Meisterschaften	Betreuer Übungsleiter, Vereinstrainer, Blocktrainer Stützpunkttrainer, Bundestrainer oder als Ausbilder im Verband oder Universität
DLV-Lehrgänge für C-Kader-Athleten B-Kader-Athleten A-Kader-Athleten Trainingslager für Kader- und Nationalmannschaftsathleten	DLV	Tests und Testwettkämpfe Deutsche Meisterschaften (DM) Europameisterschaften (EM) Europa-Pokal und Welt-Pokal Olympische Spiele	

Ausrüstung und Kosten

Die Grundausstattung eines Leichtathleten kann wie folgt aussehen:
1 Trikot, 1 Turnhose ca. 22.– DM
1 Trainingsanzug ca. 60 bis 80.– DM
1 Paar Turnschuhe ca. 30 bis 50.– DM
1 Sporttasche ca. 20 bis 30.– DM
Für einen Wettkampfsportler sollten folgende Ausrüstungsgegenstände nicht fehlen:
1 Wettkampftrikot, 1 Wettkampfhose in den Vereinsfarben, 1 weiterer Trainingsanzug, 1 weiteres Paar fester Turnschuhe für das Hallentraining, 1 Paar Spikes (Dornenschuhe).
Spezialausrüstungsgegenstände wie Regenanzug, Langlauf- oder Speerwurfschuhe werden nur bei Bedarf angeschafft. Nützlich sind Handtücher, trockene Wäsche zum Wechseln, warme Mützen und Handschuhe für das Wintertraining, mehrere Socken und lange, bis über das Gesäß reichende Unter- oder Sporthemden sowie eine elastische Binde. Sie erleichtern die Trainingsarbeit und verhindern Krankheiten und Verletzungen. Die Ausrüstung eines Leichtathleten sollte zweckmäßig, muß aber nicht teuer sein.
Wettkampfgebühren (Startgelder) und -kosten (Fahrt, Unterkunft oder Verpflegung) werden in den meisten Fällen von den Vereinen getragen. Voraussetzung ist natürlich die Mitgliedschaft in einem eingetragenen Verein. Sie beträgt etwa 45.– DM im Jahr und ermäßigt sich bei Familienbeitritten. – Wettkampf- und Rekordanerkennungen sind von einer Mitgliedschaft in einem Verein abhängig, ebenso die Ausbildung zum Übungsleiter oder Trainer.

Leichtathletische Bestleistungen

Nach jeder Wettkampfsaison werden von den Statistikern in den Landesverbänden und den Leichtathletikverbänden des Internationalen Leichtathletik-Verbandes (IMF) Rekordlisten veröffentlicht. Als Rekord- und Bestleistungen werden dabei nur solche Leistungen anerkannt, die auf offiziellen, von den jeweiligen Verbänden genehmigten und beaufsichtigten Wettkämpfen unter Einhaltung der amtlichen Leichtathletikbestimmungen (ALB) aufgestellt werden.

Die folgenden Rekorde für Schüler, Jugendliche und Senioren gelten für den Bereich des Deutschen Leichtathletik-Verbandes (DLV). Die Aufstellung reicht bis zu den offiziellen Europa- und Weltrekorden nach Abschluß des Wettkampfjahres 1976; sie wurde dem «Jahrbuch der Leichtathletik», herausgegeben vom DLV, entnommen.

Lauf und Sprung (Stand: 1. November 1976)

Inoffizielle deutsche Schülerrekorde

Schüler
Laufen

100 m	11,0	Jan Wonszak (LG Cuxhaven)	Sindelfingen	9.7.72
	11,0	Roland Jauch (FSV Schwenningen)	Sindelfingen	9.7.72
1000 m	2:34,4	Rüdiger Bartel (LG Mülheim-Dellbrück)	Dortmund	20.9.75
2000 m	5:45,0	Rüdiger Bartel (LG Mülheim-Dellbrück)	Leverkusen	28.9.75
80 m Hürden	10,7	Frank Sykownik (TSV Hagen 1860)	Ochtrup	5.9.76
4mal 100 m	45,8	LG Kassel-Baunatal	Kassel	10.10.76
		(Raabe, Engels, Waurich, Härtl)		
	e 46,41	LG Kassel-Baunatal	Kassel	12.9.76
		(Raabe, Engels, Waurich, Härtl)		
3mal 1000 m	8:04,0	OSC Thier Dortmund	Kassel	13.10.74
		(Lehmann, Voigt, Dubielczik)		

Gehen

3000-m-Gehen	14:28,4	Jürgen Lieberknecht (TSG 78 Heidelberg) . .	Heidelberg	6.10.73

Springen

Hoch	2,00	Claus Pichler (SV Ruhpolding)	Deggendorf	28.7.74
Stab	4,32	Thomas Willms (LG Düsseldorf)	Düsseldorf	27.8.72
Weit	6,67	Lothar Bauer (LAZ Südheide)	Bomlitz	26.9.71

Schülerinnen
Laufen

100 m	11,9	Martina Faul (TV Bad Mergentheim)	Esslingen	16.6.74
	11,9	Jutta Stöckmann (LG ESV/PSV Essen)	Leverkusen	28.9.75
800 m	2:11,2	Evi Blonsky (Unterländer LG)	Sindelfingen	31.5.73
80 m Hürden	11,2	Edith Oker (Stuttgarter Kickers)	Aschaffenburg	21.9.75
4mal 100 m	49,0	VfL Sindelfingen	Aschaffenburg	21.9.75
		(Fritz, Wagner, Keller, Vombohr)		
3mal 800 m	6:55,4	SC 99 Düsseldorf	Kassel	12.10.75
		(Hagemann, Fink, Schweigert)		

Springen

Hoch	1,78	Sabine Serk (TuS Iserlohn)	Dellinghofen	21.9.75
Weit	5,99	Astrid Beiersdorf (RW Niebüll)	Berlin	20.9.75

Inoffizielle deutsche Jugendrekorde

Männliche Jugend
Laufen

100 m	10,3	Franz-Peter Hofmeister (Jugend 07 Bergheim)	Frechen	20.7.69
	10,3	Heinz-Werner Arnold (TV Wertheim)	Heidelberg	4.7.71
	10,3	Helmut Leibner (SV Bayer 04 Leverkusen) . .	Köln	2.9.73
	10,3	Werner Bastians (TV Wattenscheid)	Dortmund	14.6.75
	e 10,40	Werner Bastians (TV Wattenscheid)	Sindelfingen	9.8.75
200 m	20,9	Peter Saßnink (Salamander Kornwestheim) . .	Stuttgart	11.7.71
	20,9	Robert Tempel, 1956 (LG Kreis Moers)	Bonn	29.6.74
	e 21,03	Peter Saßnink (Salamander Kornwestheim) . .	Stuttgart	11.7.71
400 m	46,8	Günter Karge (TuS Köln rrh.)	Augsburg	29.8.71
	e 46,97	Günter Karge (TuS Köln rrh.)	Augsburg	29.8.71
800 m	1:49,4	Josef Schmid (LG Saulgau)	Augsburg	29.8.71

1000 m	2:22,4	Karl Fleschen (LG Vulkaneifel)	Bonn	19.8.73
	2:22,4	(2:22,37) Harald Hudak (LG Mittlere Enz) . .	Stuttgart	10.8.74
1500 m	3:45,34	Karl Fleschen (LG Vulkaneifel)	Sindelfingen	11.8.73
3000 m	8:06,8	Hans-Jürgen Orthmann (LG Sieg)	Brüssel	27.8.72
5000 m	14:15,0	Michael Lederer (OSC Hoechst)	Frankfurt	7.6.73
110 m Hürden (1,00 m)	14,0	Guido Kratschmer (LAZ Südheide)	Oberhausen	17.10.71
110 m Hürden (1,06 m)	14,5	Wolfgang Muders (LC TS Rehlingen)	Lübeck	22.6.75
	e 14,27	Winfried Kessel (TK Grevenbroich)	Ludwigshafen	28.8.76
400 m Hürden	51,8	Harald Schmid (TV Gelnhausen)	Lingolsheim	6.9.75
	e 51,95	Harald Schmid (TV Gelnhausen)	Sindelfingen	10.8.75
2000 m Hind.	5:39,0	Michael Karst (Saar 05 Saarbrücken)	Leicester	26.9.70
4mal 100 m	41,5	Hamburger SV . . . . (Römling, Reese, Holes, Trappe)	Hagen	3.9.67
	e 41,92	SG Osterfeld-Oberhausen . . . . (Terhorst, Meerschiff, Schmidtmeier, Heckel)	Augsburg	27.7.75
4mal 400 m	3:13,5	LAV Bad Godesberg . . . . (Jesser, Kölpin, Fröhlich, Gesche)	Sindelfingen	10.10.76
3mal 1000 m	7:26,2	LAZ bellanett Rhede . . . . (Brüggemann, Gerwert, Grommisch)	Bonn	18.8.74

Gehen

5-km-Gehen	22:10,2	Werner Schmitz (MSV Duisburg)	Hagen	13.9.59

Springen

Hoch	2,16	André Schneider (TV Wattenscheid)	Gr. Ilsede	18.9.76
Stab	4,90	Wolfgang Reinbold (Hessen Kassel)	Augsburg	26.7.75
	4,90	Wolfgang Reinbold (Hessen Kassel)	Lingolsheim	6.9.75
Weit	7,70	Jochen Verschl (SC Baden-Baden)	Gelsenkirchen	20.7.74
Drei	15,83	Klaus Kübler (TV Murrhardt)	Bielefeld	5.9.76

Weibliche Jugend

Laufen

100 m	11,5	Elke Barth (TSV Bayer Dormagen)	Duisburg	23.6.74
	11,5	Ute Weichenthal (TSV Bayer Dormagen) . . .	Lüdenscheid	4.8.74
	11,5	Claudia Steger (TSV Göggingen)	Budapest	17.5.75
	e 11,72	Elke Barth (Bayer Dormagen)	Gelsenkirchen	21.7.74
200 m	23,4	Claudia Steger (TSV Göggingen)	Warschau	14.7.74
	e 23,44	Claudia Steger (TSV Göggingen)	Ludwigshafen	29.8.76
400 m	52,53	Elke Barth (TSV Bayer Dormagen)	Hannover	27.7.74
800 m	2:03,9	Brigitte Kraus (LG Rhein-Berg)	Frankfurt	28.8.74
1500 m	4:17,4	Brigitte Kraus (LG Rhein-Berg)	Frankfurt	5.7.74
3000 m	9:38,6	Elvira Hofmann (TV Bad Mergentheim)	Lübeck	11.9.76
100 m Hürden	13,4	Elfi Meierholz (SV Bayer 04 Leverkusen) . . .	Bonn	27.5.73
	e 13,74	Elfi Meierholz (TuS Rheinhausen)	Augsburg	29.8.71
4mal 100 m	44,95	Nationalstaffel . . . . (Seiring, Steger, Schenten, Wallburg)	Hannover	1.8.75
	e 46,60	OSC Thier Dortmund . . . . (Hampel, Wallburg, Börger, Wuttig)	Augsburg	27.7.75
4mal 400 m	3:37,9	Nationalstaffel . . . . (Hook, Stachowicz, Neumann, Kögel)	Athen	24.8.75
3mal 800 m	6:35,2	MSV Duisburg . . . . (Kotzorreck, Missmahl, Theuss)	Sindelfingen	10.10.76

Springen

Hoch	1,92	Ulrike Meyfarth (LG Rhein-Ville)	München	4.9.72
Weit	6,51	Manon Bornholdt (SV Wahlstedt)	Berlin	18.8.68

Deutsche Rekorde

Männer
Laufen

100 m	10,0	Armin Hary (FSV Frankfurt)	Zürich	21.6.60
	10,0	Gert Metz (USC Mainz)	Gretesch	6.9.70
	10,0	Manfred Ommer (Bayer 04 Leverkusen)	Leverkusen	22.7.74
DLV	e 10,23	Gerhard Wucherer (USC Mainz)	München	5.9.71

200 m auf Rundbahn über 400 m Länge:

	20,4	Manfred Germar (ASV Köln)	Köln	31.7.57

200 m auf 400-m-Rundbahn mit voller Kurve:

DLV	20,4	Jochen Eigenherr (Bayer 04 Leverkusen) . . .	Mexico City	16.10.68
	e 20,48	Jochen Eigenherr (Bayer 04 Leverkusen) . . .	Mexico City	16.10.68
400 m	44,7	Karl Honz (VfB Stuttgart)	München	21.7.72
	e 44,70	Karl Honz (VfB Stuttgart)	München	21.7.72
800 m	1:44,9	Franz-Josef Kemper (Preußen Münster)	Hannover	7.8.66
	1:44,9	Walter Adams (Salam. Kornwestheim)	Stuttgart	16.7.70
1000 m	2:16,2	Franz-Josef Kemper (Preußen Münster)	Hannover	21.9.66
1500 m	3:34,8	Thomas Wessinghage (TuS 04 Leverkusen) . .	Köln	1.9.76
2000 m	4:57,8	Harald Norpoth (Preußen Münster)	Hagen	10.9.66
3000 m	7:45,2	Harald Norpoth (Preußen Münster)	Münster	6.6.67
5000 m	13:13,8	Klaus-Peter Hildenbrand (ASC Darmstadt) . .	Stockholm	5.7.76
10 000 m	28:03,4	Detlef Uhlemann (LG Jägerm. Bonn-Troisdorf)	München	29.5.76

Noch nicht anerkannt:

	28:01,4	Detlef Uhlemann (LG Jägerm. Bonn-Troisdorf)	Helsinki	23.6.76
20 000 m	59:20,2	Lutz Philipp (ASC Wella Darmstadt)	Paris	14.10.73
25 000 m	1:15:32,6	Lutz Philipp (ASC Wella Darmstadt)	Berlin	20.5.73
30 000 m	1:36:40,6	Joachim Ließ (Spvgg. Pol. Hamburg)	Hamburg	1.6.67
1 Stunde	20,237 km	Lutz Philipp (ASC Wella Darmstadt)	Paris	14.10.73
110 m Hürden	13,2	Martin Lauer (ASV Köln)	Zürich	7.7.59
	e 13,52	Martin Lauer (ASV Köln)	Zürich	7.7.59
200 m Hürden	22,5	Martin Lauer (ASV Köln)	Zürich	7.7.59
400 m Hürden	49,0	Gerhard Hennige (Bayer 04 Leverkusen) . . .	Mexico City	15.10.68
	e 49,02	Gerhard Hennige (Bayer 04 Leverkusen) . . .	Mexico City	15.10.68
3000 m Hi.	8:16,2	Michael Karst (Saar 05 Saarbrücken)	Stockholm	1.7.75
4mal 100 m	38,7	Nationalstaffel	Mexico City	20.10.68
		(Schmidtke, Metz, Wucherer, Eigenherr)		
	e 38,76	Nationalstaffel	Mexico City	20.10.68
		(Schmidtke, Metz, Wucherer, Eigenherr)		
	38,90	TV Wattenscheid	München	29.5.76
		(Bastians, Bieler, Steinmann, Borchert)		
4mal 200 m	1:22,4	SV Bayer 04 Leverkusen	Berlin	4.7.70
		(Jordan, Knobloch, Ommer, Eigenherr)		
10mal 100 m	1:42,1	Bayer 04 Leverkusen	Bonn	2.6.74
		(Haupt, Lewandowski, Ommer, Herrmann, Gloerfeld, Nickel, Kaiser, Eikmeier, Neubeck, Lindner)		
4mal 400 m	3:00,5	Nationalstaffel	Mexico City	20.10.68
		(H. Müller, Hennige, Kinder, Jellinghaus)		
	3:04,8	Bayer 04 Leverkusen	Berlin	9.8.70
		(Jellinghaus, Roßmeißl, Reich, Jordan)		
4mal 800 m	7:08,6	Nationalstaffel	Wiesbaden	13.8.66
		(Kinder, Adams, Bogatzki, Kemper)		
	7:21,4	1. FV Salamander Kornwestheim	Stuttgart	13.9.70
		(Mayer, Potschka, Henne, Adams)		
3mal 1000 m	7:01,2	SC Preußen 06 Münster	Hamm/Westf.	17.7.66
		(Kemper, Schulte-Hillen, Norpoth)		
4mal 1500 m	15:14,0	LG Ratio Münster	Werdohl	17.6.70
		(Kemper, Norpoth, Arntz, U. Lufft)		

Gehen

10 000 m	41:36,2	Bernd Kannenberg (LAC Quelle Fürth)	Augsburg	23.6.72
20 km	1:24:45,0	Bernd Kannenberg (LAC Quelle Fürth)	Hamburg	25.5.74
30 km	2:12:58,0	Bernd Kannenberg (LAC Quelle Fürth)	Kassel	11.5.74

| 50 000 m | 3:56:51,4 | Bernd Kannenberg (LAC Quelle Fürth) . . . . | Nerviano | 16.11.75 |
| 2 Stunden | 27,154 km | Bernd Kannenberg (LAC Quelle Fürth) . . . . | Kassel | 11.5.74 |

Springen

Hoch	2,24	Hermann Magerl (LG Regensburg)	Cham	16.9.72
Stabhoch	5,45	Günther Lohre (Salamander Kornwestheim) .	Frankfurt	9.5.76
Weit	8,35	Josef Schwarz (TSV München 1860)	Stuttgart	15.7.70
Drei	16,68	Wolfgang Kolmsee (VfB Stuttgart)	Montreal	29.7.76

Frauen
Laufen

100 m	e 11,01	Annegret Richter (OSC Thier Dortmund) . . .	Montreal	25.7.76
	10,8	Annegret Richter (OSC Thier Dortmund) . . .	Gelsenkirchen	27.6.76
200 m	e 22,39	Annegret Richter (OSC Thier Dortmund) . . .	Montreal	28.7.76
400 m	50,88	Rita Wilden (TuS 04 Leverkusen)	Rom	4.9.74
800 m	1:58,5	Hildegard Falck (VfL Wolfsburg)	Stuttgart	11.7.71
1000 m	2:35,1	Brigitte Kraus (ASV Köln)	Lüdenscheid	7.7.76
1500 m	4:04,2	Brigitte Kraus (ASV Köln)	Montreal	29.7.76
3000 m	9:05,6	Brigitte Kraus (ASV Köln)	Lübeck	11.9.76
100 m Hürden	12,9	Silvia Kempin (TuS 04 Leverkusen)	Leverkusen	30.8.76
	e 13,14	Marlies Koschinski (Bayer 04 Leverkusen) . .	Durham	18.7.75
4mal 100 m	42,59	Nationalstaffel	Montreal	31.7.76
		(Poßekel, Helten, Richter, Kroniger)		
	44,5	TuS 04 Leverkusen	Stuttgart	11.7.71
		(Kahmeier, Schruff, R. Wilden, Rosendahl)		
	44,5	TuS 04 Leverkusen	München	23.7.72
		(Kahmeier, Nolte, R. Wilden, Rosendahl)		
	44,5	OSC Thier Dortmund	Gelsenkirchen	27.6.76
		(Schalück, Helten, Richter, Hollmann)		
	e 44,51	OSC Thier Dortmund	Hannover	28.7.74
		(Pudelko, Helten, Richter, Hollmann)		
4mal 200 m	1:34,2	Nationalstaffel	Frankfurt	23.6.73
		(Krause, Kroniger, R. Wilden, Helten)		
	1:36,4	TuS 04 Leverkusen	Bonn	26.9.70
		(Kahmeier, Schruff, Jahn, Rosendahl)		
10mal 100 m	2:00,8	LG Nord Berlin	Berlin	18.5.75
		(Müller, Allers, Zander, Leskow, Wilhelm, W. Wegener, B. Wegener, Emmerich, Wagener, Schwanke)		
4mal 400 m	3:25,7	Nationalstaffel	Montreal	31.7.76
		(Steger, Fuhrmann, Barth, R. Wilden)		
	3:34,9	TuS 04 Leverkusen	Leverkusen	17.9.74
		(Koczelnik, Klein, Weinstein, Wilden)		
3mal 800 m	6:17,0	TuS 04 Leverkusen	Gütersloh	5.7.75
		(Wellmann, Traugott, Klein)		
4mal 800 m	8:16,8	Nationalstaffel	Lübeck	31.7.71
		(Tittel, Schenk, Merten, Falck)		
	8:51,2	ASV Köln	London	5.9.70
		(Windbrake, Frese, Theissen, Bittrich)		

Springen

Hoch	1,92	Ulrike Meyfarth (LG Rhein-Ville)	München	4.9.72
	1,92	Ulrike Meyfarth (ASV Köln)	Nizza	17.8.75
Weit	6,84	Heidemarie Rosendahl (TuS 04 Leverkusen) .	Turin	3.9.70

Die offiziellen Europa-Rekorde der EAA

Männer
Laufen

| 100 m | 10,0 | Armin Hary (BR Deutschland) . . . . | Zürich | 21.6.60 |
| | 10,0 | Roger Bambuck (Frankreich) . . . . | Sacramento | 20.6.68 |

	10,0	Wlasdislaw Sapeja (UdSSR)	Leninakan	15.8.68
	10,0	Waleri Borsow (UdSSR)	Kiew	18.8.69
	10,0	Gert Metz (Deutschland)	Gretesch	6.9.70
	10,0	Manfred Kokot (DDR)	Erfurt	15.5.71
	10,0	Raimo Vilen (Finnland)	Vuosaari	27.7.72
	10,0	Vassilios Papageorgopoulos (Griechenland) . .	Bratislava	3.6.72
	10,0	Pietro Mennea (Italien)	Mailand	16.6.72
	10,0	Alexander Korneljuk (UdSSR)	Moskau	10.7.73
	10,0	Michael Droese (DDR)	Dresden	11.7.73
	10,0	Hans-Jürgen Bombach (DDR)	Dresden	20.7.73
	10,0	Siegfried Schenke (DDR)	Berlin	29.8.73
	10,0	Manfred Ommer (BR Deutschland)	Leverkusen	22.7.74
	e 10,07	Waleri Borsow (UdSSR)	München	31.8.72

200 m auf gerader Bahn (einschl. Rundbahn über 400 m Länge):

	20,4	Manfred Germar (Deutschland)	Köln	31.7.57
	20,4	Abdoulaye Seye (Frankreich)	Köln	16.9.60

200 m auf 400-m-Rundbahn mit voller Kurve:

	20,0	Waleri Borsow (UdSSR)	München	4.9.72
	e 20,00	Waleri Borsow (UdSSR)	München	4.9.72
400 m	44,7	Karl Honz (BR Deutschland)	München	21.7.72
	e 44,70	Karl Honz (BR Deutschland)	München	21.7.72
800 m	1:43,7	Marcello Fiasconaro (Italien)	Mailand	27.6.73
1000 m	2:16,2	Jürgen May (DDR)	Erfurt	20.7.65
	2:16,2	Franz-Josef Kemper (BR Deutschland)	Hannover	21.9.66
1500 m	3:34,0	Jean Wadoux (Frankreich)	Paris	23.7.70
2000 m	4:56,2	Michel Jazy (Frankreich)	St. Maur	12.10.66
3000 m	7:35,2	Brendan Foster (Großbritannien)	Gateshead	3.8.74
5000 m	13:13,0	Emiel Puttemans (Belgien)	Brüssel	20.9.72
10 000 m	27:38,4	Lasse Viren (Finnland)	München	3.9.72
20 000 m	57:31,8	Jos Hermens (Niederlande)	Papendal	27.9.75
25 000 m	1:14:16,8	Pekka Päivärinta (Finnland)	Oulu	15.5.75
30 000 m	1:31:30,4	Jim Alder (Großbritannien)	London	5.9.70
1 Stunde	20 907 m	Jos Hermens (Niederlande)	Papendal	27.9.75
110 m Hürden	13,0	Guy Drut (Frankreich)	Berlin	22.8.75
	e 13,28	Guy Drut (Frankreich)	St. Etienne	29.6.75
200 m Hürden	22,5	Martin Lauer (BR Deutschland)	Zürich	7.7.59
400 m Hürden	48,1	David Hemery (Großbritannien)	Mexico City	15.10.68
	e 48,12	David Hemery (Großbritannien)	Mexico City	15.10.68
3000 m Hi.	8:09,8	Anders Gärderud (Schweden)	Stockholm	1.7.75

Noch nicht anerkannt:

	8:08,0	Anders Gärderud (Schweden)	Montreal	28.7.76
4mal 100 m	38,4	Frankreich	Mexico City	20.10.68
		(Fenouil, Delecour, Piquemal, Bambuck)		
	e 38,42	Frankreich	Mexico City	20.10.68
		(Fenouil, Delecour, Piquemal, Bambuck)		
4mal 200 m	1:21,5	Italien	Barletta	21.7.72
		(Ossola, Abeti, Benedetti, Mennea)		
4mal 400 m	3:00,5	BR Deutschland	Mexico City	20.10.68
		(H. Müller, Hennige, Kinder, Jellinghaus)		
	3:00,5	Polen	Mexico City	20.10.68
		(Balachowski, Gredzinski, Werner, Badenski)		
	3:00,5	Großbritannien	München	10.9.72
		(Reynolds, Pascoe, Hemery, Jenkins)		
4mal 800 m	7:08,6	BR Deutschland	Wiesbaden	13.8.66
		(Kinder, Adams, Bogatzki, Kemper)		
4mal 1500 m	14:49,0	Frankreich	Paris	25.6.65
		(Vervoort, Nicolas, Jazy, Wadoux)		
100 Yards	9,2	Garpenborg (Schweden)	Tucson	6.4.74
	9,2	Manfred Ommer (BR Deutschland)	Leverkusen	22.7.74
220 Yards	20,5	Peter Radford (Großbritannien)	Wolverhampt.	28.5.60
440 Yards	45,9	Robert Brightwell (Großbritannien)	London	14.7.62
880 Yards	1:46,7	Josef Plachy (ČSSR)	Prag	19.9.70
	1:46,7	Luciano Susanj (Jugoslawien)	Celje	20.7.75

1 Meile	3:53,3	Eammon Coghlan (Irland)	Kingston	17.5.75
		Noch nicht anerkannt:		
	3:53,1	Thomas Wessinghage (BR Deutschland)	Stockholm	9.8.76
2 Meilen	8:13,8	Brendan Foster (Großbritannien)	London	27.8.73
3 Meilen	12:47,8	Emiel Puttemans (Belgien)	Brüssel	20.9.72
6 Meilen	26:51,6	David Bedford (Großbritannien)	Portsmouth	10.7.71
10 Meilen	45:57,6	Jos Hermens (Niederlande)	Papendal	14.9.75
15 Meilen	1:11:52,6	Pekka Päivärinta (Finnland)	Oulu	15.5.75
120 y Hürden	13,0	Guy Drut (Frankreich)	Berlin	22.8.75
220 y Hürden	22,5	Martin Lauer (BR Deutschland)	Zürich	7.7.59
440 y Hürden	49,4	Miroslav Kodejs (ČSSR)	Prag	30.6.74
4mal 110 y	39,5	BR Deutschland	Durham	18.7.75
		(Steinmann, Borchert, Ehl, Ommer)		
4mal 440 y	3:03,2	BR Deutschland	Durham	19.7.75
		(Hofmeister, Honz, Krieg, Herrmann)		
4mal 880 y	7:14,6	BR Deutschland	Fulda	13.6.68
		(Tümmler, Adams, Norpoth, Kemper)		
4mal 1 Meile	16:09,6	BR Deutschland	Berlin	25.6.69
		(Adams, Tümmler, Norpoth, May)		

Gehen:

20 000 m	1:24:45,0	Bernd Kannenberg (BR Deutschland)	Hamburg	25.5.74
30 km	2:12:58,0	Bernd Kannenberg (BR Deutschland)	Kassel	11.5.74
50 000 m	3:56:51,4	Bernd Kannenberg (BR Deutschland)	Nerviano	16.11.75
20 Meilen	2:27:38,0	Vittorio Visini (Italien)	Vicenza	1.11.75
30 Meilen	3:48:23,4	Bernd Kannenberg (BR Deutschland)	Nerviano	16.11.75
2 Stunden	27 154 m	Bernd Kannenberg (BR Deutschland)	Kassel	11.5.74

Springen

Hoch	2,28	Waleri Brumel (UdSSR)	Moskau	21.7.63
		Noch nicht anerkannt:		
	2,29	Jacek Wszola (Polen)	Koblenz	8.9.76
Stabhoch	5,60	Wladyslaw Kozakiewicz (Polen)	Warschau	20.6.75
		Noch nicht anerkannt:		
	5,62	Wladyslaw Kozakiewicz (Polen)	Bydgoszcz	29.5.76
	5,62	Tadeusz Slusarski (Polen)	Bydgoszcz	29.5.76
Weit	8,45	Nenad Stekic (Jugoslawien)	Montreal	25.7.75
Drei	17,44	Viktor Sanejew (UdSSR)	Suchumi	16.10.72

Frauen:

Laufen

60 m	7,2	Irina Botschkarowa (UdSSR)	Moskau	28.8.60
	7,2	Andrea Lynch (Großbritannien)	London	22.6.74
	7,2	Lea Alaerts (Belgien)	Namur	2.8.75
100 m	10,8	Renate Stecher (DDR)	Dresden	20.7.73
	e 11,07	Renate Stecher (DDR)	München	2.9.72
		Noch nicht anerkannt:		
	10,8	Annegret Richter (BR Deutschland)	Gelsenkirchen	27.6.76
	e 11,04	Inge Helten (BR Deutschland)	Fürth	13.6.76
	e 11,01	Annegret Richter (BR Deutschland)	Montreal	25.7.76
200 m	22,1	Renate Stecher (DDR)	Dresden	21.7.73
	e 22,21	Irena Szewinska (Polen)	Potsdam	13.6.74
		Noch nicht anerkannt:		
	22,0	Irena Szewinska (Polen)	Potsdam	13.6.74
400 m	49,9	Irena Szewinska (Polen)	Warschau	22.6.74
	e 50,14	Riita Salin (Finnland)	Rom	8.9.74
		Noch nicht anerkannt:		
	e 49,77	Christina Bremher (DDR)	Dresden	9.5.76
	e 49,29	Irena Szewinska (Polen)	Montreal	29.7.76
800 m	1:57,5	Swetia Slatewa (Bulgarien)	Athen	24.8.73
		Noch nicht anerkannt:		
	1:56,0	Valentina Gerassimowa (UdSSR)	Kiew	12.6.76
	1:54,9	Tatjana Kasankina (UdSSR)	Montreal	29.7.76

1000 m	2:35,9	Karin Krebs (DDR)	Potsdam	28.8.74
		Noch nicht anerkannt:		
	2:33,8	Nikolina Schterewa (Bulgarien)	Sofia	4.7.76
	2:32,8	Tamara Sorokina (UdSSR)	Podolsk	8.7.76
1500 m	4:01,4	Ludmilla Bragina (UdSSR)	München	9.9.72
		Noch nicht anerkannt:		
	3:56,0	Tatjana Kasankina (UdSSR)	Podolsk	28.6.76
3000 m	8:46,6	Grete Andersen (Norwegen)	Oslo	24.6.75
		Noch nicht anerkannt:		
	8:45,4	Grete Waitz (Norwegen)	Oslo	21.6.76
	8:27,1	Ludmilla Bragina (UdSSR)	College Park	7.8.76
100 m Hürden	12,3	Annelie Ehrhardt (DDR)	Dresden	22.7.73
	e 12,59	Annelie Ehrhardt (DDR)	München	8.9.72
200 m Hürden	25,8	Annelie Jahns (DDR)	Erfurt	5.7.70
	25,8	Teresa Sukniewicz (Polen)	Warschau	9.8.70
400 m Hürden	56,51	Krystyna Kacperczyk (Polen)	Augsburg	13.7.74
4mal 100 m	42,5	DDR	Rom	8.9.74
		(Maletzki, Stecher, Heinich, Eckert)		
	e 42,51	DDR	Rom	8.9.74
		(Maletzki, Stecher, Heinich, Selmigkeit)		
		Noch nicht anerkannt:		
	42,50	DDR	K.-Marx-Stadt	29.5.76
		(Oelsner, Stecher, Bodendorf, Eckert)		
4mal 200 m	1:33,8	Großbritannien	London	24.8.68
		(Tranter, James, Simpson, Peat)		
		Noch nicht anerkannt:		
	1:32,4	DDR	Jena	13.8.76
		(Berend, Oelsner, Eckert, Stecher)		
4mal 400 m	3:23,0	DDR	München	10.9.72
		(Kaesling, Kühne, Seidler, Zehrt)		
	3:19,23	DDR	Montreal	31.7.76
		(Maletzki, Rohde, Streidt, Brehmer)		
4mal 800 m	8:05,2	Bulgarien	Sofia	30.8.75
		(Schterewa, Tomowa, Pechlowanowa, Kolewa)		
		Noch nicht anerkannt:		
	7:54,2	DDR	K.-Marx-Stadt	5.8.76
		(Zinn, Hoffmeister, Weiß, Klapezynski)		
	7:52,3	UdSSR	Podolsk	17.8.76
		(Prowodichina, Gerassimowa, Styrkina, Kasankina)		
100 Yards	10,6	Heather Young (Großbritannien)	Cardiff	22.7.58
220 Yards	22,7	Renate Stecher (DDR)	Zürich	20.8.75
440 Yards	53,7	Maria Itkina (UdSSR)	Krasnodar	12.9.59
		Noch nicht anerkannt:		
	51,3	Irena Szewinska (Polen)	London	29.8.75
880 Yards	2:03,0	Vera Nikolic (Jugoslawien)	Stockholm	5.7.67
		Noch nicht anerkannt:		
	2:02,7	Nikolina Schterewa (Bulgarien)	Warna	7.9.75
1 Meile	4:29,5	Paola Cacchi (Italien)	Viareggio	8.8.73
4mal 110 y	44,07	BR Deutschland	Durham	18.7.75
		(Helten, Wilkes, Kroniger, Gang)		
4mal 220 y	1:36,0	DDR	Leipzig	26.7.58
		(Sadau, Birkemeyer, Mayer, Stubnick)		
4mal 440 y	3:30,3	BR Deutschland	Durham	19.7.75
		(Krause, Jost, Weinstein, Barth)		
		Noch nicht anerkannt:		
	3:29,1	UdSSR	College Park	7.8.76
		(Styrkina, Klimowa, Sokolowa, Ilina)		
4mal 880 y	8:27,0	Großbritannien	Edinburgh	13.6.70
		(Board, Carey-Taylor, Lowe, Stirling)		

Springen

Hoch	1,95	Rosemarie Witschas (DDR)	Rom	8.9.74

		Noch nicht anerkannt:		
	1,96	Rosemarie Ackermann (DDR)	Dresden	8.5.76
Weit	6,84	Heidemarie Rosendahl (BR Deutschland) . . .	Turin	3.9.70
		Noch nicht anerkannt:		
	6,92	Angela Voigt (DDR)	Dresden	9.5.76
	6,99	Sigrun Siegl (DDR)	Dresden	19.5.76

Die offiziellen Weltrekorde der IAAF

Männer
Laufen

100 m	9,9	Jim Hines (USA)	Sacramento	20.6.68
	9,9	Ronnie Ray Smith (USA)	Sacramento	20.6.68
	9,9	Charles Green (USA)	Sacramento	20.6.68
	9,9	Jim Hines (USA)	Mexico City	14.10.68
	9,9	Eddie Hart (USA)	Eugene	1.7.72
	9,9	Ray Robinson (USA)	Eugene	1.7.72
	9,9	Steve Williams (USA)	Los Angeles	21.6.74
	9,9	Silvio Leonard (Kuba)	Ostrava	5.6.75
	9,9	Steve Williams (USA)	Siena	16.7.75
	9,9	Steve Williams (USA)	Berlin	22.8.75
		Noch nicht anerkannt:		
	9,9	Steve Williams (USA)	Gainesville	27.3.76
	9,9	Harvey Giance (USA)	Columbia	3.4.76
	9,9	Donald Quarrie (Jamaika)	Modesto	22.5.76
		Elektr. Zeitnahme:		
	9,95	Jim Hines (USA)	Mexico City	14.10.68
200 m auf gerader Bahn (einschl. Rundbahnen über 400 m Länge):				
	19,5	Tommie Smith (USA)	San José	7.5.66
200 m auf 400-m-Rundbahn mit voller Kurve:				
	19,8	Tommie Smith (USA)	Mexico City	16.10.68
	19,8	Don Quarrie (Jamaika)	Cali	3.8.71
	19,8	Don Quarrie (Jamaika)	Eugene	7.6.75
		Noch nicht anerkannt:		
	19,8	Steve Williams (USA)	Eugene	7.6.75
		Elektr. Zeitnahme:		
	19,83	Tommie Smith (USA)	Mexico City	16.10.68
400 m	43,8	Lee Evans (USA)	Mexico City	18.10.68
		Elektr. Zeitnahme:		
	43,86	Lee Evans (USA)	Mexico City	18.10.68
800 m	1:43,5	Alberto Juantorena (Kuba)	Montreal	25.7.76
1000 m	2:13,9	Richard Wohlhuter (USA)	Oslo	30.7.74
1500 m	3:32,2	Filbert Bayi (Tansania)	Christchurch	2.2.74
2000 m	4:56,2	Michel Jazy (Frankreich)	St. Maur	12.10.66
		Noch nicht anerkannt:		
	4:51,4	John Walker (Neuseeland)	Oslo	30.6.76
3000 m	7:35,2	Brendan Foster (Großbritannien)	Gateshead	3.8.74
5000 m	13:13,0	Emiel Puttemans (Belgien)	Brüssel	20.9.72
10 000 m	27:30,8	David Bedford (Großbritannien)	London	13.7.73
20 000 m	57:31,8	Jos Hermens (Niederlande)	Papendal	27.9.75
25 000 m	1:14:16,8	Pekka Päivärinta (Finnland)	Oulu	15.5.75
30 000 m	1:31:30,4	Jim Alder (Großbritannien)	London	5.9.70
1 Stunde	20 907 m	Jos Hermens (Niederlande)	Papendal	27.9.75
110 m Hürden	13,0	Guy Drut (Frankreich)	Berlin	22.8.75
		Elektr. Zeitnahme:		
	13,24	Rodney Milburn (USA)	München	7.9.72
200 m Hürden auf gerader Bahn (einschl. Rundbahnen über 400 m Länge):				
	21,9	Donald Styron (USA)	Baton Rouge	2.4.60
200 m Hürden auf 400-m-Rundbahn mit voller Kurve:				
	22,5	Martin Lauer (BR Deutschland)	Zürich	7.7.59
	22,5	Glenn Davies (USA)	Bern	20.8.60

400 m Hürden	47,82	John Akii-Bua (Uganda)	München	2.9.72
		Noch nicht anerkannt:		
	47,64	Edwin Moses (USA)	Montreal	25.7.76
3000 m Hindernis				
	8:09,8	Anders Gärderud (Schweden)	Stockholm	1.7.75
		Noch nicht anerkannt:		
	8:08,0	Anders Gärderud (Schweden)	Montreal	28.7.76
4mal 100 m	38,2	USA	Mexico City	20.10.68
		(Greene, Pender, R. R. Smith, Hines)		
	38,2	USA	München	10.9.72
		(Black, Taylor, Tinker, Hart)		
		Elektr. Zeitnahme:		
		USA	München	10.9.72
		(Larry Black, Robert Taylor, Gerald Tinker, Eddie Hart)		
4mal 200 m	1:21,5	Italien	Barletta	21.7.72
		(Ossola, Abeti, Benedetti, Mennea)		
4mal 400 m	2:56,1	USA	Mexico City	20.10.68
		(Matthews, Freeman, James, Evans)		
4mal 800 m	7:08,6	BR Deutschland	Wiesbaden	13.8.66
		(Kinder, Adams, Bogatzki, Kemper)		
4mal 1500 m	14:40,4	Neuseeland	Oslo	22.8.73
		(Polhill, Walker, Dixon, Quax)		
100 y	9,0	Ivory Crockett (USA)	Knoxville	11.5.74
	9,0	Houston McTear (USA)	Winter Park	9.5.75
220 Yards auf gerader Bahn (einschl. Rundbahnen über 400 m Länge):				
	19,5	Tommie Smith (USA)	San José	7.5.66
220 Yards auf 400-m-Rundbahn mit voller Kurve:				
	19,9	Don Quarrie (Jamaika)	Eugene	7.6.75
	19,9	Steve Williams (USA)	Eugene	7.6.75
440 Yards	44,5	John Smith (USA)	Eugene	26.6.71
880 y	1:44,1	Richard Wohlhuter (USA)	Eugene	8.6.74
1 Meile	3:49,4	John Walker (Neuseeland)	Göteborg	12.8.75
2 Meilen	8:13,8	Brendan Foster (Großbritannien)	London	27.8.73
3 Meilen	12:47,8	Emiel Puttemans (Belgien)	Brüssel	20.9.72
6 Meilen	26:47,0	Ronald Clarke (Australien)	Oslo	14.7.65
10 Meilen	45:57,6	Jos Hermens (Niederlande)	Papendal	14.9.75
15 Meilen	1:11:52,6	Pekka Päivärinta (Finnland)	Oulu	15.5.75
120 y Hürden	13,0	Rodney Milburn (USA)	Eugene	25.6.71
	13,0	Rodney Milburn (USA)	Eugene	20.6.73
	13,0	Guy Drut (Frankreich)	Berlin	22.8.75
220 y Hürden auf gerader Bahn (einschl. Rundbahnen über 400 m Länge):				
	21,9	Donald Styron (USA)	Baton Rouge	2.4.60
220 y Hürden auf 400-m-Rundbahn mit voller Kurve:				
	22,5	Martin Lauer (Deutschland)	Zürich	7.7.59
	22,5	Glenn Davis (USA)	Bern	20.8.60
440 y Hürden	48,7	Jim Bolding (USA)	Turin	24.7.74
4mal 110 y	38,6	Universität Süd-Kalifornien	Provo	17.6.67
		(McCullough, Kuller, Simpson, L. Miller)		
4mal 220 y	1:21,7	Universität Texas (USA)	Des Moines	24.4.70
		(Rogers, Woods, M. Mills, C. Mills)		
4mal 440 y	3:02,4	USA	Durham	19.7.75
		(Ray, Taylor, Peoples, Vinson)		
4mal 880 y	7:11,6	Kenia	London	5.9.70
		(Bon, Nyamau, Saisi, Ouko)		
		Noch nicht anerkannt:		
	7:10,4	Chicago Track Club (USA)	Durham	12.5.73
		(Bach, Sparks, Paul, Wohlhuter)		
4mal 1 Meile	16:02,8	Neuseeland	Auckland	3.2.72
		(Ross, Polhill, Taylor, Quax)		

Gehen

20 km	1:24:45,0	Bernd Kannenberg (BR Deutschland)	Hamburg	25.5.74
30 km	2:12:58,0	Bernd Kannenberg (BR Deutschland)	Kassel	11.5.74

50 km	3:56:51,4	Bernd Kannenberg (BR Deutschland)	Nerviano	16.11.75
20 Meilen	2:27:38,0	Vittorio Visini (Italien)	Vicenza	1.11.75
30 Meilen	3:48:23,4	Bernd Kannenberg (BR Deutschland)	Nerviano	16.11.75
2 Std.	27 154 m	Bernd Kannenberg (BR Deutschland)	Kassel	11.5.74

Springen

Hoch	2,30	Dwight Stones (USA)	München	11.7.73
		Noch nicht anerkannt:		
	2,31	Dwight Stones (USA)	Philadelphia	5.6.76
	2,32	Dwight Stones (USA)	Philadelphia	4.8.76
Stabhoch	5,65	Dave Roberts (USA)	Gainesville	28.3.75
		Noch nicht anerkannt:		
	5,67	Earl Bell (USA)	Wichita	29.5.76
	5,70	Dave Roberts (USA)	Eugene	22.6.76
Weit	8,90	Bob Beamon (USA)	Mexico City	18.10.68
Drei	17,89	Joao Carlos de Oliveira (Brasilien)	Mexico City	15.10.75

Frauen

Laufen

60 m	7,2	Betty Cuthbert (Australien)	Sidney	27.2.60
	7,2	Irina Botschkarewa (UdSSR)	Moskau	28.8.60
	7,2	Andrea Lynch (Großbritannien)	London	22.6.74
	7,2	Lea Alaerts (Belgien)	Namur	2.8.75
100 m		Elektr. Zeitnahme:		
	11,07	Wyomia Tyus (USA)	Mexico City	15.10.68
	11,07	Renate Stecher (DDR)	München	2.9.72
		Noch nicht anerkannt:		
	11,04	Inge Helten (BR Deutschland)	Fürth	13.6.76
	11,01	Annegret Richter (BR Deutschland)	Montreal	25.7.76
		Handzeitnahme:		
	10,8	Renate Stecher (DDR)	Dresden	20.7.72
		Noch nicht anerkannt:		
	10,8	Annegret Richter (BR Deutschland)	Gelsenkirchen	27.6.76
200 m		Elektr. Zeitnahme:		
	22,21	Irena Szewinska (Polen)	Potsdam	13.6.74
		Handzeitnahme:		
	22,1	Renate Stecher (DDR)	Dresden	21.7.73
		Noch nicht anerkannt:		
	22,0	Irena Szewinska (Polen)	Potsdam	13.6.74
400 m	49,9	Irena Szewinska (Polen)	Warschau	22.6.74
		Noch nicht anerkannt:		
	49,77	Christina Brehmer (DDR)	Dresden	9.5.76
	49,29	Irena Szewinska (Polen)	Montreal	29.7.76
800 m	1:57,5	Swetla Slatewa (Bulgarien)	Athen	24.8.73
		Noch nicht anerkannt:		
	1:56,0	Valentina Gerassimowa (UdSSR)	Kiew	12.6.76
	1:54,9	Tatjana Kasankina (UdSSR)	Montreal	26.7.76
1000 m	2:35,0	Karin Krebs (DDR)	Potsdam	28.8.74
		Noch nicht anerkannt:		
	2:33,8	Nikolina Schterewa (Bulgarien)	Sofia	4.7.76
	2:32,8	Tamara Sorokina (UdSSR)	Podolsk	8.7.76
1500 m	4:01,4	Ludmilla Bragina (UdSSR)	München	9.9.72
		Noch nicht anerkannt:		
	3:56,0	Tatjana Kasankina (UdSSR)	Podolsk	28.6.76
3000 m	8:46,6	Grete Andersen (Norwegen)	Oslo	24.6.75
		Noch nicht anerkannt:		
	8:45,4	Grete Waitz (Norwegen)	Oslo	21.6.76
	8:27,1	Ludmilla Bragina (UdSSR)	College Park	7.8.76
100 m Hürden		Elektr. Zeitnahme:		
	12,59	Annelie Ehrhardt (DDR) . . . . '. .	München	8.9.72
		Handzeitnahme:		
	12,3	Annelie Ehrhardt (DDR)	Dresden	22.7.73
200 m Hürden	25,7	Pamela Ryan (Australien)	Melbourne	25.11.71

400 m Hürden	56,51	Krystyna Kacperczyk (Polen)	Augsburg	13.7.74
4mal 100 m		Elektr. Zeitnahme:		
	42,51	DDR	Rom	8.9.74
		(Maletzki, Stecher, Heinrich, Eckert)		
		Noch nicht anerkannt:		
	42,50	DDR	K.-Marx-Stadt	29.5.76
		(Oelsner, Stecher, Bodendorf, Eckert)		
		Handzeitnahme:		
	42,5	DDR	Rom	8.9.74
4mal 200 m	1:33,8	Großbritannien	London	24.8.68
		(Tranter, James, Simpson, Peat)		
		Noch nicht anerkannt:		
	1:32,4	DDR	Jena	13.8.76
		(Gudrun Berend, Marlies Oelsner, Bärbel Eckert, Renate Stecher)		
4mal 400 m	3:23,0	DDR . . . ./	München	10.9.72
		(Kaesling, Kühne, Seidler, Zehrt)		
		Noch nicht anerkannt:		
	3:19,23	DDR	Montreal	31.7.76
		(D. Maletzki, Rohde, Streidt, Brehmer)		
4mal 800 m	8:05,2	Bulgarien	Sofia	30.8.75
		(Schterewa, Tomowa, Pechlowanowa, Kolewa)		
		Noch nicht anerkannt:		
	7:54,2	DDR . . . .|	K.-Marx-Stadt	5.8.76
		(Zinn, Hoffmeister, Weiß, Klapezynski)		
	7:52,3	UdSSR	Podolsk	17.8.76
		(Prowidochina, Gerassimowa, Styrkina, Kasankina)		
100 Yards	10,0	Chi Cheng (Taiwan)	Portland	13.6.70
200 Yards	22,6	Chi Cheng (Taiwan)	Los Angeles	3.7.70
440 Yards	52,2	Debra Sapenter (USA)	Bakerfield	29.6.74
		Noch nicht anerkannt:		
	51,3	Irena Szewinska (Polen)	London	29.8.75
880 Yards	2:02,0	Dixie Willis (Australien)	Perth	3.3.62
	2:02,0	Judy Pollock (Australien)	Stockholm	5.7.67
		Noch nicht anerkannt:		
	2:02,0	Madeline Jackson-Manning (USA)	Philadelphia	14.5.72
1 Meile	4:29,5	Paola Cacchi (Italien)	Viareggio	8.8.73
		Noch nicht anerkannt:		
2 Meilen	10:02,8	Francie Larrieu (USA)	Hayward	3.6.73
4mal 110 y	44,07	BR Deutschland	Durham	18.7.75
		(Helten, Wilkes, Kroniger, Gang)		
4mal 220 y	1:35,8	Australien	Brisbane	9.11.69
		(Hoffman, Boyle, Kilborn, Lamy)		
4mal 440 y	3:30,3	BR Deutschland	Durham	19.7.75
		(Krause, Jost, Weinstein, Barth)		
		Noch nicht anerkannt:		
	3:29,1	UdSSR	College Park	7.8.76
		(Styrkina, Klimovica, Sokolowa, Iljina)		
4mal 880 y	8:27,0	Großbritannien	Edinburgh	13.6.70
		(Board, Carey-Taylor, Lowe, Stirling)		
Springen				
Hoch	1,95	Rosemarie Witschas (DDR)	Rom	8.9.74
		Noch nicht anerkannt:		
	1,96	Rosemarie Ackermann (DDR)	Dresden	8.5.76
Weit	6,84	Heidemarie Rosendahl (BR Deutschland) . . .	Turin	3.9.70
		Noch nicht anerkannt:		
	6,92	Angela Voigt (DDR)	Dresden	9.5.76
	6,99	Sigrun Siegl (DDR)	Dresden	19.5.76

Anschriften

Öffentliche Sportverwaltung:
- Bundesministerium des Innern, Rheindorferstraße 198, 5300 Bonn
- Deutscher Bundestag, Sportausschuß, Görrestr. 15, 5300 Bonn
- Bundesinstitut für Sportwissenschaft, Hertzstr. 1, 5023 Lövenich, sowie die Kultusministerien und Senatoren der Bundesländer

Sportselbstverwaltung:
- Deutscher Sportbund (DSB), Otto-Fleck-Schneise 12, 6000 Frankfurt/M., Tel.: 0611/6 69 31
- Landessportbünde der einzelnen Bundesländer
- Deutscher Leichtathletik-Verband, Rheinstraße 20a, 6100 Darmstadt, Tel.: 06151/2 61 47
- Allgemeiner Deutscher Hochschulsportverband (ADH), Havelstraße 7, 6100 Darmstadt, Tel.: 06151/89 19 07
- Deutsche Sporthilfe, Otto-Fleck-Schneise 12, 6000 Frankfurt/M., Tel.: 0611/6 69 31

Bundesleistungszentren
- 4600 Dortmund, Westfalenhalle
- 6500 Mainz, Saarstraße 21
- 7000 Stuttgart, Am Neckarstadion
- 3000 Hannover, Maschstraße

Weitere Anschriften
- Sportinternat Bad Sooden-Allendorf, 3437 Bad Sooden-Allendorf, Tel. 05652/23 60–29 09
- Bundeswehr-Sportförderungskompanien

Informations-, Lehr- und Lernmaterialien können angefordert werden vom:
- Bundesinstitut für Sportwissenschaft, Hertzstr. 1, 5023 Lövenich
- Deutscher Sportbund, Otto-Fleck-Schneise 12, 6000 Frankfurt/M.
- Sportämter der Städte

Über die Verfasser

Ulrich Jonath (Foto Mitte), Jahrgang 1926, ist Dozent und Fachleiter für Leichtathletik an der Deutschen Sporthochschule Köln, Lehrbeauftragter an der dortigen Trainerakademie sowie Bundestrainer im Deutschen Leichtathletik-Verband. Seine mehrjährige Trainertätigkeit im Ausland führte ihn in eine Reihe von südamerikanischen Staaten und nach Ostasien; so betreute er u. a. die Leichtathletik-Nationalmannschaften von Island, Argentinien, Peru, Venezuela und Chile. Als Verfasser mehrerer Lehrbücher und -filme, die in mehrere Sprachen übersetzt wurden, zählt er zu den international renommierten Leichtathletik-Experten.

Eduard Haag (Foto links), Jahrgang 1940, ist Diplom-Sportlehrer und Sonderschullehrer an einer Schule für Körperbehinderte. Daneben Trainertätigkeit im Verein und seit 1973 Lehrbeauftragter für Leichtathletik an der DSHS Köln.

Rolf Krempel (Foto rechts), Jahrgang 1946, ist wissenschaftlicher Assistent und Lehrbeauftragter im Fachgebiet Leichtathletik an der DSHS Köln sowie Leichtathletiktrainer. Als aktiver Stabhochspringer wurde er Hessischer Juniorenmeister in dieser Disziplin.

Literaturhinweise

Ahsbahs, Heimke (Red.): Leichtathletik – für Jugend und Schüler. – Berlin 1974.

Bernhard, Günter: Das Training des jugendlichen Leichtathleten. Teil I: Sprungtraining. – Schorndorf 1973.

Blödorn, Manfred/Schmidt, Paul: Trablaufen – Ein Ausdauersport für Herz und Kreislauf. Training, Technik, Taktik. – Reinbek bei Hamburg 1977 (= rororo sachbuch 7007).

Brinkmann, Heiner: Orientierungssport. – Frankfurt/M. 1967.

Grosser, Manfred: Die Zweckgymnastik des Leichtathleten. – Schorndorf 1972.

Jonath, Ulrich: Praxis der Leichtathletik. – Berlin 1973.

Jonath, Ulrich: Circuit-Training. – Berlin 1972.

Jonath, Ulrich/Kirsch, August/Schmidt, Paul: Das Training des jugendlichen Leichtathleten. Teil III: Lauftraining. – Schorndorf 1976.

Kirsch, August: Jugendleichtathletik. – Berlin 1974.

Kirsch, August/Koch, Karl: Methodische Übungsreihen in der Leichtathletik. Band II. – Schorndorf 1974.

Koch, Karl: Laufen, Springen und Werfen in der Grundschule. – Schorndorf 1973.

Koch, Karl: Methodische Übungsreihen in der Leichtathletik. Band I. – Schorndorf 1974.

Kruber, Dieter: Leichtathletik in der Halle. – Schorndorf 1973.

Lohmann, Wolfgang: Lauf, Sprung, Wurf. – Berlin (DDR) 1973.

Nett, Toni: Der Sprint. – Berlin 1969.

Schmolinsky, Gerhard u. a.: Leichtathletik. – Berlin (DDR). 1973.

Tschiene, Peter: Das Training des jugendlichen Leichtathleten. Teil II: Stoß- und Wurftraining. – Schorndorf 1975.

Sachregister

Bildquellennachweis

Fotos:

Bildreihen: Helmar und Gabriele Hommel
Seite 46/47, 64/65, 78/79, 104/105, 134/135, 152/153, 176/177, 196/197, 198/199, 222/223, 250/251, 252/253, 276/277

Wettkampffotos: Pressefoto Horst Müller
Seite 42, 52, 98, 133, 144, 160, 164, 172, 188, 214, 236, 294

Alle weiteren Bildreihen, Einzelfotos und Kinemategramme:
Sepp Schönmetzler

Abbildungen:

Graphik: Heinz Waldvogel/Satzdienst Niko Jessen

Piktogramme: Horst Jonath, Grafik-Design

sachbuch roro

Sportbücher

bereits erschienen:

● WALTER BREHM
Skisport. Training, Technik, Taktik
[ISBN 3-499-17001-9]

● MANFRED VORDERWÜLBECKE
Skilanglauf. Training, Technik, Taktik
[ISBN 3-499-17002-7]

● WERNER FREITAG
Schwimmen. Training, Technik, Taktik
(ISBN 3-499-17003-5]

● MANFRED BLÖDORN / PAUL SCHMIDT
Trablaufen. Ein Ausdauersport für Herz und
Kreislauf. Training, Technik, Taktik
[ISBN 3-499-17007-8]

● HANS-DIETER TROSSE
Handball. Training, Technik, Taktik
[ISBN 3-499-17004-3]

● KLAAS BOHLENS
Tennis. Training, Technik, Taktik
[ISBN 3-499-17006-X]

● HORST SCHLICHTING
Segeln. Training, Technik, Taktik
[ISBN 3-499-17005-1]

in Vorbereitung:

● ULRICH JONATH / EDUARD HAAG / ROLF KREMPEL
Leichtathletik 1. Laufen und Springen.
Training, Technik, Taktik
[ISBN 3-499-17008-6]

● ULRICH JONATH / EDUARD HAAG / ROLF KREMPEL
Leichtathletik 2. Werfen und Mehrkampf.
Training, Technik, Taktik
[ISBN 3-499-17009-4]

● HEINZ HARST / HANS GIESECKE / JUPP SCHLAF
Tischtennis. Training, Technik, Taktik
[ISBN 3-499-17013-2]

● GÜNTER BLUME
Volleyball. Training, Technik, Taktik
[ISBN 3-499-17011-6]

● CLAUS BEISSNER / MANFRED BIROD
Judo. Training, Technik, Taktik
[ISBN 3-499-17012-4]

rororo Sportbücher:

Sportbücher: **Training,**
Technik, Taktik. Mehr Spaß am Sport mit Pro-
grammen von Profis und Kniffs von Könnern. Die
rororo Sportbücher werden von Profis für Amateure
geschrieben.

Die Autoren sind:

Sportwissenschaftler und Dozenten,

Trainer und Sportlehrer,

Fachjournalisten und -referenten.